# 해심밀경

불교경전 ㉒

# 해 심 밀 경
(解深密經)

유식과 지관수행 ● 묘주 譯

민족사

해심밀경

## 차 례

제1 서품 : 법회가 열리다 ……………………………………… 9
제2 승의제상품 : 진여의 세계 ………………………………… 13
제3 심의식상품 : 현실의 정신구조 …………………………… 36
제4 일체법상품 : 변계소집성·의타기성·원성실성 …… 41
제5 무자성상품 : 상무성·생무성·승의무성 ……………… 47
제6 분별유가품 : 지관을 닦는 법 …………………………… 74
제7 지바라밀다품 : 보살의 수행단계 ……………………… 114
제8 여래성소작사품 : 불신의 원만한 공덕과 교화사업 … 148

역 주 ……………………………………………………………… 173
해 설 ……………………………………………………………… 211
현토 한문본 해심밀경 ………………………………………… 241

## 일러두기

1. 본 민족사판 《해심밀경》은 당(唐)대의 삼장법사 현장(玄奘)이 번역한 《해심밀경》 5권을 저본으로 하였다.
2. 번역은 쉽게 이해할 수 있도록 가능한 풀어썼으며 필요하다고 생각되는 한자는 ( ) 안에 표기하였다. 의역을 한 경우는 〔 〕로 묶었다.
3. 독자들의 편의를 위해 상세한 역주와 해설을 수록하였다.
4. 한역 《해심밀경》(고려대장경을 저본으로 한 신수대장경에 의거함)을 현대어로 현토하여 첨부하였다.

# 해심밀경

묘주 譯

# 제1. 서 품
## (序品)

### 법회가 열리다

　이와 같이 내가 들었다.[1] 한때 박가범(薄伽梵)[2]께서 다음과 같은 궁전에 머무시었다. 그곳은[3] 매우 찬란하게 빛나는 칠보장엄이 대광명을 내어 널리 한량없는 세계를 모두 비추고, 수많은 방위공간을 연이어 묘하게 장식했으며, 주위가 끝이 없어 그 크기를 헤아리기 어렵다. 삼계에서 행하는 곳을 벗어났으며,[4] 뛰어난 출세간의 선근이 일으킨 곳이고, 가장 자재한 청정식(淸淨識)을 모습으로 삼는다.[5] 여래가 도읍으로 삼은 곳이며, 모든 대보살들이 운집하고, 수많은 천·용·약차·건달박·아소락·게로다·긴날락·모호락가 등[6] 사람인 듯 아닌 듯한 존재(人非人)[7]들이 항상 무리지어 따른다. 광대한 법의 맛을 기쁘고 즐겁게 지니고, 중생의 모든 이익을 나타내 지으며, 티끌 같은 모든 번뇌를 없애고, 갖가지 마(魔)[8]를 멀리 여의며, (보살 등의) 모든 장엄보다 뛰어난 여래장엄의 의지처이다. 크게 기억하고 판별하며 수행함[大念慧行][9]을 노니는 길로 삼고, 크게 그침[止]과 미묘한 관찰[觀]을 교법[乘]으로 삼으며, 뛰어난 공(空)·차별상이 없음·소원이 없음의 해탈을 들어가는 문으로 삼는 것[10] 등, 한량없는 공덕으로 장엄하고 뛰어난 보배 연꽃으로 세워진 곳이다.[11]

이 박가범께서는 가장 청정한 깨달음을 성취한 분이시다.[12] 두 가지 장애[13]가 일어나지 않고, 형상이 없는 법(진여)에 나아가며, 부처님이 안주하는 곳(대비심)에 머무신다. 모든 부처님의 평등한 성품을 중득하고, 장애 없는 곳에 이르셨다. (외도 등에 의해) 퇴전하지 않는 법이고, 행이 걸림없으며, (중생구제를 위해 정법을 시설하고) 안립하는 바가 불가사의하다. 삼세가 평등한[14] 법성에 노닐고, 그 몸을 모든 세계에 나타내보이며, 모든 법에 대해서 의심과 막힘이 없고, (중생을 이롭게 하는) 모든 행에 있어서 큰 깨달음을 성취하셨다.[15] 모든 법에 대해서 지혜가 의혹이 없고, 무릇 시현하는 몸[16]은 분별하지 못하며, 모든 보살이 바로 구하는 지혜이다. 부처님의 둘이 없는 경지(법신진여)를 중득하여 뛰어난 피안에 안주한다. 여래의 서로 혼잡되지 않는 해탈의 미묘한 지혜를 다 이루고, 중간과 극단이 없는 부처님

지위의 평등한 성품을 증득하며, 법계(진여)를 다하고, 허공의 성품을 다 이루며, 미래 세상을 다한다.[17]

(그때 박가범께서) 수많은 대성문들과 함께 하셨다. 그들은[18] 모두 마음이 잘 가다듬어지고 수순해서 (부처님의 설법을 잘 청문하는) 불자들이다. 마음이 잘 해탈하고, 지혜가 잘 해탈하였으며,[19] 계율을 잘 지켜서 청정하다. 법의 즐거움을 나아가 구하고, 많이 듣고 들은 것을 잘 지닌다. 그 들은 것이 모여져서 생각할 것을 잘 생각하고, 말할 것을 잘 말하며, 행동할 바를 잘 행한다.[20] 신속히 이해함·지체하지 않고 잘 이해함·예리하게 이해함·(삼계 고해를) 벗어나는 지혜·뛰어난 결택의 지혜·큰 지혜[21]·광대한 지혜[22]·견줄 이 없는 지혜[23] 등 지혜의 보배를 성취하였다. 세 가지 신통의 지혜[三明][24]를 갖추고, 첫째인 현재 법의 즐거움에 안주하는 선정[25]을 얻었다. 청정한 큰 복전이고, 위의가 적정하여 원만치 않음이 없으며, 인욕을 잘하고 부드러워 (삼업이 원만함을) 성취하고, (그 마음이) 퇴전하지 않는다. (그리하여 그들 대성문은) 이미 여래의 성스러운 교설을 잘 받들어 행한다.

또한 한량없는 보살마하살들이 갖가지 불국토로부터 와서 모여있었다. 그들은[26] 모두 대승에 안주하고, 대승법에서 노닐며, 모든 중생들을 평등한 마음으로 대하고, 분별과 분별하지 않음의 갖가지 분별심을 여의었다. 원수 같은 갖가지 마(魔)²⁷⁾를 항복시키고, 성문과 독각들의 생각²⁸⁾을 멀리 여의었으며, 광대한 법의 맛을 즐겁게 지니고, 다섯 가지 두려움²⁹⁾에서 벗어나서 오로지 불퇴전의 지위³⁰⁾로 나아간다. (불퇴전지는) 모든 중생들이 갖가지 고뇌로 핍박받는 것을 없애주는 지위이며, (지금 모여 있는 보살들은) 현재 (불퇴전지에) 안주해 있다. 그들 가운데 윗분되는 보살은 해심심의밀의보살마하살·여리청문보살마하살·법용보살마하살·선청정혜보살마하살·광혜보살마하살·덕본보살마하살·승의생보살마하살·관자재보살마하살·자씨보살마하살·만수실리보살마하살 등이다.

# 제2. 승의제상품
### (勝義諦相品)

## 진여의 세계

그때 여리청문보살마하살이 부처님 앞에서 해심심의 밀의보살마하살에게 물었다.[31]

"가장 뛰어나신 분의 제자[最勝子][32]여, 일체법이 둘이 아니라고 말합니다. 그런데 여기서 무엇이 일체법이며, 둘이 아니라는 것은 무슨 뜻입니까?"

해심심의밀의보살이 여리청문보살에게 말했다.

"선남자여, 일체법을 간략히 말하면 두 가지가 있으니, 곧 유위법[33]과 무위법[34]입니다. 여기서 유위법은 유위법도 아니고 무위법도 아닙니다. 무위법 역시 무위법도 아니고 유위법도 아닙니다."

여리청문보살이 다시 해심심의밀의보살에게 물었다.

"가장 뛰어나신 분의 제자여, 어떻게 유위법이 유위

법도 아니고 무위법도 아닙니까? 어떻게 무위법 역시 무위법도 아니고 유위법도 아닌 것이 됩니까?"

해심심의밀의보살이 여리청문보살에게 말했다.

"선남자여, 유위법은 석가 본사께서 가정적으로 시설하신 용어입니다. 본사께서 가정적으로 시설하신 용어이므로 곧 두루 헤아려서 집착되는 성질의 언어로 말해진 것입니다. 만일 두루 헤아려서 집착되는 성질의 언어로 말해진 것이라면, 곧 갖가지로 두루 헤아려서 말해진 이 용어는 결국 진실이 아니므로 유위법이 아닙니다.

선남자여, 무위법도 또한 말에 지나지 않습니다. 설사 유위법과 무위법을 떠났더라도 조금이라도 말해진 것이 있으면 그 양상도 역시 그러합니다. 그러나 현상(事)이 없어도 말해지는 것은 아닙니다. 무엇이 현상인가? 모든 성자는 성스러운 지혜와 성스러운 견해로써 말을 떠났기 때문에 현재 바른 깨달음을 성취하셨습니다. 이와 같이 언어를 초월한 법의 본성에서 다른 사람으로 하여금 바른 깨달음을 성취하도록 가설로써 명칭을 붙여 유위라고 합니다.

선남자여, 무위법도 또한 본사께서 방편으로 말씀하신 용어입니다. 본사께서 방편으로 말씀하신 용어이므로 곧 변계소집의 언어로 말해진 것이며, 변계소집의 언어로 말해진 것이므로, 갖가지 두루 헤아리는 언어로 말해진 것은 결국 진실되지 않아서 무위법이 아닙니다.

선남자여, 유위법도 또한 말에 지나지 않습니다. 설사 유위법과 무위법을 떠났다 하더라도 조금이라도 말해진 것이 있으면 그 양상도 또한 그러합니다. 그러나 현상이 없는 데도 말해지는 것은 아닙니다. 무엇이 현상인가? 모든 성자는 성스러운 지혜와 성스러운 견해에 의해 말을 떠남으로써 현재 바른 깨달음을 성취하셨습니다. 이처럼 말로 나타낼 수 없는 법의 본성에서 남으로 하여금 깨달음을 성취하도록 가설로써 명칭을 붙여 그것을 무위법이라고 합니다."

그때 여리청문보살마하살이 다시 해심심의밀의보살마하살에게 말했다.

"가장 뛰어나신 분의 제자여, 어떻게 이 현상에 대해서 저 모든 성자가 성스러운 지혜와 성스러운 견해에 의해 말을 떠남으로써 현재 바른 깨달음을 성취하도록 가설로써 명칭을 붙여 혹은 유위법 혹은 무위법이라고 합니까?"

해심심의밀의보살이 여리청문보살에게 말했다.

"선남자여, 비유하면 저 재주좋은 요술쟁이나 그 제자가[35] 네거리[36]에서 기왓장이나 조약돌·풀잎·나무 등을 모아놓고 갖가지 요술을 부려서 코끼리·말·수레·걷는 이·마니·진주·유리·소라·벽옥·산호 그리고 갖가지 재물과 곡식이 든 창고 등의 모습을 만든다고 합시다. 그런데 중생들이 어리석고 우둔하여 악한 지혜의 부류로서 밝게 알지 못한다면, 기왓장이나 조약돌·풀잎·나무 등 요술로 만들어진 갖가지 사물들을 보고 듣고서 다음과 같이 생각할 것입니다. '지금 본 이것들은 실제로 있는 코끼리·말·수레·걷는 이·마니·진주·유리·소라·벽옥·산호·갖가지 재물과 곡식이 든 창고이다.' 그리하여 그 보고 들은 대로 견고하게 집착하여 언설을 일으켜서 오직 이것만이 진실이고 다른 것은 모두 허망된 것이다라고 말입니다. 그는 나중에 다시 관찰해야 합니다.

만약 어떤 중생이 어리석거나 우둔하지 않고 착한 지혜의 부류로서 밝게 안다면, 기왓장이나 조약돌·풀잎·나무 등 여러 요술물들을 보고 듣고서 다음과 같이 생각할 것입니다. '지금 본 것은 실제의 코끼리나 말·수레·걷는 이·마니·진주·유리·소라·벽옥·산호·갖가지 재물과 곡식이 든 창고 등이 아니다. 그것이 아니라 환상으로 눈을 미혹하게 하는 일이다.' 그것에 대해 큰 코끼리의 생각이나 또는 그와 다른 생각을 일으키거나, 나아가 갖가지 재물과 곡식의 창고라는 생각 또는 그와 다른 생각들을 일으킵니다. 본 대로 들은 대로 견고하게 집착하고 언설을 일으켜서 오직 이것만이 진실이고 다른 것은 허망된 것이라고 하지 않소. 이런 취지를 나타내 알리고자 역시 그것에 대해 언설을 일으킵니다. 그는 나중에 다시 관찰할 필요가 없습니다.

이와 같이 만약 어떤 중생이 어리석은 무리나 범부〔異生〕[37]로서 성인의 출세간의 지혜를 얻지 못하면, 모든 법에 대해서 말을 떠난 법의 성품을 밝게 알지 못합니다. 그들은 모든 유위법과 무위법을 보고 듣고서 다음과 같이 생각합니다. '이것들은 반드시 실제로 존재하는 유위법과 무위법이다.' 그리하여 본 대로 들은 대로 견고하게 집착하여 언설을 일으켜서 오직 이것만이 진실이고 다른 것은 모두 허망된 것이다라고 말입니다. 그들은 나중에 다시 관찰해야 합니다.

만약 어떤 중생이 어리석은 범부가 아니라면, 이미 성스러운 진리를 보고 모든 성인의 출세간 지혜를 얻어서 일체법의 말을 떠난 법의 성품을 진리 그대로 압니다. 그는 모든 유위법과 무위법을 보고 듣고서 다음과 같이 생각합니다. '이것은 반드시 실제적인 유위법과 무위법이 아니라 분별해서 일으킨 인식작용으로서, 마치 요술이 지혜를 미혹시키듯이 그것에 대해 유위법·무위법이라는 생각 또는 유위법·무위법과 다르다는 생각을 일으킨다.' 그리하여 본 대로 들은 대로 견고하게 집착하여 언설을 일으켜서 오직 이것만이 진실이고 다른 것은 모두 허망된 것이다라고 하지 않습니다. 이러한 취지를 나타내 알리고자 역시 언설을 일으킵니다. 그는 나중에 다시 관찰할 필요가 없습니다.

이와 같이 선남자여, 저 모든 성인들은 이 현상에 대해 성스러운 지혜와 성스러운 견해로써 말을 떠나 바른 깨달음을 성취하였으며, 이처럼 말을 떠난 법의 성품에서 다른 사람으로 하여금 깨달음을 성취하도록 가설로써 명칭을 붙여서 그것을 유위법 또는 무위법이라고 한 것입니다."

그때 해심심의밀의보살마하살이 이 뜻을 거듭 널리 펴고자 게송으로 다음과 같이 말하였다.

    부처님께서 말씀하신
    말을 떠난 법의 성품과 둘이 아닌 것의 뜻은
    매우 심오해서 어리석은 범부가 행할 바가 아니로다.
    어리석은 범부는 이에 대해 어리석게도 미혹되어
    두 가지(유위와 무위)를 집착하고
    말에 의지하여 희론하네.

    그것은 결정적이지 않은 부류거나
    성불할 소질이 없는 부류로서[38]
    유전하여 길이길이 생사고해에서 고통받네.
    또한 바른 지혜의 이론에 위배되면
    장차 축생의 무리로 태어나리라.

그때 법용보살마하살이 부처님께 말씀드렸다.[39]

"세존이시여, 여기서 동쪽으로 72항하사〔殑伽沙〕[40]의 세계를 지나 한 세계가 있으니, 이름이 구대명칭(具大名稱)이고 여래의 명호는 광대명칭(廣大名稱)입니다. 저는 예전에 그 국토에서 이곳에 왔습니다. 그런데 저는 그곳에서 일찍이 한 곳에 7만 7천의 외도가 모여 있는 것을 보았습니다. 그 스승되는 사람이 같이 있었는데, 일체법의 승의제[41]의 양상을 사유하고 있었습니다. 그런데 그들이 모두 생각하고 헤아리며 관찰하고 두루 살펴서 구할 때에 일체법의 승의제의 양상을 결국 얻지 못하고, 오직 갖가지 이해·서로 다른 이해·변하여 달라진 이해만을 없앴을 뿐으로, 서로 어긋나고 언쟁을 일으켜서 창같이 날카로운 말로 서로 찌르며 괴롭히고 망가뜨리고는 뿔뿔이 흩어졌습니다. 세존이시여, 저는 그때 혼자서 조용히 이렇게 생각했습니다. '여래가 세간을 벗어나신 일은 참으로 기묘하고 희귀한 일이다. 세간을 벗어났기 때문에 이처럼 모든 사려분별의 경계를 초월한 승의제의 양상에 대해서 통달하고 증득할 수 있었다'라고 말입니다".

그때 세존께서 법용보살마하살에게 말씀하셨다.

"선남자여, 참으로 그러하도다. 그대가 말한 바와 같으니라. 나는 모든 사려분별을 초월한 승의제의 양상에 대해서, 현전에 등정각(等正覺)을 이루고 현전에 등정각을 이루고는, 남을 위해 널리 말하고 나타내며 해설하고 시설하여 비추어 알게 하느니라. 왜냐 하면 내가 설한 승의는 모든 성자가 내면적으로 스스로 증득하는 것이기 때문이니라. 사려분별의 경계는 모든 범부들이 전전하면서 체득하느니라.

그러므로 법용이여, 이 도리에 입각해서 마땅히 다음과 같이 알라. 승의는 모든 사려분별의 경계에서 벗어난 것이니라. 법용이여, 내가 말한 승의는 차별상이 없는 경계이고, 사려분별은 다만 차별상의 경계이니라. 그러므로 법용이여, 이 도리에 입각해서 마땅히 다음과 같이 알지니, 승의는 모든 사려분별의 경계를 초월하느니라. 법용이여, 내가 말한 승의는 말로 나타낼 수 없으며, 사려분별은 다만 언설의 경계에서 이루어지느니라. 그러므로 법용이여, 이 도리에 입각해서 마땅히 다음과 같이 알지니, 승의는 모든 사려분별의 경계를 초월하느니라. 법용이여, 내가 말한 승의는 모든 표시(언설)를 떠난 것이고, 사려분별은 다만 표시의 경계에서 이루어지느니라.

그러므로 법용이여, 이 도리에 입각해서 마땅히 다음과 같이 알지니, 승의는 모든 사려분별의 경계를 초월하느니라. 법용이여, 내가 말한 승의는 모든 논쟁을 떠나고, 사려분별은 다만 논쟁의 경계에서 이루어지느니라. 그러므로 법용이여, 이 도리에 입각해서 마땅히 다음과 같이 알지니, 승의는 모든 사려분별의 경계를 초월하느니라.

　법용이여, 마땅히 알라. 비유하면 마치 어떤 사람이 한평생 쓰고 신맛만을 맛보면 밀석밀(蜜石蜜)[42]의 달콤한 맛을 생각할 수도 없고 비교해볼 수도 없으며 믿어 알 수도 없는 것과 같느니라. 또는 (생사의) 긴 밤 동안 탐욕의 알음알이로 인해 모든 욕망의 치성한 불꽃으로 인해 안으로 모든 빛깔과 형체·소리·냄새·맛·감촉의 경계를 떠난 해탈의 뛰어나고 미묘한 즐거움을 생각할 수 없고 비교할 수도 없으며 믿어 알 수도 없는 것과 같느니라. 또는 긴 밤 동안 언설의 알음알이로 인해 세간의 교묘한 언설에 즐겨 집착해서, 내면의 적정하고 성스러운 침묵의 즐거움을 생각할 수 없고 비교할 수도 없으며 믿어 알 수도 없는 것과 같느니라. 또는 긴 밤 동안 보고 듣고 깨달은 표시(언설)의 알음알이로 인해 세간의 모든 표시에 즐겨 집착하기 때문에, 길이 모든 표시를 없애고 육신(薩迦耶)[43]이 멸한 궁극적인 열반[44]을 생각할 수 없고 비교할 수도 없으며 믿어 알 수도 없는 것과 같느니라.

　법용이여, 마땅히 알라. 비유하면 마치 어떤 사람이 긴 밤동안 갖가지 내 것이라는 생각, 모든 것을 자기에게 묶어두려는 생각, 쟁론의 알음알이로 인해 세간의 모든 쟁론에 낙착하므로, 북구로주[45]의 나의 소유라는 생각이 없음·자신에게 묶어두지 않음(無攝受)[46]·쟁론을 떠난 경지를 생각할 수 없고 비교할 수도 없으며 믿어 알 수도 없는 것과 같느니라. 이와 같이 법용이여, 사려분별하는 사람은 모든 분별의 경계를 초월한 승의제상을 생각하지 못하고 비교할 수도 없으며 믿어 알 수도 없느니라."

그때 세존께서 거듭 이 뜻을 펴시기 위해 게송으로 다음과 같이 말씀하셨다.

내면적으로 증득하고 형상이 없이 행하는 바이며
말할 수도 없고 표현할 수도 없으며
모든 논쟁이 사라진 승의제는
일체 사려분별의 모습을 초월하는도다.

그때 선청정혜보살마하살이 부처님께 말씀드렸다.[47]
"세존이시여, 매우 기묘합니다. 세존께서는 참으로 뛰어나게 말씀하셨습니다. 세존께서 말씀하신 승의제의 양상은 미세하고 매우 심오해서 모든 법의 하나와 별개인 성품과 양상을 초월하여 통달하기 어렵습니다.

세존이시여, 저는 곧 이것에 대하여 예전에 한 곳에 많은 보살들이 모여서 한결같이 바르게 승해행지(勝解行地)[48]를 수행하는 것을 보았습니다. 그들은 다같이 승의제의 양상과 유위법의 양상과의 하나와 별개인 성품과 양상[49]을 사량했습니다. 이 모임 중에서 한 부류의 보살들이 다음과 같이 말했습니다. '승의제의 양상은 유위법의 양상과 다르지 않다.' 한 부류의 보살들은 다음과 같이 말했습니다. '승의제의 양상은 유위법의 양상과 다르지 않은 것이 아니라, 별개의 것이다.' 나머지 보살들은 긴가민가 의문을 품으면서 다음과 같이 말했습니다. '이 보살들 가운데 누구의 말이 진실되고 누구의 말이 거짓인가? 누가 이치 그대로 판별(行)[50]하고, 누가 이치대로 판별하지 못하는가?' 혹은 이렇게 주장했습니다. '승의제의 양상은 유위법의 양상과 다르지 않다.' 혹은 다음과 같이 주장했습니다. '승의제의 양상은 유위법의 양상과 다르다'라고 말입니다.

　세존이시여, 저는 그 광경을 보고 혼자서 조용히 이런 생각을 했습니다. '이들 선남자는 어리석고 우둔하여 지혜롭지 못하고 착하지 않으며, 진리를 있는 그대로 실천하지 못해서, 승의제가 미세하고 매우 심오해서 유위법의 하나와 별개인 성품과 양상을 초월한 것을 모르고 이렇게 말하는구나'라고 말입니다."

　그때 세존께서 선청정혜보살마하살에게 말씀하셨다.
"선남자여, 참으로 그러하도다. 그대가 말한 바와 같느니라. 이들 선남자는 어리석고 우둔하여 지혜롭지 못하고 착하지 않으며 진리 그대로 실천하지 못해서, 승의제의 양상이 미세하고 매우 심오해서 유위법의 하나와 별개인 성품과 양상을 초월한 것을 알지 못하느니

라. 왜냐하면 선청정혜여, 유위법에 대해서 이와 같이 행하는 때를, 능히 승의제의 양상에 통달하고 혹은 승의제에 대해서 깨달음을 얻었다고 말하지는 않기 때문이니라.

왜냐하면 선청정혜여, 만약 승의제의 양상이 유위법의 양상과 다르지 않다면 마땅히 지금 모든 범부들이 이미 (번뇌없는 지혜를 일으켜서) 승의제를 비추어 볼 것이니라. 또한 모든 범부들이 이미 다 최고 방편의 평안한 열반[51]을 얻고, 아뇩다라삼먁삼보리[52]를 증득했을 것이니라.

만약 승의제의 양상이 유위법의 양상과 전혀 다르다면 승의제를 관조(觀照)한 사람이 유위법의 차별상을 여의지 못할 것이니라. 만약 유위법의 차별된 모습을 여의지 못하면 형상에 의한 속박(相縛)[53]에서 해탈하지 못할 것이니라. 이 승의제를 관조한 사람이 형상에 의한 속박에서 해탈하지 못하므로 유루종자에 의한 속박(麤重縛)[54]도 또한 해탈하지 못하느니라. 두 가지 속박에서 해탈하지 못하므로, 이미 승의제를 관조한 사람이 최고 방편의 평안한 열반을 얻지 못하고, 또한 아뇩다라삼먁삼보리를 증득하지 못하느니라. 그런데 선청정혜여, 지금 범부들은 승의제를 관조하지 못하고 또한 아뇩다라삼먁삼보리를 증득하지 못하느니라. 그러므로 승의제의 양상이 유위법의 양상과 다르지 않다는 것은 진리가 아니니라.

　만약 이 중에서 다음과 같이 말하기를, 승의제의 양상이 유위법의 양상과 다르지 않다고 한다면, 이 도리에 입각해서 마땅히 알라. 모든 것이 진리 그대로 행하는 것이 아니며 바른 이치에 맞지 않느니라.

　선청정혜여, 지금 승의제를 관조한 사람은 유위법의 차별상을 여읠 수 없는 것이 아니라 여읠 수 있으며, 승의제를 관조한 사람이 형상에 의한 모든 속박에서 해탈할 수 없는 것이 아니라 해탈할 수 있으며, 두 가지 장애에서 해탈할 수 있으므로 또한 최고 방편의 평안한 열반을 얻을 수 있고, 또한 아뇩다라삼먁삼보리를 증득할 수 있느니라. 그러므로 승의제의 양상이 유위법의 양상과 전혀 다르다는 것은 진리가 아니니라.

　만약 이중에서 다음과 같이 말하기를, 승의제의 양상이 유위법의 양상과 전혀 다른 것이라고 한다면, 이 도리에 입각해서 마땅히 알라. 모든 것이 진리 그대로 행하는 것이 아니고 바른 이치에 맞지 않느니라.

　선청정혜여, 만약 승의제의 양상이 유위법의 양상과 전혀 다르지 않다면, 유위법의 양상이 잡염법의 양상에 떨어지듯이 승의제의 양상도 또한 이렇게 잡염법의 양상에 떨어질 것이니라.

　선청정혜여, 만약 승의제의 양상이 유위법의 양상과 전혀 다른 것이라면, 마땅히 유위법의 공통적인 양상[55]

을 승의제의 양상으로 이름하지 말아야 하느니라. 선청정혜여, 지금 승의제의 양상이 잡염법의 양상으로 떨어지지 않으며, 유위법의 공통된 양상을 승의제의 양상으로 이름하느니라. 그러므로 승의제의 양상이 유위법의 양상과 전혀 다르지 않다는 것은 진리가 아니니라.

승의제의 양상이 유위법의 양상과 전혀 다르다는 것도 진리가 아니니라. 만약 이 중에서 다음과 같이 말하기를, 승의제의 양상이 유위법의 양상과 전혀 다르지 않다거나, 또는 승의제의 양상이 유위법의 양상과 전혀 다른 것이라고 한다면, 이 도리에 입각해서 마땅히 알라. 모든 것이 다 진리 그대로 행하는 것이 아니고 바른 이치에 맞지 않느니라.

선청정혜여, 만약 승의제의 양상이 유위법의 양상과 전혀 다르지 않다면, 승의제의 양상이 유위법의 양상과 차별이 없는 것과 마찬가지로 모든 유위법 또한 차별이 없어야 할 것이니라. 관행(觀行)을 닦는 자가 유위법 안에서 그 본 것과 같고, 그 들은 것과 같으며, 그 깨달은 것과 같고, 그 안 것과 같아서 나중에 다시 승의를 구할 필요가 없을 것이니라.

만약 승의제의 양상이 유위법의 양상과 전혀 다른 것이라면, 유위법의 오직 무아인 성품과 오직 자성없는 성품에서 현현한 것이 승의제의 양상이 아니어야 하느니라. 또한 함께 할 때 별개의 양상, 즉 잡염상과 청정상이 성립되어야 하느니라.

선청정혜여, 지금 유위법의 양상이 모두 차별이 있고 차별없는 것이 아니므로, 관행을 닦는 자가 유위법 안에서 그 본 것과 같고, 그 들은 것과 같으며, 그 깨달은 것과 같고, 그 안 것과 같고, 또한 나중에 다시 승의를 구하고, 또한 유위법의 오직 무아인 성품과 오직 자성 없는 성품에서 현현하는 것을 승의제의 양상이라고 하며, 또한 함께 할 때 잡염과 청정의 별개의 양상이 성립되지 않느니라. 만약 이 가운데서 다음과 같이 말하기를 승의제의 양상이 유위법의 양상과 전혀 다르지 않다거나 또는 전혀 별개의 것이라고 한다면, 이 도리에 입각해서 마땅히 알라. 모든 것이 진리 그대로 행하는 것이 아니고 바른 이치에 맞지 않느니라.

선청정혜여, 마치 소라껍질의 선명한 흰 색깔의 속성은 그 소라껍질과 동일한 모습인가 다른 모습인가를 시설하기 어려움과 같으니라. 소라껍질의 선명한 흰 색깔처럼, 금(金)의 누런 색깔도 또한 그와 같으니라. 마치 공후소리의 미묘한 곡조의 속성은 공후소리와 동일한 모습인가 다른 모습인가를 시설하기 어려움과 같으니라. 마치 흑침향[56]의 묘한 향기의 속성은 그 흑침향과 동일한 모습인가 다른 모습인가를 시설하기 어려움과 같으니라. 마치 후추의 아주 매운 맛의 속성은 그 후추와 동일한 모습인가 다른 모습인가를 시설하기 어려움과 같으니라. 후추의 아주 매운 속성처럼, 가리(訶梨)⁵⁷⁾ 나무의 떫은 맛의 속성도 또한 이와 같으니라. 마치 두라면(蠹羅綿)⁵⁸⁾의 보드라운 속성은 두라면과 동일한 모습인가 다른 모습인가를 시설하기 어려움과 같으니라. 마치 잘 발효된 타락죽(熟酥)⁵⁹⁾의 제호맛은 그 잘 발효된 타락죽과 동일한 모습인가 다른 모습인가를 시설하기 어려움과 같으니라.

또한 모든 유위법의 무상한 속성, 모든 유루법의 괴로움의 속성, 모든 법의 보특가라⁶⁰⁾ 무아의 성품은 그 유위법과 동일한 모습인가 다른 모습인가를 시설하기 어려움과 같으니라. 또한 탐욕의 적정하지 못한 모습과 잡염의 모습은 그 탐욕과 동일한 모습인가를 시설하기 어려움과 같으니라. 탐욕에서와 마찬가지로 성냄과 어리석음의 경우에서도 역시 그러함을 마땅히 알아야 하느니라. 이와 같이 선청정혜여, 승의제의 양상은 유위법의 양상과 동일한 모습인가 다른 모습인가를 시설하기 어려우니라.

선청정혜여, 나는 이처럼 미세한 중에서도 극히 미세하고, 매우 심오함 중에서도 극히 심오하며, 통달하기 어려운 중에서도 극히 통달하기 어려운, 모든 법의 하나와 별개의 성품과 양상을 초월한 승의제의 양상에 대해서 현전에 정등각을 이루고, 현전에 정등각을 이루고는 남을 위해 널리 설하고 나타내보이고 해설하며 시설하고 비추어 요달하게 하느니라.
  그때 세존께서 거듭 이 뜻을 널리 펴시기 위해 다음과 같이 게송으로 말씀하셨다.

  유위법[行界][61]과 승의의 양상은
  하나와 별개의 성품과 양상을 초월하도다.
  만약 하나와 별개라고 분별하면
  그는 진리 그대로 행하는 것이 아니네.

  중생은 형상 때문에 얽매이고
  유루종자[麤重] 때문에 얽매이네.
  모름지기 부지런히 지관을 닦으라
  그리하면 마침내 해탈할 수 있느니라.

  그때 세존께서 선현장로에게 말씀하셨다.[62]
  "선현이여, 그대는 유정세계 안에서 얼마나 되는 유정들이 증상만(增上慢)[63]을 품고 증상만에 집착하고 매인 까닭에 아는 것을 기별하는 줄 아는가? 그대는 유정세계 안에서 얼마나 되는 유정들이 증상만을 여의고서 아는 것을 기별하는 줄 아는가?"
  선현장로가 부처님께 말씀드렸다.
  "세존이시여, 저는 유정세계 안에서 적은 수의 유정들이 증상만을 여의고서 아는 것을 기별하는 줄로 압니다. 세존이시여, 저는 유정세계 안에서 한량없이 무수한, 이루 다 말할 수 없는 유정들이 있어서 중상만을 품고 중상만에 집착하고 매인 까닭에 아는 것을 기별하는 줄 압니다.

세존이시여, 저는 한때 조용한 수행처[64]의 큰 나무숲 안에 머물렀는데, 때마침 많은 비구스님들도 역시 이 숲속에서 저와 가까운 곳에 머물렀습니다. 제가 그 비구들을 보니, 날이 저물 무렵에 점차 모여들어서 얻음이 있는 현관〔有所得現觀〕[65]에 의지해서 제각기 여러 가지 양상의 법을 말하면서 아는 바를 기별하더이다. 그 중에서 어느 한 부류는 오온(五蘊)[66]을 얻었기 때문이고, 오온의 양상을 얻었기 때문이며, 오온의 일어남을 얻었기 때문이고, 오온이 다함을 얻었기 때문이며, 오온의 소멸을 얻었기 때문이고, 오온의 소멸의 증득함을 얻었기 때문에 아는 것을 기별하였습니다. 이 한 부류가 오온을 얻음으로 인한 것과 마찬가지로, 다시 한 부류가 있어서 십이처[67]를 얻었기 때문에, 다시 한 부류가 있어서 십이연기[68]를 얻었기 때문에 마땅히 알아야 하니 역시 그러하였습니다.

다시 한 부류가 있어서 사식(四食)[69]을 얻은 때문이고, 사식의 양상을 얻은 때문이며, 사식의 일어남을 얻었기 때문이고, 사식이 다함을 얻었기 때문이며, 사식이 소멸함을 얻었기 때문이고, 사식의 소멸을 증득함을 얻었기 때문에 아는 것을 기별하였습니다. 다시 한 부류가 있어서 사성제[70]를 얻었기 때문이고, 사성제의 양상을 얻었기 때문이며, 사성제를 두루 앎을 얻었기 때문이고, 고성제와 집성제를 영원히 끊음을 얻었기 때문이며, 멸성제와 도성제를 중득함을 얻었기 때문이고, 도성제를 닦아 익힘을 얻었기 때문에 아는 것을 기별하였습니다. 다시 한 부류가 있어서 십팔계[71]를 얻었기 때문이고, 십팔계의 양상을 얻었기 때문이며, 십팔계의 갖가지 성품을 얻었기 때문이고, 십팔계의 하나가 아닌 성품을 얻었기 때문이며, 십팔계의 소멸을 얻었기 때문이고, 십팔계의 소멸의 중득함을 얻었기 때문에 아는 것을 기별하였습니다.

다시 한 부류가 있어서 사념주(四念住)[72]를 얻었기 때문이고, 사념주의 양상을 얻었기 때문이며, 사념주의 능히 다스리는 것과 다스려지는 것을 얻었기 때문이고, 사념주를 닦음을 얻었기 때문이며, 사념주가 아직 생겨나지 않음과 생겨나게 함을 얻었기 때문이고, 사념주가 생겨나고나서 견고하게 머물러 잊지 않게 하고 갑절로 닦아서 더욱 광대하게 함을 얻었기 때문에 아는 것을 기별하였습니다. 한 부류가 사념주를 얻은 것과 마찬가지로 다시 한 부류가 있어서 사정단(四正斷)[73]을 얻었기 때문이고, 사신족(四神足)[74]을 얻었기 때문이며, 오근(五根)[75]을 얻었기 때문이고, 오력(五力)[76]을 얻었기 때문이며, 칠각지(七覺支)[77]를 얻었기 때문에, 마땅히 알아야 하니 역시 그러하였습니다. 다시 한 부류가 있어서 팔정도〔八支聖道〕[78]를 얻었기 때문이고, 팔정도의 양상을 얻었기 때문이며, 팔정도의 능히 다스리는 것과 다스려지는 것을 얻었기 때문이고, 팔정도를 닦음을 얻었기 때문이며, 팔정도가 아직 생겨나지 않음과 생겨나게 함을 얻었기 때문이고, 팔정도가 생겨나고나서 견고하게 머물러 잊지 않게 하고 갑절로 닦아서 더욱 광대하게 함을 얻었기 때문에 아는 것을 기별하였습니다.

세존이시여, 저는 그것을 보고나서 조용히 다음과 같이 생각했습니다. '이 모든 장로들은 얼음이 있는 현관에 의지해서 제각기 여러 가지 양상의 법을 말하여 아는 것을 기별하는구나. 마땅히 알아야 하니 저 모든 장로들은 다 중상만을 품고 중상만에 집착하고 매였기 때문에, 승의제가 모든 것에 두루하고 한맛인 양상에 대해서 알지 못하는구나.'

그러므로 세존께서는 매우 기묘하시고, 나아가 세존께서는 잘 말씀하셨습니다. 세존께서 말씀하신 것과 같이, 승의제의 양상은 미세한 것 중에서 가장 미세하며, 매우 심오한 것 중에서 가장 심오하며, 통달하기 어려운 것 중에서 가장 통달하기 어려우며, 모든 것에 두루하고 한맛의 양상입니다. 세존이시여, 이 성스러운 가르침 안에서 수행하는 비구들조차도 승의제가 모든 것에 두루하고 한맛인 양상에 대해서 오히려 통달하기 어렵거늘 하물며 모든 외도들은 어떻겠습니까?"

그때 세존께서 선현장로에게 말씀하셨다.

"참으로 그러하도다. 선현이여, 나는 미세한 것 중에서 가장 미세하고, 매우 심오한 것 중에서 가장 심오하며, 통달하기 어려운 것 중에서 가장 통달하기 어렵고, 모든 것에 두루하고 한맛의 양상인 승의제에 대해서 현전에 정등각을 이루었고, 현전에 정등각을 이루고는 남을 위해 널리 말하고 나타내보이며 해설하며 시설하여 비추어 알게 하느니라.

왜냐하면 선현이여, 나는 이미 오온 가운데 청정한 인식대상이 승의제라고 나타내보였느니라. 나는 이미 십이처·십이연기·사식·사성제·십팔계·사념주·사정단·사신족·오근·오력·칠각지·팔정도 가운데 청정한 인식대상이 승의제라고 나타내보였느니라. 이 청정한 인식대상은 오온 가운데 한맛의 양상으로서 다른 양상이 없느니라. 오온에 있어서와 같이, 이와 같이 십이처에 있어서도 나아가 팔정도 중에서도 이는 한맛의 양상으로서 다른 양상이 없느니라. 그러므로 선현이여, 이 도리에 입각해서 마땅히 알라. 승의제는 모든 것에 두루하고 한맛인 양상이니라.

또한 선현이여, 관행을 닦는 비구는 하나의 온(蘊)의 진여·승의·법무아인 성품을 통달하고 나면, 다시 각기 다른 나머지 온·십이처·십이연기·사식·사성제·십팔계·사념주·사정단·사신족·오근·오력·칠각지·팔정도의 진여·승의·법무아인 성품을 찾아 구하지 않아도, 오직 이것(하나의 蘊)의 진여·승의를 따라서, 둘이 아닌 지혜를 의지로 삼음으로써, 모든 것에 두루하고 한맛의 양상인 승의제에 대해서 자세히 살피고 나아가 증득하느니라. 그러므로 선현이여, 이 도리에 입각해서 마땅히 알라. 승의제는 모든 것에 두루하고 한맛의 양상이니라.

 또한 선현이여, 저 오온이 점차 다른 양상인 것처럼, 저 십이처·십이연기·사식·사성제·십팔계·사념주·사정단·사신족·오근·오력·칠각지·팔정도가 점차 다른 양상인 것처럼, 만약 일체법의 진여·승의·법무아인 성품도 역시 다른 양상이라면, 이는 곧 진여·승의·법무아인 성품도 역시 마땅히 원인이 있어서 원인으로부터 생기는 것이니라. 만약 원인으로부터 생긴다고 하면 마땅히 이것은 유위법이니라. 만일 이것이 유위법이라면 마땅히 승의가 아니니라. 만일 승의가 아니라면 마땅히 다시 다른 승의제를 찾아 구해야 하느니라.

 선현이여, 이로 인해서 진여·승의·법무아인 성품은 원인이 있다고 말하지 않으며, 원인에서 생기는 것이 아니고, 또한 유위법이 아니며, 이것이 승의제이니라.

이 승의제를 증득하면 다시 다른 승의제를 찾아 구하지 않느니라. 오직 언제나 영원히 여래께서 세간에 출현하시든 출현하시지 않든간에, 모든 법의 법성은 안립되어져 법계에 안주하느니라. 그러므로 선현이여, 이 도리에 입각해서 마땅히 알라. 승의제는 바로 모든 것에 두루하고 한맛인 양상이니라.

선현이여, 비유하면 갖가지 하나가 아닌 품류의 다른 모습의 색법 중에서 허공은 모습이 없고 분별도 없으며 달라짐도 없고 모든 것에 두루하고 한맛의 양상인 것처럼, 이와 같이 성품이 다르고 모습이 다른 일체법 안에서, 승의제의 모든 것에 두루하고 한맛의 양상도 마땅히 알지니 역시 그러하니라."

그때 세존께서 거듭 이 뜻을 펴시기 위해 게송으로 말씀하셨다.

이 모든 것에 두루하고 한맛의 양상인
승의제는 모든 부처님의 말씀이 다름이 없도다.
만일 그 안에서 다르다고 분별하면
그는 반드시 어리석어 증상만에 의지한 것이니라.

# 제3. 심의식상품
## (心意識相品)

### 현실의 정신구조

그때 광혜보살마하살이 부처님께 말씀드렸다.[79]

"세존이시여, 세존께서는 심의식[80]의 비밀한 뜻에 잘 통달한 보살을 말씀하셨습니다. 그처럼 심의식의 비밀한 뜻에 잘 통달한 보살이란 무엇에 한하여 그렇게 이름지어서, 심의식의 비밀한 뜻에 잘 통달한 보살이라고 합니까? 여래께서는 무엇에 한하여 시설해서 그를 심의식의 비밀한 뜻에 잘 통달한 보살로 삼습니까?"

이렇게 말하고 나니 그때 세존께서 광혜보살마하살에게 말씀하셨다.

"훌륭하고 훌륭하도다, 광혜여. 그대는 이제 여래의 이와 같은 심오한 뜻을 물을 수 있도다. 그대는 이제 수많은 중생을 이롭고 안락하게 하며, 세간과 여러 하늘·아소락 등을 불쌍히 여겨서 그들로 하여금 이익과 안락을 얻도록 하기 위해 이런 질문을 하는구나. 그대는 마땅히 자세히 들으라. 내가 이제 그대를 위해 심의식의 비밀한 뜻을 말하리라.

광혜여, 마땅히 알라. 여섯 가지 윤회세계[81]의 생사고해에서 그들 갖가지 유정들이 갖가지 유정의 무리 속에 들어가서 난생·태생·습생·화생으로[82] 신체를 형성하기 시작하느니라. 그중 최초에 일체종자심식을 성숙하고 전전화합해서 점차 광대해져서 두 가지 집수(執受)[83]에 의지하느니라. 첫째는 승의근(色根)[84]과 부진근(所依根)[85]을 집수하고, 둘째는 대상과 명칭과 분별의 언설희론의 습기를 집수하느니라. 유색계에서는 이들 집수를 갖추며 무색계에서는 두 가지를 다 갖추지는 않느니라.

광혜여, 이 식을 또한 아타나식[86]이라고 하는데, 그 까닭은 이 식이 신체에서 상속하고 집지하기 때문이니라. 또한 아뢰야식[87]이라고 하는데, 그 이유는 이 식이 신체에서 (일체법의 종자를) 섭수하고 저장하며 (신체와) 편안함과 위태로움을 함께 하기 때문이니라. 또한 심(心)[88]이라고 하는데, 그 까닭은 이 식으로 인해 빛깔과 형체·소리·냄새·맛·감촉·법 등의 종자를 적집하고 성장할 수 있기 때문이니라.

광혜여, 아타나식을 의지처로 하고 건립으로 삼음으

로써 육식이 전변 생기할 수 있는데, 육식은 안식·이식·비식·설식과 의식이니라. 이중에서 식(識)이 있어서 안근과 색경을 연(緣)으로 하여 안식을 일으키느니라. 안식과 함께 따라 일어나고 동시에 같은 대상을 분별하는 의식이 전변하여 일어나느니라. 식이 있어서 이근·비근·설근·신근과 빛깔과 형체·소리·냄새·맛·감촉의 경계를 연(緣)으로 하여 이식·비식·설식·신식을 일으키느니라. 이식·비식·설식·신식과 함께 하며 동시에 같은 대상을 분별하는 의식이 전변하여 일어나느니라.

광혜여, 만약 그때 하나의 안식이 일어나면 곧 그때 오직 하나의 분별의식이 안식과 대상을 같이하여 일어나느니라. 만약 그때 이식·비식·설식·신식의 여러 식이 일어나면 곧 그때 오직 하나의 분별의식이 있어 오식과 대상을 같이하여 일어나느니라.

광혜여, 비유하면 큰 폭포의 흐름이 만약 한 물결이 일어나는 조건이 현전하면 오직 하나의 물결이 일어나고, 둘 또는 많은 물결이 일어나는 조건이 현전하면 (둘 또는) 많은 물결이 일어나느니라. 그렇지만 이 폭포수 자체의 흐름은 항상 이어져 끊임없는 것과 마찬가지이니라. 또한 깨끗하게 닦인 거울면에 하나의 영상이 비치는 조건이 현전하면 오직 하나의 영상이 일어나고, 둘 또는 많은 영상이 비치는 조건이 현전하면 (둘 또는) 많은 영상이 비치느니라. 그러나 이 거울면 자체가 전변하여 영상이 되는 것이 아니며, 또한 (영상의) 수용작용이 다할 수 없는 것과 같느니라.

광혜여, 이처럼 폭포의 흐름과 비슷한 아타나식을 의지처로 하고 건립으로 삼기 때문에, 만약 그때 안식이 일어나는 조건이 현전하면 곧 그때 안식이 일어나고, 만약 오식이 일어나는 조건이 현전하면 곧 그때 오식이 일어나느니라.

광혜여,[89] 이처럼 보살이 비록 교법에 안주하는 지혜〔法住智〕[90]를 의지처로 삼고 건립으로 삼아서 심의식의 비밀한 뜻에 잘 통달한다 하더라도, 모든 여래는 이것에 한하여 시설해서 그를 심의식의 비밀한 뜻에 잘 통달한 보살로 삼지는 않느니라.

광혜여, 만약 모든 보살이 내면적으로 각기 다르게 진리 그대로 아타나〔用〕를 보지 않고 아타나식〔體〕을 보지 않으며, 아뢰야를 보지 않고 아뢰야식을 보지 않으며, 적집을 보지 않고 심(心)을 보지 않으며, 안근과 색경 및 안식을 보지 않고, 이근과 성경 및 이식을 보지 않으며, 비근과 향경 및 비식을 보지 않고, 설근과 미경 및 설식을 보지 않으며, 신근과 촉경 및 신식을 보지 않고, 의근과 법경 및 의식을 보지 않아야 비로소 승의에 잘 통달한 보살이라고 이름하느니라. 여래는 시설해서 그를 승의에 잘 통달한 보살로 삼느니라.

광혜여, 이것에 한하여 심의식의 모든 비밀한 뜻에 잘 통달한 보살이라고 이름하느니라. 여래는 이것에 한하여 시설해서 그를 심의식의 모든 비밀한 뜻에 잘 통달한 보살로 삼느니라.

그때 세존께서 이 뜻을 거듭 펴시기 위해 다음과 같이 게송으로 말씀하셨다.

    아타나식은 매우 심오하고 미세하며
    일체종자식은 폭포의 흐름과 같도다.
    나는 범부와 어리석은 무리[91]에게는 열어보이지 않느니
    그들이 분별하고 집착해서 자아로 삼을까 두렵기 때문이니라.

# 제4. 일체법상품
## (一切法相品)

### 변계소집성 · 의타기성 · 원성실성

그때 덕본보살마하살이 부처님께 여쭈었다.[92]

"세존이시여, 세존께서는 모든 법의 양상에 잘 통달한 보살을 말씀하셨습니다. 그처럼 모든 법의 양상에 잘 통달한 보살이란, 무엇에 한하여 모든 법의 양상에 잘 통달한 보살이라고 이름합니까? 여래는 무엇에 한하여 그를 모든 법의 양상에 잘 통달한 보살이라고 시설합니까?"

이렇게 말하고 나니, 그때 세존께서 덕본보살에게 말씀하셨다.

"훌륭하도다, 덕본이여. 그대는 지금 여래의 이러한 심오한 뜻을 물을 수 있구나. 그대는 지금 수많은 중생을 이롭고 안락하게 하기 위해서, 세간과 천인과 아소락 등을 연민히 여겨 이익과 안락을 얻게 하기 위해 이런 질문을 하는구나. 그대는 자세히 들으라. 내가 마땅히 그대들을 위해 모든 법의 양상을 말하겠노라.

모든 법의 양상은 간략히 말하면 세 가지가 있느니라. 무엇이 그 세 가지인가? 첫째는 변계소집상[93]이고, 둘째는 의타기상[94]이며, 셋째는 원성실상[95]이니라. 무엇이 모든 법의 변계소집상인가? 모든 법의 명칭을 가정적으로 세운 자성과 차별이며, 나아가 언설을 따라 일어나게 함을 말하느니라. 무엇이 모든 법의 의타기상인가? 모든 법의 인연으로 생기는 자성을 말하느니라. 즉 '이것이 있으므로 저것이 있고, 이것이 생기므로 저것이 생겨난다', '무명을 반연해서 행(行)이 있고, 나아가 순전히 큰 괴로움의 덩어리가 생겨난다'는 것이니라. 무엇이 모든 법의 원성실상인가? 모든 법의 평등한 진여를 말하느니라. 이 진여에 대해서 모든 보살들이 용맹정진을 인연으로 삼음으로써, 이치에 맞게 생각하고 전도됨이 없이 사유함을 인연으로 삼음으로써 통달할 수 있고, 이 통달한 것을 점차 닦아 익히며 나아가 비로소 최고의 바른 깨달음을 원만히 증득하느니라.

선남자여, 안질(眼疾)에 걸린 사람의 눈에 생기는 눈병의 허물처럼, 변계소집상도 역시 그러함을 알아야 하느니라. 안질 걸린 사람의 눈병으로 보이는 여러 모습들, 혹은 머리털 바퀴·벌·파리·거승(苣蕂)[96]처럼, 또는 청·황·적·백 등 차별된 모습이 현전하는 것처럼, 의타기상도 역시 그러함을 알아야 하느니라. 깨끗한 눈을 가진 사람이 눈에 안질의 허물을 멀리 여의고 깨끗한 눈의 본성이 작용하는 데에 어지러운 경계가 없듯이 원성실상도 역시 그러함을 알아야 하느니라.

선남자여, 비유하면 마치 맑은 수정(水晶·頗胝迦寶)[97]이 만약 푸르게 물든 빛과 합하면, 제청(帝靑)[98]과 대청(大靑)의 마니보주 모습과 비슷하게 될 뿐인데, 이것을 실제의 제청과 대청의 마니보주라고 삿되게 집착함으로써 유정을 미혹하게 함과 같으니라. 만약 붉게 물든 빛과 합하면 호박의 마니보주 모습과 비슷하게 될 뿐인데, 이것을 실제 호박의 마니보주라고 삿되게 집착해서 유정을 미혹하게 함과 같으니라. 또한 만약 초록으로 물든 빛과 합하면 말라갈다[99]의 마니보주 모습과 비슷하게 될 뿐인데, 이것을 실제의 말라갈다의 마니보주라고 삿되게 집착해서 유정을 미혹하게 함과 같으니라. 만약 노랗게 물든 빛과 합하면 금의 모습과 비슷하게 될 뿐인데, 진짜 금으로 삿되게 집착해서 유정을 미혹하게 함과 같으니라.

이와 같이 덕본이여, 저 맑은 수정 위에 있는 물든 빛깔에 상응하듯이, 의타기상 위에 있는 변계소집상의 언설에 의한 습기도 역시 그러함을 알아야 하느니라. 저 맑은 수정 위에 있는 제청·대청·호박·말라갈

일체법상품

다·금 등의 삿된 집착처럼, 의타기상 위에 있는 변계소집상의 집착도 역시 그러함을 알아야 하느니라. 저 맑은 수정처럼 의타기상도 역시 그러함을 알아야 하느니라. 저 맑은 수정 위에 있는 제청·대청·호박·말라갈다·진금(眞金) 등의 모습이 언제나 항상 진실이 없고 자성이 없는 것처럼, 의타기상 위에서 변계소집상으로 인해 언제나 항상 진실이 없고 자성이 없는 성품이니, 원성실상도 역시 그러함을 알아야 하느니라.

또한 덕본이여,[100] 형상과 명칭이 상응하는 것으로써 조건을 삼기 때문에 삼기 때문에 변계소집상을 알 수 있느니라. 의타기상 위의 변계소집상의 집착으로써 조건을 삼기 때문에 의타기상을 알 수 있느니라. 의타기상 위의 변계소집상의 집착이 없는 것으로써 조건을 삼기 때문에 원성실상을 알 수 있느니라. 만일 모든 보살이 일체법의 의타기상 위에서 변계소집상을 있는 그대로 알면 곧 자상이 없는 법을 진리 그대로 알 수 있느니라.

만일 모든 보살이 의타기상을 있는 그대로 알면 곧 모든 잡염된 모습의 법을 있는 그대로 알 수 있느니라. 만일 모든 보살이 원성실상을 진리 그대로 알면 모든 청정한 모습의 법을 진리 그대로 알 수 있느니라. 선남자여, 만일 모든 보살이 의타기상 위에 자상이 없는 법을 진리 그대로 알면, 잡염된 모습의 법을 끊을 수 있느니라. 만일 잡염된 모습의 법을 끊으면 곧 청정한 모습의 법을 중득할 수 있느니라.

이와 같이 덕본이여, 모든 보살이 변계소집상과 의타기상과 원성실상을 있는 그대로 앎으로써 모든 자상이 없는 법과 잡염된 모습의 법과 청정한 모습의 법을 진리 그대로 알 수 있느니라. 자상이 없는 법을 진리 그대로 앎으로써 모든 잡염된 모습의 법을 단멸하느니라. 모든 잡염된 모습의 법을 단멸함으로써 모든 청정한 모습의 법을 중득하니라. 이것에 한하여 모든 법의 모습에 잘 통달한 보살이라고 이름하느니라. 여래는 이것에 한하여 시설해서 그를 모든 법의 모습에 잘 통달한 보살로 삼느니라.

그때 세존께서 이 뜻을 거듭 널리 펴시기 위해 다음과 같이 게송으로 말씀하셨다.

> 만일 모습이 없는 법을 알지 못하면
> 잡염된 모습의 법을 끊을 수 없도다.
> 잡염된 모습의 법을 끊지 못하면
> 미묘하고 청정한 모습의 법을 중득하지 못하니라.
>
> 모든 행의 많은 허물을 관찰하지 않으면
> 방일하는 허물이 중생을 해치리라.
> 게으름은 안주함의 법[101]과 움직임의 법[102]에서

무(無)와 유(有)의 과실이 있나니, 가련하도다.103)

# 제5. 무자성상품
## (無自性相品)

### 상무성 · 생무성 · 승의무성

그때 승의생보살마하살이 부처님께 여쭈었다.[104]

"세존이시여, 제가 예전에 고요한 곳에 홀로 앉아서 문득 다음과 같이 생각했습니다. '세존께서는 일찍이 많은 법문으로써 오온에 있는 제 모습 · 생겨나는 모습 · 소멸하는 모습 · 영원히 끊음 · 두루 아는 것을 말씀하셨다. 오온을 말씀하셨듯이 십이처 · 십이연기 · 사식(四食)도 역시 그러하셨다. 일찍이 많은 법문으로써 사성제의 제 모습 · 두루 앎 · 영원히 끊음 · 중득함 · 닦아 익힘에 대해서 말씀하셨다. 일찍이 많은 법문으로써 십팔계의 제 모습 · 갖가지 계(界)의 성품[105] · 하나가 아닌 계의 성품〔非一界性〕[106] · 영원히 끊음 · 두루 앎을 말씀하셨다. 일찍이 많은 법문으로써 사념주(四念住)의

제 모습·능히 다스림·다스려지는 것·닦고 익히어 아직 생겨나지 않은 것은 생기게 하고, 이미 생겨난 것은 굳게 머물러 잊지 않고 거듭 닦아 증장광대하게 함에 대해서 말씀하셨다. 사념주를 말씀하셨듯이 사정단(四正斷)·사신족(四神足)·오근(五根)·오력(五力)·칠각지(七覺支)도 또한 그러하셨도다. 일찍이 많은 법문으로써 팔성도의 제 모습·능히 다스림·다스려지는 것·닦고 익혀서 아직 생겨나지 않은 것은 생기게 하고, 이미 생겨난 것은 굳게 머물러 잊지 않고 거듭 닦아서 증장광대하게 함에 대해서 말씀하셨도다.

세존께서는 또한 모든 법이 다 자성이 없고, 생겨남도 없고 소멸함도 없으며, 본래 고요하고 자성이 열반이라고 말씀하셨건만, 나는 아직 그 뜻을 헤아리지 못한다. 세존께서는 어떤 비밀한 뜻에 의해 이처럼 일체법이 다 자성이 없고, 생겨남도 없고 소멸함도 없으며, 본래 고요하고 자성이 열반이라고 말씀하셨을까?' 라고 말입니다. 저는 지금 여래께 이 뜻을 여쭈나이다. 오직 원컨대 여래께서는 불쌍히 여기시어, 일체법이 다 자성이 없으며, 생겨남도 없고 소멸함도 없으며, 본래 고요하고 자성이 열반이라 하신 비밀한 뜻을 풀어서 말씀해 주소서."

그때 세존께서 승의생보살에게 말씀하셨다.[107]

"훌륭하고 훌륭하도다, 승의생이여. 그대가 생각한 바

는 매우 이치에 합당하도다. 훌륭하고 훌륭하도다, 선남자여. 그대는 지금 여래에게 이와 같은 심오한 뜻을 물을 수 있구나. 그대는 지금 많은 중생을 이롭고 안락하게 하기 위해서, 세간과 여러 하늘과 인간·아소락 등을 연민히 여겨서 이익과 안락을 얻게 하기 위해 이런 질문을 하는구나. 그대는 마땅히 자세히 들으라. 내가 이제 그대를 위해서 일체의 모든 법이 다 자성이 없고, 생겨남도 없고 소멸함도 없으며, 본래 고요해서 자성이 열반이라고 말한 내용의 비밀한 뜻을 해설하리라.

승의생이여, 마땅히 알라. 나는 세 가지 자성없는 성품[108]에 의거해서 비밀한 뜻으로써, 일체의 모든 법이 다 자성이 없다고 말한 것이니라. 이른바 모습의 자성없는 성품(相無自性性)[109]이고, 생겨남의 자성없는 성품(生無自性性)[110]이며, 승의이고 자성없는 성품(勝義無自性性)[111]이니라.

선남자여, 무엇이 모든 법의 모습의 자성없는 성품인가 하면, 이른바 모든 법의 변계소집상이니라. 무슨 까닭인가? 이것은 가명에 의해서 모습이라고 안립한 것이지 자상에 의해서 모습으로 안립한 것이 아니니라. 그러므로 모습의 자성없는 성품이라고 이름하느니라.

무엇이 모든 법의 생겨남의 자성없는 성품인가 하면, 이른바 모든 법의 의타기상이니라. 무슨 까닭인가? 이는 다른 연(緣)의 세력에 의해서 있는 것이지 자연적으로 있지 않도다. 그러므로 생겨남의 자성없는 성품이라고 이름하느니라.

무엇이 모든 법의 승의의 자성이 아닌 성품[勝義無自性性][112]인가? 모든 법은 생겨남의 자성없는 성품으로 인하여 자성없는 성품이라고 이름하느니라. 곧 연(緣)으로 생겨난 법도 또한 승의의 자성이 아닌 성품이라고 이름하니라. 무슨 까닭인가? 모든 법에 있어서 만약 청정한 인식대상의 경계라면, 나는 그것을 승의이고 자성없는 성품이라고 나타내보이느니라. 의타기상은 청정한 인식대상의 경계가 아니니, 이런 까닭에 또한 승의의 자성이 아닌 성품이라고 이름하느니라.

또한 모든 법의 원성실상이 있나니, 역시 승의이고 자성없는 성품이라고 이름하느니라. 무슨 까닭인가? 일체 모든 법의 법무아의 성품을 승의라고 이름하고, 역시 자성없는 성품이라고 이름할 수 있도다. 이것은 모든 법의 승의제이기 때문이고, 자성없는 성품이 나타난 바이기 때문이니라. 이 인연으로 인하여 승의이고 자성없는 성품이라고 이름하느니라.

선남자여, 비유하면 마치 허공의 꽃과 같으니, 모습의 자성없는 성품도 역시 그러함을 알아야 하느니라. 비유하면 마치 환상과 같으니, 생겨남의 자성없는 성품도 역시 그러함을 알아야 하느니라. 승의의 자성이 아닌 성품도 역시 그러함을 알아야 하느니라. 비유하면 마치 허공이 오직 갖가지 물질의 자성없는 성품이 나타난 바로서 모든 곳에 두루하는 것처럼, 승의이고 자성없는 성품도 역시 그러함을 알아야 하느니라. 법무아의 성품이 나타난 바이기 때문이고, 모든 곳에 두루하기 때문이니라. 선남자여, 나는 이와 같은 세 가지 자성없는 성품에 의거해서 비밀한 뜻으로 말하기를, 일체의 모든 법이 다 자성이 없다고 한 것이니라.

승의생이여, 마땅히 알라. 나는 모습의 자성없는 성품에 의거해서 비밀한 뜻으로 말하기를, 일체의 모든 법이 생겨남도 없고 소멸함도 없으며, 본래 고요하고 자성이 열반이라고 한 것이니라. 무슨 까닭인가? 만약 법의 자상이 도무지 있는 바가 없으면 곧 생겨남이 없을 것이고, 만일 생겨남이 없으면 곧 소멸함도 없으며, 만일 생겨남도 없고 소멸함도 없으면 곧 본래 고요하고, 만일 본래 고요하다면 곧 자성이 열반이니라. 그 안에 도무지 조금이라도 있는 것도 다시 그로 하여금 완전한 열반에 들게 할 것이 없기 때문이니라. 그러므로 나는 모습의 자성없는 성품에 의거해서 비밀한 뜻으로 말하기를, 일체의 모든 법이 생겨남도 없고 소멸함도 없으며, 본래 고요하고 자성이 열반이라고 한 것이니라.

선남자여, 나는 또한 법무아의 성품이 나타난 바인 승의이고 자성없는 성품에 의거해서 비밀한 뜻으로 말하기를, 일체의 모든 법이 생겨남도 없고 소멸함도 없으며, 본래 고요하고 자성이 열반이라고 한 것이니라. 무슨 까닭인가? 법무아의 성품이 나타난 바인 승의이고 자성없는 성품은 언제나 영원히 모든 법의 법성에 안주하는 무위법이니라. 모든 잡염법과 상응하지 않기 때문이고, 언제나 영원히 모든 법의 법성에 안주하기 때문에 무위법이니라. 무위법이기 때문에 생겨남도 없고 소멸함도 없으며, 모든 잡염법과 상응하지 않기 때문에 본래 고요하고 자성이 열반이니라. 그러므로 나는 법무아의 성품이 나타난 바인 승의이고 자성없는 성품에 의거해서 비밀한 뜻으로 말하기를, 일체의 모든 법이 생겨남도 없고 소멸함도 없으며 본래 고요하고 자성이 열반이라 한 것이니라.

또한 승의생이여,[113] 유정의 세계에서 모든 유정의 무리가 변계소집자성을 별도로 관찰해서 자성으로 삼기 때문에, 또한 그들이 의타기자성과 원성실자성을 별도로 관찰해서 자성으로 삼기 때문에 내가 세 가지 자성없는 성품을 건립한 것이 아니니라.

그런 것이 아니라 유정들이 의타기자성과 원성실자성 위에 변계소집자성을 더하기 때문에, 나는 세 가지 자성없는 성품을 건립한 것이니라. 변계소집자성의 모습으로 인하여 저 모든 유정들이 의타기자성과 원성실자성에 있어서 언설을 따라 일으키며, 이처럼 이렇게 언설을 따라 일으키는도다. 이처럼 이렇게 언설로 훈습하는[114] 마음 때문이고, 언설로 분별해서 알기[115] 때문이며, 언설로 훈습된 종자(隨眠)에 의거함으로써[116] 의타기자성과 원성실자성에 있어서 변계소집자성의 모습을 집착하느니라. 이처럼 이렇게 집착하며, 이처럼 이렇게 의타기자성과 원성실자성 위에서 변계소집자성을 집착하고, 이 인연으로 인하여 다음 세상의 의타기자성을 일으키느니라. 이 인연으로 인하여 혹은 번뇌의 잡염에 물들고, 혹은 업의 잡염에 물들며, 혹은 생의 잡염에 물들어서, 나고 죽는 가운데 있어서 오랫동안 내달리고 헤매면서 오랫동안 떠돌아 다녀서 휴식이 없느니라. 혹은 지옥에 있으면서, 혹은 축생에 있으면서, 혹은 아귀에 있으면서, 혹은 천상에 있으면서, 혹은 아소락에 있으면서, 혹은 인간세상에 있으면서 갖가지 괴로움을 받느니라.

또한 승의생이여,[117] 만약 모든 유정이 본래부터 선근을 심지 않고, 죄업의 장애를 청정히 하지 않으며, 상속을 성숙시키지 않고, 뛰어난 이해를 많이 닦지 않으며, 복덕과 지혜의 두 가지 자량을 쌓지 않으면, 나는 그들을 위한 까닭에 생겨남의 자성없는 성품에 의하여 모든 법을 널리 말하느니라.

그들이 이것을 듣고 나서, 인연으로 생기는 모든 유위법에 대해서 능히 분수에 따라 깨닫기를, 이것은 항상하지 않고 영원하지 않으며 평안하지 못하고 변하며 무너지는 법임을 알고, 모든 유위법에 대해서 마음에 두려움을 내고, 매우 싫어하고 근심하느니라. 마음에서 두려움을 내어 매우 싫어하고 근심하고 나서는 악을 모두 막아서 악한 법을 지을 수 없느니라. 착한 법을 능히 모두 부지런히 닦아 익히며, 착한 원인을 익히는 까닭에 아직 선근을 심지 않은 이는 능히 선근을 심고, 죄업의 장애를 아직 청정히 하지 못한 이는 능히 청정하게 하며, 아직 상속을 성숙시키지 못한 이는 능히 성숙하게 하느니라. 이 인연으로 인하여 뛰어난 이해를 많이 닦고, 또한 복덕과 지혜의 두 가지 자량을 많이 쌓느니라.

비록 그들이 이러한 선근을 모두 심고, 나아가 복덕과 지혜의 두 가지 자량을 쌓는다 하더라도, 그러나 생겨남의 자성없는 성품에 있어서 아직도 모습의 자성없는 성품과 두 종류의 승의무자성성을 진리 그대로 분명히 알지 못하느니라. 모든 유위법에 대해서 아직도 바르게 싫어하지 못하고, 아직도 바르게 욕심을 여의지 못하며, 아직도 바르게 해탈하지 못하고, 아직도 번뇌의 잡염을 두루 해탈하지 못하며, 아직도 모든 업의 잡염을 두루 해탈하지 못하고, 아직도 모든 태어남의 잡염을 두루 해탈하지 못하느니라.

여래가 그들을 위해서 다시 법의 요지를 말하나니, 이른바 모습의 자성없는 성품 및 승의이고 자성없는 성품이니라. 그들로 하여금 모든 유위법에 대해서 능히 바르게 싫어하도록 하기 위해서이고, 바르게 욕심을 버리도록 하기 위해서이며, 바르게 해탈하도록 하기 위해서이고, 모든 번뇌의 잡염을 초월하도록 하기 위해서이며, 모든 업의 잡염을 초월하도록 하기 위해서이고, 모든 태어남의 잡염을 초월하도록 하기 위해서이니라.

그들이 이와 같이 설해진 법을 듣고서, 생겨남의 자성없는 성품 가운데서 모습의 자성없는 성품과 승의이고 자성없는 성품을 능히 바르게 믿고 알아서 결택하고 사유하며 진리 그대로 통달하여, 의타기자성 중에서 변계소집자성의 모습을 집착하지 않느니라. 언설에 훈습되지 않는 지혜로 인한 때문이고, 언설에 따라서 깨닫는 것이 아닌 지혜로 인한 때문이며, 언설로 수면을 여읜 지혜로 인한 때문에 능히 의타기상을 멸하고, 현재의 법에 있어서 지혜의 힘이 지닌 것으로써 능히 오는 세상의 원인을 영원히 단멸하느니라. 이 인연으로 인하여 모든 유위법에 대해서 능히 바르게 싫어하고, 능히 바르게 욕심을 버리며, 능히 바르게 해탈하고, 능히 번뇌·업·태어남의 세 가지 잡염에서 두루 해탈하느니라.

또한 승의생이여,[118] 모든 성문승의 종성인 유정도 역시 이 도(道)와 이 행적으로[119] 인하여 최고의 평안한 열반을 증득하느니라. 모든 독각승의 종성인 유정과 모든 여래승의 종성인 유정도 역시 이 도와 이 행적으로 인하여 최고의 평안한 열반을 증득하느니라. 모든 성문·독각·보살이 모두 이 하나인 미묘하고 청정한 도를 함께 하고, 모두 이 하나인 궁극적이고 청정함을 함께 해서, 다시는 다른 도의 증과가 없느니라. 나는 이것에 의거해서 비밀한 뜻으로 말하여 오직 일승(一乘)[120]이 있을 뿐이라고 하느니라.

그런데 모든 유정의 세계에는 바로 갖가지 유정의 종성이 있느니라. 혹은 둔한 근기의 성품이 있고, 혹은 중간 근기의 성품이 있으며, 혹은 예리한 근기의 성품이 있어서 유정의 차이가 있느니라. 선남자여, 만약 한결같이 적멸만을 구하는 성문 종성의 보특가라[121]라면, 비록 모든 부처님께서 시설하신 갖가지 용맹스런 가행과 방편으로 교화하고 인도하심을 받더라도, 결국은 장래에 도량에 앉아서 아뇩다라삼먁삼보리를 증득할 수는 없느니라. 무슨 까닭인가? 그들은 본래 오직 하열한 종성만이 있기 때문이고, 한결같이 자비가 박약하기 때문이며, 한결같이 여러 가지 괴로움을 두려워하기 때문이니라. 그들은 한결같이 자비가 박약하기 때문에, 모든 중생을 이롭게 하는 일을 한결같이 저버리느니라. 그들은 한결같이 여러 가지 괴로움을 두려워하기 때문에, 모든 수행을 일으켜 해야 할 일들을 한결같이 저버리는 도다.

나는 중생을 이롭게 하는 일을 한결같이 저버리는 자와, 모든 수행을 일으켜서 해야 할 바를 저버리는 자가 장차 도량에 앉아서 능히 아뇩다라삼먁삼보리를 증득하리라고는 결코 말하지 않느니라. 그러므로 그를 한결같이 적멸만을 구하는 성문이라고 부르느니라.

그러나 만약 보리에 회향하는 성문종성의 보특가라라면, 나는 역시 다른 법문으로 말하여 보살이라 하느니라. 무슨 까닭인가? 그는 이미 번뇌장을 해탈하였나니, 만약 모든 부처님의 깨우쳐주심을 입을 때에는 소지장에 대해서도 그 마음이 역시 마땅히 해탈을 얻게 되기 때문이니라. 그러나 그가 처음에 자신의 이익을 위해서 가행을 수행하여 번뇌장을 해탈하기 때문에 여래는 그를 시설하여 성문종성이라고 하느니라.

또한 숭의생이여,[122] 이처럼 나의 잘 설해진 말과 잘 제정된 법과 계율, 매우 지극히 청정한 의욕〔意樂〕[123]으로 말해진 좋은 교법에 대해서 많은 유정의 무리들이 알음알이로 갖가지 차별을 갖게 되느니라.

선남자여, 여래는 다만 이와 같은 세 가지 자성없는 성품에 의지해서 심오하고 비밀한 뜻으로 인하여, 널리 설해진 불요의경전(不了義經典)[124]에 대해서 은밀한 모습으로 모든 법의 요지를 말하느니라. 이른바 모든 법은 다 자성이 없고, 생겨남도 없고 소멸함도 없으며, 본래 적정하여 자성이 열반이라고 하느니라.

이 경전에 대해서 만약 유정들이 이미 상품의 선근을 심었고, 이미 모든 장애를 청정히 했으며, 이미 상속을 성숙시켰고, 이미 뛰어난 이해를 많이 닦았으며, 이미 상품의 복덕과 지혜의 자량을 적집했다면, 그가 만약 이러한 법을 듣고 나서 나의 매우 심오하고 비밀한 뜻의 언설에 대해서 진리 그대로 깨달아 알고, 이러한 법에 대해서 깊이 믿고 이해하며, 이러한 뜻에 대해서 뒤바뀜이 없는 지혜로써 진리 그대로 통달하고, 이 통달에 의지해서 잘 닦고 익히기 때문에 매우 지극한 궁극적인 경지를 속히 증득하느니라. 또한 내가 말한 것에 대해서도 청정한 믿음을 깊이 일으키느니라. 이것은 여래의 응정등각으로서 모든 법에 대해서 현전에 바르고 평등하게 깨달음을 아느니라.

만약 유정들이 이미 상품의 선근은 심었고, 이미 모든 장애는 청정히 했으며, 이미 상속은 성숙시켰고, 이미 뛰어난 이해는 많이 닦았지만 아직 상품의 복덕과 지혜의 자량을 쌓지는 못했다 하더라도 그 성품이 곧거나 곧은 부류라면, 비록 사유하고 결택하여 폐하거나 건립할 능력이 없다 하더라도 자신의 국집된 견해 속에 안주하지는 않느니라. 그가 만약 이러한 법을 들으면, 나의 매우 심오하고 비밀한 언설에 대해서 비록 진리 그대로 분명하게 알 능력은 없다손 치더라도 이 법에 대해서 능히 뛰어나게 이해하고 청정한 믿음을 일으켜서, '이 경전은 여래의 말씀이고 이것은 매우 심오함을 드러냈으며, 매우 심오한 공의 성품과 상응하여 보기 어렵고 깨닫기 어려우며, 살펴서 생각할 수 없고, 살펴서 생각하는 것들이 행해지는 경계가 아니며, 미세하게 자세히 살피는 총명한 지혜를 가진 사람만이 알 바로구나'라고 믿느니라. 그런데 이 경전에서 말해진 뜻에 대하여 자신을 가볍게 여기고 거기에 머물러서 이러한 말을 하되 '모든 부처님의 깨달음은 매우 지극히 심오하고 모든 법의 법성도 역시 매우 지극히 심오하여, 오직 부처님만이 능히 잘 깨달으시며 우리들이 알 수 있는 것이 아니로다. 모든 부처님은 저 갖가지 뛰어난 이해를 지닌 유정들을 위하여 바른 법의 가르침을 굴리시고, 모든 부처님은 가없는 지견(智見)이 있는데, (그에 비하면) 우리들의 지견은 마치 소의 발자국과 같도다'라고 해서, 이 경전에 대해서 비록 능히 공경하고 남을 위해 널리 말하며 쓰고 베끼고 보호하여 지니며 펼쳐 살펴보고 유포하며, 소중하게 공양하고, 받아 외우고 익힐지라도, 그러나 아직 그 닦는 모습으로써는 가행을 일으키지 못하느니라. 그러므로 나의 매우 심오하고 비밀한 뜻으로 말해진 언사를 통달하지 못하느니라. 그러나 이 인연으로 인하여 그 모든 유정은 역시 복덕과 지혜의 두 가지 자량을 능히 더욱 자라게 하고, 그 상속에 있어서 아직 성숙하지 못한 자는 또한 능히 성숙하

무자성상품

게 하느니라.

　만약 유정들이 (자세히 말해지는 부분은 생략하고) 나아가 아직 상품의 복덕과 지혜의 자량을 적집하지 못하고, 성품이 곧지 못하며 곧은 부류가 아니라면, 사유하고 결택하여 폐하고 건립하는 능력이 있다 할지라도 또한 스스로의 국집된 견해 속에 안주하면, 그가 이러한 법을 들어도 나의 매우 깊고 비밀한 뜻의 언설에 대해서 진리 그대로 깨달아 알지 못하느니라. 이러한 법에 대해서 비록 믿고 이해한다손 치더라도 그 뜻에 대해서는 말에 따라 집착하여, 모든 법은 결정적으로 다 자성이 없고, 결정적으로 생겨나지도 않고 없어지지도 않으며, 결정적으로 본래 고요하며, 결정적으로 자성이 열반이라고 말하느니라.

　이 인연으로 인하여 모든 법에 대해서 없다는 견해와 모습이 없다는 견해를 얻느니라. 없다는 견해와 모습이 없다는 견해를 가졌기 때문에, 모든 양상이 다 모습이 없다고 해서 부정해버리고, 모든 법의 변계소집상·의타기상·원성실상을 비방하여 부정하느니라. 무슨 까닭인가? 의타기상과 원성실상이 있기 때문에 변계소집상이 비로소 시설될 수 있느니라. 만일 의타기상과 원성실상에 대해서 양상이 없는 것으로 본다면, 그는 역시 변계소집상도 비방하여 부정하느니라. 그러므로 그는 세 가지 양상을 비방하여 부정한다고 말하느니라.

비록 내가 말한 법에 대해서 법이라는 생각을 일으킨다 하더라도, 그릇된 뜻 가운데서 바른 뜻이라는 생각을 일으키느니라. 내가 말한 법에 대해서 법이라는 생각을 일으키기 때문이고, 그릇된 뜻 가운데서 바른 뜻이라는 생각을 일으키기 때문에, 이 법 가운데서 이것을 법으로 지니게 되고, 그릇된 뜻 가운데서 이것을 바른 뜻으로 지니느니라. 그가 비록 법에 대하여 믿고 이해함을 일으켜서 복덕이 더욱 자란다고 하더라도, 그릇된 뜻에 대해서 집착을 일으키기 때문에 지혜를 잃게 되고, 지혜를 잃기 때문에 광대하고 한량없는 착한 법을 잃게 되느니라.

다시 어떤 유정이 타인에게서 법을 법이라고 말하고 그릇된 뜻을 바른 뜻이라 함을 듣고서 만일 그 견해에 따르면, 그는 곧 법에 대해서 법이라는 생각을 일으키고 그릇된 뜻 가운데서 바른 뜻이라는 생각을 일으켜서, 법을 집착하여 법을 삼고 그릇된 뜻을 바른 뜻으로 삼느니라. 마땅히 알지니, 이 인연으로 인하여 그들은 모두 착한 법을 잃을 것이니라.

어떤 유정은 그 견해를 따르지는 않지만 그로부터 '모든 법은 다 자성이 없으며, 생겨남도 없고 소멸함도 없으며, 본래 고요하여 자성이 열반이다'라는 말을 갑자기 들으면 곧 두려움을 내고, 두려움을 내고는 이렇게 말할 것이다. '이것은 부처님의 말씀이 아니다. 이것은 마군이 한 말이다.' 이렇게 이해하고는 이 경전에 대해서 비방하고 헐뜯고 욕할 것이니라. 이 인연으로 인하여 큰 쇠퇴와 손해를 입고 큰 업장에 부딪칠 것이니라.

이러한 인연 때문에 나는 만일 모든 양상에 대해서 모습이 없다는 견해를 일으키고, 그릇된 뜻 가운데서 널리 말하여 바른 뜻으로 삼는다면, 이는 광대한 업장을 일으키는 방편이라고 말하느니라. 그것은 한량없는 중생을 구덩이에 빠뜨리고 그들로 하여금 큰 업장을 지니게 하기 때문이니라.

선남자여, 만약 유정들이 아직 선근을 심지 않고, 아직 장애를 청정히 하지 않았으며, 상속을 성숙시키지 않고, 뛰어난 이해가 많지 않으며, 아직 복덕과 지혜의 자량을 적집하지 않았고, 성품이 곧지 않으며, 성품이 곧은 무리가 아니고, 비록 사유하고 결택하여 폐하고 건립하는 능력이 있다손 치더라도 항상 자기의 국집된 견해에 안주한다고 하자. 그가 만일 이러한 법을 듣고 나서 나의 매우 심오하고 비밀한 뜻의 언설을 진리 그대로 이해할 수 없고, 또한 이 법에 대해서 믿고 이해하지 않으며, 이 법 가운데서 그릇된 법이라는 생각을 일으키고, 이 뜻 가운데서 그릇된 뜻이라는 생각을 일으키며, 이 법 가운데서 집착하여 그릇된 법으로 삼고, 이 뜻 가운데서 집착하여 그릇된 뜻으로 삼으며, 크게 다음과 같이 말하기를 '이것은 부처님의 말씀이 아니다. 이는 마군이 한 말이다'라고 하니라. 이렇게 이해하고서 이 경전에 대해서 비방하고 헐뜯고 욕하며 부정하여 거짓이라 말하고, 갖가지 방면에서 이러한 경전을 헐뜯어 없애고 꺾어 항복시키며, 이 경전을 믿고 이해하는 사람에게 원수라는 생각을 일으키느니라.

그는 먼저 모든 업장에 장애되었고, 이 인연으로 인하여 다시 이와 같은 업장 때문에 장애된 것이니라. 이러한 업장은 처음에 이루어지기는 쉬워도, 나아가 백천구지(俱胝)[125] 나유타[126] 겁에 이를지라도 벗어날 기약이 없느니라.

선남자여, 이처럼 나의 잘 설해진 말과 잘 제정된 법과 계율, 가장 지극하고 청정한 의욕으로 말해진 훌륭한 교법에 대해서 이러한 모든 유정의 무리가 이해하는 데 갖가지 차별이 있을 수 있느니라."

그때 세존께서 거듭 이 뜻을 펴시기 위해 게송으로 말씀하셨다.

일체의 모든 법은 다 자성이 없고
생겨남도 없고 소멸함도 없으며 본래 고요하도다.
모든 법의 자성은 언제나 열반이니
지혜 있는 자라면 누가 비밀한 뜻이 없다고 말하리.

모습과 생겨남과 승의의 자성없는 성품을
이처럼 나는 모두 이미 나타내보였나니
만일 붓다의 이 비밀한 뜻을 모르면
바른 길을 잃어서 나아갈 수 없으리라.

모든 청정한 도에 의지해서 청정한 자는
오직 이 하나에만 의지할 뿐 다른 것이 없도다.
그러므로 그 가운데 일승을 세웠는데
유정들의 성품은 차이가 없지 않네.

중생세계에서 수많은 중생은
오직 한 몸만을 제도하여 적멸에 나아가니
대자비와 용맹정진으로 열반을 증득해서
중생을 버리지 않음을 얻기가 매우 어렵도다.

미묘하여 생각하기 어려운 무루의 경계 안에서
해탈은 평등하여 차이가 없네.
모든 뜻이 성취되고 미혹과 괴로움을 여의었으니
두 가지를 달리 말해서 항상함과 즐거움이라 하리.

그때 승의생보살이 다시 부처님께 여쭈었다.
"세존이시여, 모든 부처님 여래의 비밀한 말씀은 매우 기묘하고 희유하며, 나아가 미묘하고 가장 미묘하며,

매우 심오하고 지극히 매우 심오하며, 통달하기 어렵고 가장 통달하기 어렵습니다. 이와 같아서 세존께서 말씀하신 뜻을 저는 지금 다음과 같이 이해합니다. 만약 분별로 행해지는 변계소집상이 의지하는 행상에서라면, 가명으로 안립하여 이로써 색온(色蘊)의 자성의 모습이나 혹은 차별의 모습으로 삼고, 가명으로 안립해서 색온의 생겨남과 색온의 소멸함으로 삼습니다. 그리고 색온이 영원히 단멸함과 두루 앎의 자성의 모습과 혹은 차별의 모습으로 삼습니다. 이것을 변계소집상이라고 이름하나니, 세존께서는 이에 의거해서 모든 법상의 자성없는 성품을 시설하셨습니다.

만약 분별로 행해지는 변계소집상이 의지하는 행상에서라면, 이것을 의타기상이라고 이름합니다. 세존께서는 이에 의거해서 모든 법의 생겨남의 자성없는 성품 및 승의의 자성이 없는 성품을 시설하셨습니다.

이와 같아서 세존께서 말씀하신 뜻을 저는 지금 다음과 같이 이해합니다. 만약 이 분별로 행해지는 변계소집상이 의지하는 행상(의타기상)에서라면, 변계소집상이 진실된 것이 아니므로 곧 이 자성의 자성없는 성품이고 법의 무아성이며 진여인 청정한 인식대상을 원성실상이라고 이름합니다. 세존께서는 이것에 의거해서 승의이고 자성없는 성품을 시설하셨습니다. 색온에서 그런 것처럼 이와 같이 다른 온(蘊)에 있어서도 마땅히 모두

무자성상품

널리 말해야 합니다. 모든 온에서 그런 것처럼 이와 같이 십이처의 낱낱의 포섭처에 있어서도 마땅히 모두 널리 말해야 합니다. 십이연기의 낱낱의 지분〔支〕에 있어서도 마땅히 모두 널리 말해야 하고, 사식(四食)에 있어서도 마땅히 모두 널리 말해야 합니다. 육계와 십팔계의 낱낱의 계〔界〕에 있어서도 마땅히 모두 널리 말해야 합니다.

　이와 같아서[127] 세존께서 말씀하신 뜻을 저는 지금 다음과 같이 이해합니다. 만약 분별로 행해지는 변계소집상이 의지하는 행상에서라면 가명으로 안립하여 그로써 고성제를 삼고, 고성제의 두루 앎의 자성과 혹은 차별상을 삼으면 이것을 변계소집상이라고 이름합니다. 세존께서는 이것에 의거해서 모든 법의 모습의 자성없는 성품을 시설하셨습니다. 만약 분별로 행해지는 변계소집상이 의지하는 행상이라면 이것을 의타기상이라고 이름합니다. 세존께서는 이것에 의거해서 모든 법의 생겨남의 자성없는 성품 및 승의의 자성이 아닌 성품을 시설하셨습니다.

　이와 같아서 세존께서 말씀하신 뜻을 저는 지금 다음과 같이 이해합니다. 만약 이 분별로 행해지는 변계소집상이 의지하는 행상에서라면, 변계소집상은 진실된 것이 아니기 때문에, 곧 이 자성의 자성없는 성품과 법의 무아성이고 진여인 청정한 인식대상을 원성실상이라고 이름합니다. 세존께서는 이것에 의지해서 승의이고 자성없는 성품을 시설하셨습니다. 고성제에서와 마찬가지로 이처럼 나머지 성제에 있어서도 모두 마땅히 자세히 말해야 합니다. 사성제에서와 마찬가지로 이처럼 사념주·사정단·사신족·오근·오력·칠각지·팔정도지에 있어서도 모두 마땅히 자세히 말해야 합니다.

이와 같아서 세존께서 말씀하신 뜻을 저는 지금 다음과 같이 이해합니다. 만일 분별로 행해지는 변계소집상이 의지하는 행상에서라면 가명으로 안립하여 그로써 바른 선정을 삼고, 또 바른 선정의 능히 다스림과 다스려지는 것과 혹은 바른 선정의 수행이 아직 생겨나지 않은 것은 생겨나게 하고, 이미 생겨난 것은 견고하게 머물러서 잃지 않고 갑절 더 닦아서 더욱 광대하게 자라나게 하며, 혹은 자성의 모습이나 혹은 차별의 모습으로 삼으며, 이를 변계소집상이라고 이름합니다. 세존께서는 이것에 의거해서 모든 법의 모습의 자성없는 성품을 시설하셨습니다. 만일 분별로 행해지는 변계소집상이 의지하는 행상에서라면 이것을 의타기상이라고 이름합니다. 세존께서는 이것에 의거해서 모든 법의 생겨남의 자성없는 성품 및 승의의 자성이 아닌 성품을 시설하셨습니다.

이와 같아서 세존께서 말씀하신 뜻을 저는 지금 다음과 같이 이해합니다. 만일 이 분별로 행해지는 변계소집상이 의지하는 행상에서라면, 변계소집상은 진실된 것이 아니기 때문에, 곧 이 자성의 자성없는 성품과 법의 무아성과 진여인 청정한 인식대상을 원성실상이라고 이름합니다. 세존께서는 이것에 의거해서 모든 법의 승의이고 자성없는 성품을 시설하셨습니다.

세존이시여, 비유컨대 비습박약(毘濕縛藥)[128]을 모든 산약(散藥)과 선약(仙藥)의 처방안에 모두 마땅히 넣어야 하는 것과 같습니다. 이와 같아서 모든 법이 다 자성이 없고, 생겨남도 없고 소멸함도 없으며, 본래 고요하여서 자성이 열반인 자성없는 성품에 의거한 세존의 이 요의의 가르침은 요의가 아닌 모든 경전에 마땅히 다 넣어야 합니다.

세존이시여, 마치 채색으로 그림을 그려놓은 바탕은, 모든 채색으로 된 그림들에 대해서 두루 다 동일한 맛이어서 혹은 푸르거나 혹은 누르거나 혹은 붉거나 혹은 희거나간에, 다시 능히 채색으로 그림을 그리는 일을 드러냄과 같습니다. 이처럼 모든 법이 다 자성이 없고 (자세히 말하는 부분은 생략하고) 나아가 자성이 열반인 자성없는 성품에 의거한 세존의 이 요의의 가르침은 모든 요의가 아닌 경전에 두루 다 동일한 맛이어서, 다시 능히 그 모든 경전 가운데 요의가 아닌 뜻을 드러냅니다.

세존이시여, 비유컨대 잘 익은 맛이 좋은 음식과 모

든 떡과자 속에 잘 발효된 타락죽을 넣으면 더욱 뛰어난 맛을 내는 것과 같습니다. 이처럼 모든 법이 다 자성이 없고 (자세히 말하는 부분은 생략하고) 나아가 자성이 열반인 자성없는 성품에 의거한 세존의 이 요의의 가르침을 요의가 아닌 경전들에 두면 뛰어난 기쁨을 일으킵니다. 세존이시여, 비유하면 마치 허공이 모든 곳에 두루 다 동일한 맛이어서 모든 해야 할 일들을 장애하지 않는 것과 같습니다. 이처럼 이 모든 법이 다 자성이 없고 (자세히 말하는 부분은 생략하고) 나아가 자성이 열반인 자성없는 성품에 의거해서 세존의 요의의 가르침은, 요의가 아닌 모든 가르침에 두루 다 동일한 맛이므로 모든 성문·독각 및 모든 대승이 닦는 일들을 장애하지 않습니다."

이렇게 말하고 나니 그때 세존께서 승의생보살을 칭찬하여 말씀하셨다.

"훌륭하고 훌륭하도다, 선남자여. 그대는 지금 능히 여래가 말한 매우 심오하고 비밀한 말의 뜻을 잘 이해하고 있도다. 또한 이 뜻에 대하여 비유를 잘 들었나니 이른바 세간의 비습박약, 여러 채색의 그림바탕, 잘 익은 타락죽과 허공의 비유이니라. 승의생이여, 참으로 그렇기 때문에 다시 다른 것이 있을 수 없느니라. 참으로 그렇기 때문에 그대들은 마땅히 받아 지녀야 하느니라."

그때 승의생보살이 다시 부처님께 여쭈었다.[129]

"세존께서 처음 한때에 바라니사(婆羅痆斯)[130]의 선인이 떨어진 곳인 시록림(施鹿林)[131]안에 계실 적에, 오직 성문승에 나아가는 이들을 위해서 사성제의 모습으로 바른 법을 펼치셨습니다. 비록 이것이 매우 기묘하고 대단히 희유해서 모든 세간과 모든 하늘과 인간 등에서 일찍이 능히 법답게 말하는 이가 없었지만, 그러나 그때 말씀하신 법은 위가 있고 수용될 바가 있어서 요의의 가르침이 아닙니다. 이것은 많은 논쟁이 쉽게 발을 붙일 수 있습니다.

세존께서 예전에 두번째 시기에 있어서 오직 대승을 닦는 이들을 위하여, 모든 법은 다 자성이 없으며 생겨남도 없고 소멸함도 없으며 본래 적정하고 자성이 열반이라고 함에 의거해서 은밀한 모습으로써 바른 법을 펼치셨습니다. 비록 또한 매우 기묘하고 대단히 희유하긴 하지만, 그때 말씀하신 법은 역시 위가 있고 수용될 바가 있어서 아직 요의의 가르침이 아닙니다. 이것은 많은 논쟁이 쉽게 발을 붙일 수 있습니다.

세존께서는 지금 세번째 시기에 있어서 널리 모든 것을 포섭하는 교법(一切乘)[132]에 나아가는 이들을 위해서, 모든 법이 다 자성이 없으며 생겨남도 없고 소멸함도 없으며 본래 고요하여 자성이 열반인 자성없는 성품에 의거해서 뚜렷이 나타난 모습으로써 바른 법을 펼치셨습니다. 이것은 최고로 대단히 기묘하고 가장 희유합니다. 지금 세존께서 펼치신 법은 위도 없고 수용될 바도 없으며 진실한 요의의 가르침으로서 모든 논쟁이 발을 붙일 수 없습니다.

세존이시여, 만일 선남자나 선여인이 여래께서 말씀하신 바, 이 모든 법이 다 자성이 없으며 생겨남도 없고 소멸함도 없으며 본래 고요하여 자성이 열반이라고 하는 매우 심오한 요의의 가르침을 듣고서, 믿고 이해하며 쓰고 베끼며 보호해 지니고 공양하며 널리 유통시키고 받아서 독송하며 닦아 익히고 이치대로 사유하며 그 수행의 모습으로써 가행을 일으키면 얼마나 많은 복이 생겨납니까?"

이렇게 말하고 나니 그때 세존께서 승의생보살에게 말씀하셨다.

"승의생이여, 이 선남자나 선여인에게 생기는 복은 한량없고 헤아릴 수 없어서 비유로도 알기 어렵도다. 내가 이제 그대들을 위해 간략히 조금이라도 말하리라. 마치 손톱 위의 흙을 대지의 흙과 비교하면 백분의 하나에도 미치지 못하고, 천분의 하나에도 미치지 못하며, 십만분의 하나에도 미치지 못하고, 수(數)·산(算)·계(計)·유(喩) 및 오파니살담분(鄔波尼殺曇分)[133]의 하나에도 미치지 못함과 같으니라. 혹은 소발자국 안의 물을 네 가지 큰 바다의 물에 비교하면 백분의 하나에도 미치지 못하고, (자세히 말해지는 부분은 앞과 같고) 나아가 오파니살담분의 하나에도 역시 미치지 못함과 같으니라.

이처럼 모든 요의가 아닌 경전을 듣고서 믿고 이해하고 널리 말하고 나아가 그 닦는 모습으로써 가행을 일으켜 얻는 공덕을, 여기서 말한 요의경전의 가르침을 듣고서 믿고 이해하여 쌓은 공덕과 널리 말하고 나아가 그 닦는 모습으로써 가행을 일으켜 쌓는 공덕을 비교하자면 백분의 하나에도 미치지 못하고, 널리 말하건대 나아가 오파니살담분의 하나에도 역시 미치지 못하느니라."

이렇게 말씀해 마치셨다.

그때 승의생보살이 다시 부처님께 여쭈었다.

"세존이시여, 이 해심밀법문 중에서 이것을 마땅히 무슨 가르침이라고 이름하고, 저희들은 마땅히 어떻게 받들어 지녀야 합니까?"

부처님께서 승의생보살에게 말씀하셨다.

"선남자여, 이것은 승의의 요의의 가르침이라 이름하느니라. 이 승의의 요의의 가르침을 그대들은 마땅히 받들어 지녀야 하느니라."

이 승의의 요의의 가르침을 말씀하실 때에 법회 가운데 육십만의 중생들이 아뇩다라삼먁삼보리를 얻으려는 마음을 일으켰고, 삼십만의 성문들이 번뇌를 멀리 여의고 모든 법에 대해서 법을 보는 눈이 맑아짐을 얻었으며, 십오만의 성문들이 모든 번뇌를 영원히 다하고 마음에 해탈을 얻었고, 칠만 오천의 보살들이 무생법인(無生法忍)[134]을 중득하였다.

# 제6. 분별유가품
## (分別瑜伽品)[135]

## 지관을 닦는 법

그때 자씨보살마하살이 부처님께 여쭈었다.[136]

"세존이시여, 보살은 무엇에 의지하고 무엇에 머물면서 대승 안에서 사마타(奢摩他, śamatha)[137] · 위빠사나(毗鉢舍那, vipaśyanā)[138]를 닦습니까?"

부처님께서 자씨보살에게 말씀하셨다. "선남자여, 마땅히 알지니 보살은 법을 가정적으로 안립한 것〔法假安立〕[139]과, 아뇩다라삼먁삼보리를 얻고자 하는 서원을 버리지 않음을 의지처로 삼고 머물 곳으로 삼아서 대승 안에서 사마타 · 위빠사나를 닦소."

자씨보살이 다시 부처님께 여쭈었다.[140]

"세존께서 말씀하신 바와 같이 네 가지 인식대상의 경계가 있습니다. 첫째는 분별이 있는 영상인 인식대상의 경계[141]이고, 둘째는 분별이 없는 영상인 인식대상의 경계[142]이며, 셋째는 사물의 궁극적인 것[事邊際]인 인식대상의 경계[143]이고, 넷째는 할 바를 성취한 것[所作成辦]인 인식대상의 경계[144]입니다. 이 네 가지 중에서 몇 가지가 사마타의 인식대상의 경계이고, 몇 가지가 위빠사나의 인식대상의 경계이며, 몇 가지가 둘의 인식대상의 경계입니까?"

부처님께서 자씨보살에게 말씀하셨다.

"선남자여, 하나는 사마타의 인식대상의 경계이니, 분별이 없는 영상을 말하오. 하나는 위빠사나의 인식대상의 경계이니, 분별이 있는 영상을 말하오. 두 가지는 둘의 인식대상의 경계이니, 사물의 궁극적인 것과 할 바를 성취한 것을 말하오."

자씨보살이 다시 부처님께 여쭈었다.[145]

"세존이시여, 보살이 어떻게 이 네 가지 사마타·위빠사나의 인식대상의 경계에 의지해서 능히 사마타를 구하고 위빠사나를 잘 할 수 있습니까?"

부처님께서 자씨보살에게 말씀하셨다.

"선남자여, 내가 모든 보살을 위해서 말한 교설[法假安立]은, 이른바 계경(契經)·응송(應頌)·기별(記別)·풍송(諷頌)·자설(自說)·인연·비유·본사(本事)·본생(本生)·방광(方廣)·희법(希法)·논의이외다.[146] 보살은 이것에 대해서 잘 듣고 잘 받아들이며, 말을 잘 통하고,

뜻을 능히 살펴 생각하며, 견해를 능히 통달하오. 곧 이와 같이 잘 사유할 법에 대해 홀로 고요한 곳에서 작의(作意)하고 사유하오. 또한 능히 사유하는 이 마음에 있어서 안으로 마음에 상속하여 작의하고 사유하오. 이와 같이 바른 수행에 많이 안주하기 때문에, 몸의 평안함〔輕安〕과 마음의 평안함을 일으키니, 이것을 사마타라고 이름하오. 이와 같이 보살은 능히 사마타를 구하오. 그가 몸과 마음의 평안함을 얻는 것을 의지처로 삼기 때문에, 곧 잘 사유할 법과 같은 내면의 삼매에서 행해지는 영상에 대해서 관찰하고 뛰어나게 이해하며, 마음의 영상을 버리오. 곧 이러한 삼매에서 행해지는 영상의 알아야 할 뜻에 대해서 능히 잘 생각하여 판단하고, 매우 극진히 생각하여 판단하며, 널리 두루 살펴서 생각하고, 널리 두루 자세히 관찰하는 바의 인가〔忍〕이거나 혹은 즐거움이나 결택〔慧〕이거나 견해이거나 관찰을 위빠사나라고 이름하오. 이와 같이 보살은 능히 위빠사나를 잘 하오."

자씨보살이 다시 부처님께 여쭈었다.[147]

"세존이시여, 만일 모든 보살이 마음을 반연하여 대상으로 삼는 바 내면의 사유하는 마음과, 나아가 아직 몸과 마음의 평안함을 얻지 못할 때까지의 작의를 마땅히 무엇이라고 이름해야 합니까?"

부처님께서 자씨보살에게 말씀하셨다.

"선남자여, 그것은 사마타의 작의가 아니고, 사마타에 수순하는 뛰어난 이해에 상응하는 작의이오."

"세존이시여, 만일 모든 보살이 이에 아직 몸과 마음의 평안함을 얻지 못할 때까지의 생각한 바와 같은 모든 법의 내면의 삼매〔三摩地〕148)에서 행해지는 인식대상의 영상에 대해서 작의하고 사유하면, 이와 같은 작의를 마땅히 무엇이라고 이름해야 합니까?"

"선남자여, 그것은 위빠사나의 작의가 아니고, 위빠사나에 수순하는 뛰어난 이해에 상응하는 작의이오."

자씨보살이 다시 부처님께 여쭈었다.149)

"세존이시여, 사마타의 도(道)와 위빠사나의 도는 마땅히 다르다고 말해야 합니까? 다르지 않다고 말해야 합니까?"

부처님께서 자씨보살에게 말씀하셨다.

"선남자여, 마땅히 다르지도 않고 다르지 않은 것도 아니라고 말해야 하오. 어째서 다르지 않은가 하면, (사마타는) 위빠사나의 인식대상의 경계인 마음으로써 인식대상을 삼기 때문이오. 어째서 다르지 않은 것이 아닌가 하면, (위빠사나의 인식대상의 경계 중에서) 분별이 있는 영상은 (사마타의) 인식대상이 아니기 때문이오."

자씨보살이 다시 부처님께 여쭈었다.150)

"세존이시여, 모든 위빠사나 삼매에서 행해지는 영상은, 그것이 이 마음과 마땅히 다르다고 말해야 합니까?

분별유가품

다르지 않다고 말해야 합니까?"

부처님께서 자씨보살에게 말씀하셨다.

"선남자여. 마땅히 다르지 않다고 말해야 하오. 무슨 까닭인가 하면 그 영상은 오직 식(識)이기 때문이오. 선남자여, 내가 말한 식의 인식대상은 오직 식이 현현한 것이기 때문이오"

"세존이시여, 만약 그 행해지는 영상이 곧 이 마음과 다른 것이 아니라면, 어떻게 이 마음이 다시 이 마음을 봅니까?"

"선남자여, 이 안에는 (도대체 아무리) 작은 법이라도 능히 작은 법을 볼 수 있는 것은 없소. 그러나 곧 이 마음이 이처럼 일어날 때에 곧 이러한 영상이 있어서 현현하오. 선남자여, 마치 잘 닦아진 깨끗한 거울면에 의지해서 본질로써 인식대상을 삼아서 돌이켜 본질을 보는 것을 내가 지금 영상을 본다고 말하며, 본질을 떠나서 별도로 행해지는 영상이 있어서 현현한다고 말함과 같소. 이처럼 이 마음이 일어날 때에 다름이 있는 듯한 삼매에서 행해지는 영상이 현현하오."

"세존이시여, 만일 모든 유정이 자성에 머무르면서[151] 빛깔과 형체 등을 반연하는 마음이 행하는 바 영상 그것은 이 마음과 역시 다름이 없습니까?"

"선남자여, 역시 다르지 않소. 그런데 모든 어리석은 범부들이 잘못된 생각으로 인하여 모든 영상에 대해서 이것은 오직 식뿐이라고 있는 그대로 알지 못하고 잘못된 알음알이를 짓소."

자씨보살이 다시 부처님께 여쭈었다.[152]

"세존이시여, 어디까지를 마땅히 보살이 한결같이 위빠사나를 닦는다고 말합니까?"

부처님께서 자씨보살에게 말씀하셨다.

"선남자여, 작의를 상속하여 오직 마음의 모습을 사유하는 것이오."

"세존이시여, 어디까지를 마땅히 보살이 한결같이 사마타를 닦는다고 말해야 합니까?"

"선남자여, 작의를 상속하여 오직 중단됨이 없는 마음을 사유하는 것이오."

"세존이시여, 어디까지를 마땅히 보살에게 사마타와 위빠사나가 화합해서 함께 전전한다고 말해야 합니까?"

"선남자여, 바르게 사유하는, 마음이 한 경계인 상태〔心一境性〕이오."

"세존이시여, 무엇이 마음의 모습입니까?"

"선남자여, 삼매에서 행해지는 분별이 있는 영상, 곧 위빠사나의 인식대상을 말하오."

"세존이시여, 무엇이 중단됨이 없는 마음입니까?"

"선남자여, 그 영상을 반연하는 마음, 곧 사마타의 인식대상을 말하오."

"세존이시여, 무엇이 마음이 한 경계인 상태입니까?"

분별유가품

"선남자여, 삼매에서 행해지는 영상은 오직 그 식뿐임을 통달하고, 혹은 이것에 통달하고 나서 또한 진여의 성품을 사유하는 것이오."

자씨보살이 다시 부처님께 여쭈었다.[153]

"세존이시여, 위빠사나에 모두 몇 가지가 있습니까?"

부처님께서 자씨보살에게 말씀하셨다.

"선남자여, 대략 세 가지가 있소. 첫째는 모습이 있는 위빠사나[154]이고, 둘째는 심구(尋求)[155]의 위빠사나[156]이며, 셋째는 사찰(伺察)[157]의 위빠사나[158]이외다.

무엇이 모습이 있는 위빠사나인가? 순수하게 삼매에서 행해지는 분별이 있는 영상을 사유하는 위빠사나를 말하오. 무엇이 심구의 위빠사나인가? 아직 잘 알지 못하는 여러 가지의 법들에 대해서 널리 잘 알기 위하여, 지혜에 의거해서 작의하고 사유하는 위빠사나이오. 무엇이 사찰의 위빠사나인가? 이미 잘 아는 여러 가지의 법들에 대해서 널리 최고의 해탈을 잘 증득하기 위하여, 지혜에 의거해서 작의하고 사유하는 위빠사나이외다."

자씨보살이 다시 부처님께 여쭈었다.

"세존이시여, 이 사마타에 모두 몇 가지가 있습니까?"

부처님께서 자씨보살에게 말씀하셨다.

"선남자여, 곧 그 중단됨이 없는 마음에 따르기 때문

에, 여기에도 역시 세 가지가 있고[159] 또한 여덟 가지가 있음을 알아야 하오. 초정려(初靜慮)부터 나아가 비상비비상처정(非想非非想處定)에 이르기까지 각각 하나의 사마타가 있기 때문이오. 또한 네 가지가 있나니, 자(慈)・비(悲)・희(喜)・사(捨)의 한량없는 마음[160] 가운데 각각 하나의 사마타가 있기 때문이오."

자씨보살이 다시 부처님께 여쭈었다.[161]

"세존께서는 법에 의지하는 사마타・위빠사나를 말씀하시고, 또한 법에 의지하지 않는 사마타・위빠사나를 말씀하셨나이다. 무엇을 법에 의지하는 사마타・위빠사나라고 부르고, 또한 무엇을 법에 의지하지 않는 사마타・위빠사나라고 이름합니까?"

부처님께서 자씨보살에게 말씀하셨다.

"선남자여, 만일 보살들이 예전에 받아들이고 사유한 법의 모습에 따르며 그 의미에 대하여 사마타・위빠사나를 얻으면, 법에 의지하는 사마타・위빠사나라고 이름하오. 만일 보살들이 받아들이고 사유하는 법의 모습에 의지하지 않고 다만 다른 이의 훈계와 가르침에 의지할 뿐으로서, 그 의미에 대하여 사마타・위빠사나를 얻나니, 이른바 시체의 푸른 어혈〔靑瘀〕 및 고름나고 문드러짐〔膿爛〕,[162] 혹은 모든 유위법은 다 무상한 것이며, 혹은 모든 유위법은 괴로움이고, 혹은 모든 법은 다 자아가 없으며, 혹은 열반은 궁극적으로 고요하다고 관찰

분별유가품

하면, 이러한 종류의 사마타·위빠사나를 법에 의지하지 않는 사마타·위빠사나라고 이름하오.

법에 의지해서 사마타·위빠사나를 얻기 때문에, 나는 법에 따라 수행하는 보살을 시설하나니, 이는 총명한 근기의 성품이오. 법에 의지하지 않고 사마타·위빠사나를 얻기 때문에, 나는 믿음에 따라 수행하는 보살을 시설하나니, 이는 둔한 근기의 성품이오."

자씨보살이 다시 부처님께 여쭈었다.

"세존께서는 개별적인 법을 반연하는 사마타·위빠사나를 말씀하셨듯이 또한 총체적인 법을 반연하는 사마타·위빠사나를 말씀하셨습니다. 무엇을 이름하여 개별적인 법을 반연하는 사마타·위빠사나라 하고, 무엇을 이름하여 총체적인 법을 반연하는 사마타·위빠사나라 합니까?"

부처님께서 자씨보살에게 말씀하셨다.

"선남자여, 만일 보살들이 각각 개별적인 계경 등의 법을 반연해서 받아들이고 사유한 법에 대하여 사마타·위빠사나를 닦는다면, 이것을 개별적인 법을 반연하는 사마타·위빠사나라고 이름하오. 만일 보살들이 곧 모든 계경 등의 법을 반연하여 모아서 한 덩어리·한 더미·한 부분·한 무더기로 삼아서 작의하고 사유하는데, 이 모든 법은 진여에 수순하고, 진여로 나아가며, 진여에 들어가고, 깨달음에 수순하며, 열반에 수순하고, 전의(轉依)에 수순하며, 그것에 나아가고, 그것에 들어가며, 이 모든 법은 한량없는 착한 법을 널리 말하오. 이렇게 사유해서 사마타·위빠사나를 닦으면, 이것을 총체적인 법을 반연하는 사마타·위빠사나라고 이름하오."

자씨보살이 다시 부처님께 여쭈었다.

"세존께서는 작은 총체적인 법을 반연하는 사마타·위빠사나를 말씀하시고, 또한 큰 총체적인 법을 반연하는 사마타·위빠사나를 말씀하며, 또한 한량없는 총체적인 법을 반연하는 사마타·위빠사나를 말씀하셨습니다. 무엇을 이름하여 작은 총체적인 법을 반연하는 사마타·위빠사나라고 하고, 무엇을 이름하여 큰 총체적인 법을 반연하는 사마타·위빠사나라고 하며, 무엇을 이름하여 한량없는 총체적인 법을 반연하는 사마타·위빠사나라고 합니까?"

부처님께서 자씨보살에게 말씀하셨다.

"선남자여, 만일 각각 개별적인 계경 내지 각각 개별적인 논의를 반연하여 한 덩어리로 삼고 작의하며 사유한다면, 마땅히 알지니 이것을 작은 총체적인 법을 반연하는 사마타·위빠사나라고 이름하오. 만일 나아가 받아들이고 사유한 계경의 법을 반연하여 한 덩어리 등으로 부르고, 작의하며 사유하여 각각 개별적인 것을 반연함이 아니라면, 마땅히 알지니 이것을 큰 총체적인 법을 반연하는 사마타·위빠사나라고 이름하오. 만일 한량없는 여래의 교법, 한량없는 법구문자, 한량없는 최후의 높은 지혜로 비추어 아는 바를 반연하여 한 덩어리로 삼고, 작의하며 사유하고 나아가 받아들이고 사유한 것을 반연함이 아니라면, 마땅히 알지니 이것이 한량없는 총체적인 법을 반연하는 사마타·위빠사나라고 이름하오."

자씨보살이 다시 부처님께 여쭈었다.

"세존이시여, 어디까지를 보살이 총체적인 법을 반연하는 사마타·위빠사나를 얻는다고 이름합니까?"

부처님께서 자씨보살에게 말씀하셨다.

"선남자여, 마땅히 알지니 다섯 가지 반연함에 의거함으로써 얻는다고 말하오. 첫째는 사유할 때에 찰나찰나마다 모든 유루종자〔麤重〕[163]의 의지처를 녹이는 것이오. 둘째는 갖가지 생각을 떠나서 법락을 즐겁게 수용하게 되고,[164] 셋째는 시방의 차별없는 모습, 한량없는 법의 광명을 아는 것이오. 넷째는 (佛果의) 할 바를 원만히 성취하고 청정분에 상응하는 분별없는 모습이 항상 그 앞에 나타나는 것이며, 다섯째는 법신으로 하여금 원만히 성취할 수 있도록 하기 위해서 맨나중의 더욱 뛰어나고 묘한 원인을 받아들임을 말하오."

자씨보살이 다시 부처님께 여쭈었다.

"세존이시여, 이 총체적인 법을 반연하는 사마타·위

빠사나는 마땅히 어디서부터 통달이라 이름하고, 어디서부터 증득함으로 이름한다고 알아야 합니까?"

부처님께서 자씨보살에게 말씀하셨다.

"선남자여, 첫번째인 극희지(極喜地)로부터 통달이라 이름하고, 세번째인 발광지(發光地)로부터 증득한다고 이름하오. 선남자여, 처음 배우는 보살은 또한 이 안에서 따라 배우고 작의하오. 비록 아직은 칭찬할 정도가 아니지만, 마땅히 게을리하거나 그만두어서는 안되오."

자씨보살이 다시 부처님께 여쭈었다.[165]

"세존이시여, 이 사마타·위빠사나는 무엇을 이름하여 심구(尋求)와 사찰(伺察)이 있는 삼매라고 하고, 무엇을 이름하여 심구는 없고 오직 사찰만 있는 삼매라고 하며, 무엇을 이름하여 심구도 없고 사찰도 없는 삼매라고 합니까?"

부처님께서 자씨보살에게 말씀하셨다.

"선남자여, 취해지는 바와 같은 심구와 사찰의 법의 모습에 대해서, 만일 받아들이고 관찰함이 두드러지게 나타나는 사마타·위빠사나라면, 이것을 심구와 사찰이 있는 삼매라고 이름하오. 만일 그 모습에 대해서 비록 받아들이고 관찰함이 두드러지게 나타나지는 않지만, 미세한 그 광명의 생각[166]이 받아들이고 관찰하는 모든 사마타·위빠사나라면, 이것을 이름하여 심구는 없고 오직 사찰만 있는 삼매라고 하오. 만일 곧 그 모든 법

분별유가품

의 모습에 대해서 전혀 작의와 받아들이고 관찰함이 없는 모든 사마타·위빠사나라면, 이것을 이름하여 심구도 없고 사찰도 없는 삼매라고 하오. 또한 선남자여, 만일 심구가 있는 사마타·위빠사나라면, 이것을 이름하여 심구도 있고 사찰도 있는 삼매라고 하오. 만일 사찰이 있는 사마타·위빠사나라면, 이것을 이름하여 심구는 없고 오직 사찰만 있는 삼매라고 하오. 만일 총체적인 법을 반연하는 사마타·위빠사나라면, 이것을 이름하여 심구도 없고 사찰도 없는 삼매라고 하오."

자씨보살이 다시 부처님께 여쭈었다.[167]

"세존이시여, 무엇이 그치는 모습(止相)이고, 무엇이 드는 모습(擧相)이며, 무엇이 평정의 모습(捨相)입니까?"

부처님께서 자씨보살에게 말씀하셨다.

"선남자여, 만일 마음이 들뜨거나 혹은 들뜨는 것을 두려워할 때, 모든 싫어할 만한 법에 대한 작의와 그것의 중단됨이 없는 마음의 작의라면, 이것을 이름하여 그치는 모습이라고 하오. 만일 마음이 가라앉거나 혹은 가라앉음을 두려워할 때, 모든 기뻐할 만한 법에 대한 작의와 그것[168]에 대한 마음의 영상의 작의라면, 이것을 이름하여 드는 모습이라고 하오. 만일 한결같은 사마타의 도(道)에 있어서나, 혹은 한결같은 위빠사나의 도에 있어서나, 혹은 (사마타와 위빠사나가) 함께 작용하

해심밀경

는 도에 있어서나, 두 가지¹⁶⁹⁾ 수번뇌에 오염될 때의 작용이 없는 작의 및 마음이 자유롭게 움직이는 가운데 있는 작의라면, 이것을 평정의 모습이라 말하오."

자씨보살이 다시 부처님께 여쭈었다.¹⁷⁰⁾

"세존이시여, 사마타·위빠사나를 닦는 보살들이 모두 법을 알고 뜻을 안다고 하는데, 어떤 것이 법을 아는 것이고 어떤 것이 뜻을 아는 것입니까?"

부처님께서 자씨보살에게 말씀하셨다.

"선남자여, 그 모든 보살은 다섯 가지 양상에 의거해서 법을 아오. 첫째는 명칭〔名〕¹⁷¹⁾을 아는 것이고, 둘째는 문구〔句〕¹⁷²⁾를 아는 것이며, 셋째는 글자〔文〕¹⁷³⁾를 아는 것이고, 넷째는 개별적인 것을 아는 것이며, 다섯째는 총체적인 것을 아는 것이오.

무엇이 명칭인가? 모든 잡염법과 청정법 위에 건립된 자성에 대하여 개념으로써 가정적으로 시설한 것을 말하오. 무엇이 문구인가? 곧 그 명칭이 모아진 것 안에서 능히 따라서 모든 잡염과 청정의 뜻을 널리 말하는 의지처를 건립하는 것이오. 무엇이 글자인가? 곧 그 두 가지가 의지하는 글자를 말하오. 어떤 것이 그것에 대해서 각각 다르게 아는 것인가? (명칭·문구·글자의 세 가지) 각각 다른 인식대상을 작의하는 데 의거함을 말하오. 어떤 것이 그것에 대하여 총괄해서 아는 것인가? 총괄적인 인식대상을 작의하는 데 의거함을 말하오. 이러한 모든 것을 전체적으로 간략히 해서 하나로 삼아 법을 아는 것이라고 하고, 이것을 보살이 법을 안다고 하오."

선남자여, 그 모든 보살은 열 가지 양상에 의거해서 뜻을 아오. 첫째는 진소유성(盡所有性)[174]을 아는 것이고, 둘째는 여소유성(如所有性)[175]을 아는 것이며, 셋째는 취착된 인식주체〔能取〕의 뜻을 아는 것이고, 넷째는 취착된 인식대상〔所取〕의 뜻을 아는 것이며, 다섯째는 건립의 뜻을 아는 것이오. 여섯째는 수용의 뜻을 아는 것이고, 일곱째는 잘못된 것〔顚倒〕의 뜻을 아는 것이며, 여덟째는 잘못됨이 없는 것의 뜻을 아는 것이고, 아홉째는 잡염의 뜻을 아는 것이며, 열째는 청정의 뜻을 아는 것이오.

선남자여, 진소유성은 모든 잡염법과 청정법에 있는 모든 품류의 궁극적인 것을 말하니, 이것을 이 가운데의 진소유성이라고 이름하오. 다섯 가지의 온(蘊), 여섯 가지 내부의 포섭처,[176] 여섯 가지 외부의 포섭처[177]와 같은 모든 것을 말하오.

여소유성은 곧 모든 잡염법과 청정법에 있는 진여를 말하니, 이것을 이 안의 여소유성이라고 이름하오. 이것에 또한 일곱 가지가 있소. 첫째는 유전(流轉)의 진여이니, 모든 유위법의 앞뒤가 없는 참다운 성품이오. 둘째는 양상의 진여이니, 모든 법의 보특가라무아의 성품과 법무아의 성품이오. 셋째는 요별의 진여이니, 모든 유위법은 오직 식(識)의 성품임을 말하오. 넷째는 안립의 진여이니, 내가 말한 모든 고성제이오. 다섯째는 삿된 행의 진여이니, 내가 말한 모든 집성제이오. 여섯째는 청정의 진여이니, 내가 말한 모든 멸성제이오. 일곱째는 바른 수행의 진여이니, 내가 말한 모든 도성제이외다.

 마땅히 알지니, 이 가운데 유전의 진여·안립의 진여·삿된 행의 진여에 의거함으로써 모든 유정은 평등하고 평등하오. 모습의 진여·요별의 진여에 의거함으로써 모든 법은 평등하고 평등하오. 청정의 진여에 의거함으로써, 모든 성문의 깨달음과 독각의 깨달음과 아뇩다라삼먁삼보리가 평등하고 평등하오. 바른 수행의 진여에 의거함으로써, 바른 법을 듣고 모든 경계를 반연하는 뛰어난 사마타·위빠사나에 포섭되는 지혜가 평등하고 평등하오.

 (세번째의) 취착된 인식주체의 뜻은 내부의 다섯 가지 감각기관과 혹은 심의식 및 모든 심소법이오. (네번째의) 취착된 인식대상의 뜻은 외부의 여섯 가지 대상이오. 또한 취착된 인식주체의 뜻도 역시 인식대상의 뜻이오. (다섯번째의) 건립의 뜻은 자연계〔器世間〕이오. 그 안에 모든 유정의 세계를 건립할 수 있나니, 이른바 하나의 마을, 혹은 백 개의 마을, 혹은 천 개의 마을, 혹은 백천 개의 마을이오. 혹은 하나의 큰 땅덩어리의 바

닷가에 이르며, 이것의 백 개, 이것의 천 개, 혹은 이것의 백천 개이오. 혹은 하나의 섬부주(贍部洲)이고, 이것의 백 개, 이것의 천 개, 혹은 이것의 백천 개이오. 혹은 하나의 사대주이며, 이것의 백 개, 이것의 천 개, 혹은 이것의 백천 개이오. 혹은 하나의 소천(小千)세계이고, 이것의 백 개, 이것의 천 개, 혹은 이것의 백천 개이오. 혹은 하나의 중천(中千)세계이며, 이것의 백 개, 이것의 천 개, 혹은 이것의 백천 개이오. 혹은 하나의 삼천대천세계이고, 이것의 백 개, 이것의 천 개, 혹은 이것의 백천 개이오. 혹은 이것의 구지(拘胝)[178]이며, 이것의 백 구지, 이것의 천 구지, 이것의 백천 구지이오. 혹은 이것의 무수(無數)[179]이고, 이것의 백 무수, 이것의 천 무수, 이것의 백천 무수, 혹은 삼천대천세계[180]의 무수, 백천의 미진(微塵)의 수량이며, 열 가지 방면에서의 무량 무수의 모든 자연계이외다.

　(여섯번째의) 수용의 뜻은 내가 말한 모든 유정의 무리가 수용하기 위해서 자재 도구를 받아들임을 말하오. (일곱번째의) 잘못된 것의 뜻이란 이른바 곧 그 취착된 인식주체 등의 뜻에 있어서 항상하지 않음을 항상한 것으로 헤아리는 생각의 잘못됨, 마음의 잘못됨, 견해의 잘못됨, 그리고 고통을 헤아려서 즐거움으로 삼고, 청정하지 않음을 청정한 것으로 계탁하며, 무아를 자아로 헤아리는 생각의 잘못됨, 마음의 잘못됨, 견해의 잘못됨

이오. (여덟번째의) 잘못됨이 없는 것의 뜻은 위의 것과 다르고 능히 그것을 다스리는 것이니, 마땅히 그 모습을 알아야 하오.

(아홉번째의) 잡염의 뜻은 삼계 안의 세 가지 잡염을 말하나니, 첫째는 번뇌의 잡염이고, 둘째는 업의 잡염이며, 셋째는 태어남의 잡염이오. (열번째의) 청정의 뜻은 곧 이러한 세 가지 잡염에 있는 계박을 떠난 보리분법이오.

선남자여, 마땅히 알지니 이와 같은 열 가지는 널리 일체의 모든 뜻을 포섭하오.

또한 선남자여, 그 모든 보살은 능히 다섯 가지 뜻을 잘 아는 까닭에 뜻을 안다고 말하오. 무엇이 다섯 가지인가? 첫째는 두루 앎의 일이고, 둘째는 두루 앎의 뜻이며, 셋째는 두루 앎의 원인이고, 넷째는 두루 앎의 결과를 얻는 것이며, 다섯째는 이들에 대해서 깨달아 아는 것이오.

선남자여, 마땅히 알지니 이 가운데 두루 앎의 일이란 곧 모든 알아야 할 바이오. 혹은 모든 온(蘊)이거나 혹은 모든 내부의 포섭처이거나 혹은 모든 외부의 포섭처이니 이러한 모든 것을 말하오. 두루 앎의 뜻이란 나아가 모든 품류의 차별로서 응당 알아야 할 경계를 말하오. 이른바 세속인 까닭이고, 혹은 승의인 까닭이며, 혹은 공덕인 까닭이고, 혹은 허물인 까닭이며, 연(緣)[181]

인 까닭이고, 시간(世)¹⁸²⁾인 까닭이며, 혹은 나고 혹은 머무르며 혹은 무너지는 모습인 까닭이고, 혹은 병(病) 등과 같기 때문이며, 혹은 고제와 집제 등이기 때문이고, 혹은 진여·실제·법계 등이기 때문이며, 혹은 넓거나 간략하기 때문이고, 혹은 한결같은 기별(記別)이기 때문이며, 혹은 분별하는 기별인 까닭이고, 혹은 반대로 묻는 기별인 까닭이며, 혹은 두는 기별인 까닭이고, 혹은 은밀하기 때문이며, 혹은 분명히 드러난 까닭이니, 마땅히 알지니 이와 같은 종류들을 모두 두루 앎의 뜻이라고 이름하오.

두루 앎의 원인이란 곧 앞의 두 가지¹⁸³⁾를 능히 취하는 보리분법임을 알아야 하오. 이른바 사념주 혹은 사정단 등이오. 두루 앎의 결과를 얻는다는 것은, 탐욕·성냄·어리석음을 영원히 끊는 계율 및 탐욕·성냄·어리석음의 모두를 영원히 끊는 모든 사문의 과보와, 내가 말한 바 성문과 여래가 공통함과 공통하지 아니함과, 세간과 출세간의 모든 공덕을 증득함을 말하오. 이것에 대해서 깨달아 안다는 것은, 곧 이 증득하는 법 가운데 모든 해탈의 지혜로써 널리 다른 이를 위해 말하고 펼쳐서 드러내고 열어보이는 것이오. 선남자여, 마땅히 알지니 이러한 다섯 가지 뜻은 널리 일체의 모든 뜻을 포섭하오.

또한 선남자여, 저 모든 보살은 능히 네 가지의 뜻을

분명히 알기 때문에 뜻을 안다고 말하오. 어떤 것이 네 가지 뜻인가 하면, 첫째는 마음이 집수(執受)하는 뜻이고, 둘째는 받아들임의 뜻이며, 셋째는 요별의 뜻이고, 넷째는 잡염과 청정의 뜻이오. 선남자여, 마땅히 알지니 이러한 네 가지 뜻은 널리 일체의 모든 뜻을 포섭하오.

또한 선남자여, 저 모든 보살은 능히 세 가지 뜻을 분명히 아는 까닭에 뜻을 안다고 말하오. 어떤 것이 세 가지인가 하면, 첫째는 글의 뜻이고, 둘째는 의미의 뜻이며, 셋째는 세계의 뜻이오. 선남자여, 글〔文〕의 뜻은 명칭 등[184]을 말하오. 의미의 뜻은 다시 열 가지가 있음을 알아야 하오. 첫째는 진실한 양상이고, 둘째는 두루 앎의 양상이며, 셋째는 영원히 끊는 양상이고, 넷째는 중득하는 양상이며, 다섯째는 닦아 익히는 양상이오. 여섯째는 곧 저 진실한 모습 등[185]의 품류차별의 양상이고, 일곱째는 의지의 대상과 의지의 주체가 서로 속하는 양상이며, 여덟째는 곧 두루 앎 등의 장애하는 법의 양상이고, 아홉째는 곧 그것에 수순하는 법의 양상이며, 열째는 두루 알지 못함 등과 두루 앎 등의 허물과 공덕의 양상이오.

세계의 뜻이라고 함은 다섯 가지 세계를 말하오. 첫째는 자연계이고, 둘째는 유정의 세계이며, 셋째는 법계이고, 넷째는 조복받는 세계이며, 다섯째는 조복하는 방편의 세계이외다. 선남자여, 마땅히 알지니 이와 같은 다섯 가지는 널리 일체의 모든 뜻을 포섭하오."
　자씨보살이 다시 부처님께 여쭈었다.
　"세존이시여, 만약 들어서 이루는 지혜〔聞慧〕로 그 뜻을 분명히 알고, 혹은 사유해서 이루는 지혜〔思慧〕로 그 뜻을 분명히 알며, 혹은 사마타·위빠사나를 닦아서 이루는 지혜〔修慧〕로 그 뜻을 분명히 아는 것은 어떤 차이가 있습니까?"
　부처님께서 자씨보살에게 말씀하셨다.
　"선남자여, 들어서 이루는 지혜는 문자에 의지해서 다만 그 말해진대로만 하고 아직 의미의 취지를 잘 알지 못하며, 아직 그 앞에 나타나지도 못하고 해탈에 수순하더라도 해탈을 이루는 뜻을 아직 받아들이지 못하오. 사유해서 이루는 지혜도 역시 문자에 의지하되 다만 말해진 대로만은 아니고 의미의 취지를 능히 잘 알지만 아직 그 앞에 나타나지 않으며, 해탈에 더욱 수순하지만 아직 해탈을 이루는 뜻을 능히 받아들이지 못하오. 모든 보살이 닦아서 이루는 지혜는 역시 문자에 의지하지만 또한 문자에 의지하지 않으며, 역시 그 말해진 대로 하지만 또한 말해진 대로만은 아니고 능히 의미의 취지를 잘 알고, 알아야 할 사항과 같은 갈래의 삼매에서 행해지는 영상이 그 앞에 나타나며, 해탈에 지극히 수순하고 해탈을 이루는 뜻을 이미 능히 받아들이오. 선남자여, 이것을 세 가지 지혜의 뜻의 차이이와 다."

자씨보살이 다시 부처님께 여쭈었다.

"세존이시여, 사마타·위빠사나를 닦는 모든 보살들이 법을 알고 뜻을 아는데, 무엇을 지혜라고 하고 무엇을 견해라고 합니까?"

부처님께서 자씨보살에게 말씀하셨다.

"선남자여, 나는 한량없는 법문으로 널리 지혜와 견해의 둘의 차이를 말하였소. 지금 마땅히 그대들을 위하여 간략히 그 양상을 말하리다. 만약 총체적인 법을 반연하여 사마타·위빠사나를 닦아서 얻는 묘혜(妙慧)라면 이것을 지혜(智)라고 말하오. 만약 개별적인 법을 반연하여 사마타·위빠사나를 닦아서 얻는 묘혜라면 이것을 견해라고 말하오."

자씨보살이 다시 부처님께 여쭈었다.

"세존이시여, 사마타·위빠사나를 닦는 모든 보살들은 어떤 작의에 의지해서 무엇으로 어떻게 모든 모습을 제거합니까?"

부처님께서 자씨보살에게 말씀하셨다.

"선남자여, 진여의 작의로 인하여 법의 양상과 의미의 양상을 제거하오. 만약 그 명칭과 명칭의 자성에 대해서 얻는 바가 없을 때에는 역시 그 의지할 바의 모습도 관찰하지 않나니, 이와 같이 제거하오. 그 명칭에서처럼 문구와 글자에서나 모든 뜻에 대해서도 역시 그러함을 마땅히 알아야 하오. 나아가 세계와 세계의 자성에 대해서 얻는 바가 없을 때에 역시 그 의지할 바의 모습을 관찰하지 않나니, 이와 같이 제거하오."

"세존이시여, 분명히 아는 바 모든 진여의 의미의 모습, 이 진여의 모습도 역시 없애야 합니까?"

"선남자여, 분명히 아는 바 진여의 의미 안에 도무지 모습이란 있지 않으며 또한 얻을 바도 없는데, 마땅히 무엇을 없애겠소? 선남자여, 내가 말한 진여의 뜻을 분명히 아는 때에 능히 모든 법과 의미의 모습을 조복하오. 이 요달함은 다른 것이 능히 조복할 바가 아니오."

"세존이시여, 세존께서 말씀하신 바와 같이, 흐린 물을 담은 그릇의 비유와 깨끗하지 못한 거울의 비유와 흔들리는 샘물과 못물의 비유에서,[186] 자기 얼굴 그림자의 모습을 관찰하지 못하고, 만약 관찰하는 자라면 위와 다르며, 이처럼 만일 마음을 잘 닦지 못하면 곧 있는 바 진여를 있는 그대로 관찰할 수 없고, 만일 마음을 잘 닦으면 관찰할 수 있다고 말씀하셨습니다. 이것은 능히 관찰하는 어떤 마음을 말하며, 어떤 진여에 의거해서 이런 말씀을 하셨습니까?"

"선남자여, 이것은 세 가지의 능히 관찰하는 마음을 말한 것이오. 들어서 이루는 능히 관찰하는 마음과 혹은 사유해서 이루는 능히 관찰하는 마음과 혹은 닦아서 이루는 능히 관찰하는 마음을 말하오. 요별진여에 의지해서 이러한 말을 한 것이오."

"세존이시여, 이와 같이 법과 의미를 분명히 아는 보살은 모든 모습을 없애기 위해서 부지런히 가행을 닦습니다. 몇 가지 모습이 있어서 없애기 어려우며, 누가 능히 제거합니까?"

"선남자여, 열 가지 모습이 있는데 공관(空觀)으로써 능히 제거하오. 무엇이 열 가지인가 하면, 첫째는 법과 의미를 분명히 알기 때문에 갖가지 문자의 모습이 있는데, 일체법이 공한 이치를 관함으로써 이것을 능히 바르게 제거하오. 둘째는 안립진여의 뜻을 분명히 알기 때문에 나고 없어지고 머물고 달라지는 성품이 상속해서 따라서 전전하는 모습이 있나니, 모습의 공함과 전법과 후법이 없는 공의 이치[187)를 관함으로써 이것을 능히 바르게 제거하오. 셋째는 취착된 인식주체의 뜻을 분명히 알기 때문에 신체를 돌아보고 사랑하는 모습과 아만의 모습이 있는데, 신체가 공함을 관찰하고 무소득의 공의 이치를 관찰함으로써 이것을 능히 바르게 제거하오. 넷째는 취착된 인식대상의 뜻을 분명히 알기 때문에 재물을 돌아보고 사랑하는 모습이 있는데, 외부세계가 공한 이치를 관함으로써 이것을 능히 바르게 제거하오. 다섯째는 수용의 뜻과 남녀 노비와 자재 도구의 상응함을 분명히 알기 때문에 신체의 안락한 모습과 외부세계의 청정하고 미묘한 모습이 있는데, 내부와 외부세계가 공함과 본성이 공함을 관찰함으로써 이것을 능히 바르게 제거하오.

여섯째는 건립의 뜻을 분명히 알기 때문에 한량없는 모습이 있는데, (시방세계의 구성요소인) 사대가 공함을 관찰함으로써 이것을 능히 바르게 제거하오. 일곱째는 무색계를 분명히 알기 때문에 안으로 고요한 해탈의 모습이 있는데, 유위법이 공함을 관찰함으로써 이것을 능히 바르게 제거하오. 여덟째는 모습의 진여의 뜻을 분명히 알기 때문에 보특가라무아의 모습과 법무아의 모습과 혹은 유식의 모습과 승의의 모습이 있는데, 필경에 공함과 자성이 없는 공함과 무자성으로써 자성을 삼는 공의 관찰과 승의의 공을 관찰함으로써 이것을 능히 바르게 제거하오. 아홉째는 청정진여의 뜻을 분명히 알기 때문에 무위법의 양상과 변함이 없는 모습이 있는데, 무위법의 공함과 변함이 없는 모습이 공함을 관찰함으로써 이것을 능히 바르게 제거하오. 열째는 곧 그 모습을 다스리는 공한 성품에 대하여 작의하고 사유하기 때문에 공성의 양상이 있는데, 공의 공한 이치를 관찰함으로써 이것을 능히 바르게 제거하오."

"세존이시여, 이와 같은 열 가지 모습을 제거할 때, 어떤 것들을 제거하고 어떤 것들의 모습으로부터 해탈을 얻습니까?"

"선남자여, 삼매에서 행해지는 영상을 제거하고, 잡염

법에 속박된 모습으로부터 해탈을 얻으며, 그도 또한 제거하오. 선남자여 마땅히 알지니, 뛰어난 것을 들어서 이러한 공은 이러한 모습을 다스린다고 말하오. 하나하나(의 공관)가 모든 모습을 다스리지 못함이 아니오. 비유하면 무명이 (行뿐만 아니라) 나아가 늙고 죽음의 모든 잡염법을 낼 수 없는 것이 아니지만, 중요한 것을 들어서 다만 능히 행(行)을 낸다고 말하는 것과 같소. 이것은 모든 행과 가장 가까운 연(緣)이 되기 때문이오. 이 안의 도리도 마땅히 알지니 역시 그러하오."

그때 자씨보살이 다시 부처님께 여쭈었다.

"세존이시여, 이 가운데 어떤 공이 총체적인 공의 성품과 양상입니까? 만약 모든 보살이 이것을 분명히 알고나면 잃거나 무너뜨림이 없이 공의 성품과 양상에 있어서 증상만을 여읠 것입니다."

그때에 세존께서 자씨보살을 칭찬하시면서 말씀하셨다.

"훌륭하고 훌륭하오. 선남자여, 그대는 지금 능히 여래에게 이처럼 깊은 뜻을 물어서 모든 보살들로 하여금 공의 성품과 양상에 대해서 잃거나 무너뜨림이 없게 하는구려. 왜냐하면 선남자여, 만약 모든 보살이 공의 성품과 양상에 대해서 잃거나 무너뜨림이 있으면, 문득 모든 대승을 잃거나 무너뜨리는 것이 되기 때문이오. 그러므로 그대는 자세히 듣고 자세히 들어야 하오. 마땅히 그대를 위해서 총체적인 공의 성품과 양상을 설명하리다. 선남자여, 만약 의타기상과 원성실상에 있어서 모든 품류의 잡염과 청정의 변계소집상을 궁극적으로 멀리 여읜 성품과 이 가운데 도무지 얻는 바가 없으면, 이런 것을 이름하여 대승 안에 있어서 총체적인 공의 성품과 양상이라고 하오."

자씨보살이 다시 부처님께 여쭈었다.[188]

"세존이시여, 이 사마타·위빠사나는 능히 몇 가지의 뛰어난 삼매를 포섭합니까?"

부처님께서 자씨보살에게 말씀하셨다.

"선남자여, 내가 말한 것처럼 한량없는 성문·보살·여래에게는 수많은 종류의 뛰어난 삼매가 있소. 마땅히 알지니 모든 것이 다 여기에 포섭되오."

"세존이시여,[189] 이 사마타·위빠사나는 무엇으로써 원인을 삼습니까?"

"선남자여, 청정한 계율과 청정하게 듣고 사유해서 이룬 바른 견해로써 그 원인을 삼소."

"세존이시여, 이 사마타·위빠사나는 무엇으로써 그 결과를 삼습니까?"

"선남자여, 훌륭한 청정한 계율과 청정한 마음과 청정한 지혜로써 그 결과를 삼소. 또한 선남자여, 모든 성문과 여래들께서 갖는 세간과 출세간의 모든 착한 법은, 마땅히 알지니 이것은 사마타·위빠사나의 얻은 결과이외다."

"세존이시여, 이 사마타·위빠사나는 능히 무슨 작용을 합니까?"

"선남자여, 이것은 능히 두 가지 속박에서 해탈하는 것을 작용삼소. 이른바 형상에 의한 속박〔相縛〕과 유루종자에 의한 속박〔麤重縛〕이오."

"세존이시여,190) 부처님께서 말씀하신 바와 같은 다섯 가지 계박〔五繫〕191) 가운데 몇 가지가 사마타의 장애이고 몇 가지가 위빠사나의 장애이며 몇 가지가 둘의 장애입니까?"

"선남자여, 신체와 재물을 돌아보고 연연해하는 것이 사마타의 장애이오. 모든 성스러운 가르침에 대해서 하고자 하는 대로 따를 수 없는 것이 위빠사나의 장애이오. 모습에 잡염되게 머무는 것을 좋아하고, 작은 선근에도 기뻐하고 만족하는 것은 둘의 장애임을 알아야 하오. 첫 번째 것으로 인해서 짓고 닦을 수가 없고, 두 번째 것으로 인해서 닦은 가행이 궁극적인 것에 이르지 못하오."

"세존이시여, 다섯 가지 덮음〔五蓋〕192) 중에서 몇 가지가 사마타의 장애이고 몇 가지가 위빠사나의 장애이며 몇 가지가 둘의 장애입니까?"

"선남자여, 들뜸〔掉擧〕과 후회〔惡作〕는 사마타의 장애이고, 혼침과 수면과 의심은 위빠사나의 장애이며, 탐욕과 성냄은 마땅히 알지니 둘의 장애이오."

"세존이시여, 어디까지를 사마타도의 원만하고 청정함을 얻었다고 이름합니까?"

"선남자여, (탐욕·성냄과) 나아가 모든 혼침과 수면을 바르게 잘 없애는 여기까지를 사마타도의 원만하고 청정함을 얻었다고 이름하오."

"세존이시여, 어디까지를 위빠사나도의 원만하고 청정함을 얻었다고 이름합니까?"

"선남자여, (탐욕·성냄과) 나아가 모든 들뜸과 후회를 바르게 잘 없애는 여기까지를 위빠사나도의 원만하고 청정함을 얻었다고 이름하오."

"세존이시여, 만약 모든 보살이 사마타·위빠사나가 현전할 때에는 마땅히 몇 가지의 마음이 산란되게 움직이는 법을 알아야 합니까?"

"선남자여, 마땅히 알지니 다섯 가지가 있소. 첫째는 작의의 산란된 움직임이고, 둘째는 외부 마음의 산란된 움직임이며, 셋째는 내부 마음의 산란된 움직임이고, 넷째는 상분(相分)의 산란된 움직임이며, 다섯째는 유루종자의 산란된 움직임이오.

선남자여, 만약 모든 보살이 대승에 상응하는 작의를 버리고 성문·독각과 상응하는 모든 작의 안에 떨어져 있으면, 마땅히 알지니 이를 작의의 산란된 움직임이라고 이름하오. 만약 그밖의 다섯 가지 미묘한 것으로 삼는 욕심[193]의 모든 잡란된 모습에 있는 바 살피고 생각하는 수번뇌 중에서나, 그밖의 인식대상의 경계에 대해서 마음을 제멋대로 놓아 흘러 흩어지면, 마땅히 알지니 이것을 외부 마음의 산란된 움직임이라고 하오. 만약 혼침과 수면으로 인해서, 혹은 침몰로 인하여, 혹은 선정의 맛에 애착하는 삼마발지(愛味三摩鉢지)[194]로 인해서, 혹은 어느 하나(隨一)[195]의 삼마발지의 모든 수번뇌에 오염됨으로 인하면, 마땅히 알지니 이것을 내부 마음의 산란된 움직임이라고 하오. 만약 외부의 모습에 의해 내부의 삼매(等持)에서 행해지는 모든 모습에 대하여 작의하고 사유하면 이것을 모습의 산란된 움직임이라고 하오. 만약 내부의 작의를 연(緣)으로 삼아서 모든 감수작용을 일으키고, 유루종자의 자체(추重身)[196]로 인하여 자아로 헤아리고 아만을 일으키면, 마땅히 알지니 이것을 유루종자의 산란된 움직임이라고 이름하오."

"세존이시여,[197] 이 사마타·위빠사나는 보살의 초지(初地)로부터 여래지에 이르기까지 능히 어떠한 장애를 다스립니까?"

"선남자여, 이 사마타·위빠사나는 초지 중에서는 악취의 번뇌·업·태어남의 잡염의 장애를 다스리오. 제2지에서는 미세하고 그릇되게 계율을 범하는 것이 현행하는 장애를 다스리오. 제3지에서는 탐욕의 장애를 다스리오. 제4지에서는 선정에 대한 애착과 법에 대한 애착의 장애를 다스리오. 제5지에서는 생사와 열반에 대해 한결같이 등지거나 나아가는 장애를 다스리오. 제6지에서는 모습이 많이 현행하는 장애를 다스리오. 제7지에서는 미세한 모습이 현행하는 장애를 다스리오. 제8지에서는 모습없음에서 공용을 짓거나 모습있음에서 자재를 얻지 못하는 장애를 다스리오. 제9지에서는 모든 종류의 뛰어난 말에 자재를 얻지 못하는 장애를 다스리오. 제10지에서는 원만한 법신을 증득하지 못하는 장애를 다스리오. 선남자여, 이 사마타·위빠사나는 여래지에서 매우 미세하고 가장 미세한 번뇌장과 소지장을 다스리오. 능히 이러한 장애를 영원히 없애기 때문에 마침내 집착이 없고 걸림이 없는 모든 지견을 증득하고, 할 바를 원만하게 성취함의 인식대상에 의지해서 가장 청정한 법신을 건립하오."

자씨보살이 다시 부처님께 여쭈었다.

"세존이시여, 보살이 어떻게 사마타·위빠사나를 의지해서 부지런히 수행함으로써 아뇩다라삼먁삼보리를 증득합니까?"

부처님께서 자씨보살에게 말씀하셨다.

"선남자여, 만약 모든 보살이 이미 사마타·위빠사나를 얻고, 일곱 가지 진여를 의지해서 듣고 사유한 바와 같은 법 안에서 훌륭한 선정의 마음으로 인하여, 잘 살펴서 결정하고 잘 사량하며 훌륭하게 안립한 진여의 성품에 대해서 안으로 바르게 사유하면, 그가 진여를 바르게 사유하는 까닭에 마음이 모든 미세한 모습의 현행도 오히려 능히 버릴 수 있거늘, 하물며 두드러진 모습에 있어서이겠소.

선남자여, 미세한 모습이란 이른바 마음이 집수(執受)한 모습이나 혹은 받아들인 모습, 혹은 요별한 모습, 혹은 잡염과 청정한 모습, 혹은 내부의 모습이나 혹은 외부의 모습, 혹은 내부와 외부의 모습이오. 혹은 내가 마땅히 유정을 이롭게 하는 모든 것을 수행해야 한다는 모습이나, 혹은 바른 지혜의 모습이나 혹은 진여의 모습, 혹은 고집멸도의 모습, 혹은 유위법의 모습이나 혹은 무위법의 모습, 혹은 항상하는 모습이나 혹은 무상한 모습, 혹은 괴로움으로 달라지는 성품이 있는 모습이나, 혹은 괴로움으로 달라지는 성품이 없는 모습, 혹은 유위법의 다른 양상의 모습이나 혹은 유위법의 같은 양상의 모습, 혹은 일체법은 이것이 일체법임을 알고나서 일체법의 모습이 있는 것이나, 혹은 보특가라무아의 양상이나 혹은 법무아의 양상이니, 그것이 현행함에 있어서 마음으로 능히 버리오. 그는 이미 이와 같은 수행에 많이 안주하기 때문에 시간시간에 있어서 그 모든 계박과 덮음과 산란된 움직임으로부터 마음을 잘 닦고 다스리오.

이 다음부터 일곱 가지 진여에서 일곱 가지 각기 다

른, 스스로 내면에서 중득한 통달의 지혜가 생겨나느니, 이를 견도라고 이름하오. 이것을 얻음으로 인해서 보살의 견도〔正性離生〕[198]에 들어가서 여래의 집에 태어나 초지를 중득한다고 말하오. 또한 능히 이 지위의 뛰어난 덕을 수용하오. 그는 지난 날에 사마타·위빠사나를 얻음으로 인하여 이미 두 가지 인식대상을 얻었으니, 이른바 분별이 있는 영상인 인식대상과 분별이 없는 영상인 인식대상이오. 그는 이제 견도를 얻었기 때문에 다시 사물의 궁극적인 것인 인식대상을 중득하고, 다시 다음다음의 모든 지위 중에서 수도로 나아가 닦소. 즉 이와 같이 세 가지 인식대상에 대해서 작의하고 사유하오.

비유하면 어떤 사람이 가느다란 쐐기로써 큰 쐐기를 뽑아내듯이 이처럼 보살은 이 쐐기로써 쐐기를 뽑아내는 방편을 의지해서 내부의 모습을 없애기 때문에, 잡염분에 수순하는 모든 상분을 다 없애버리오. 상분을 없애기 때문에 유루종자도 역시 없애버리오. 모든 상분과 유루종자를 영원히 없애기 때문에, 점차 그 다음다음의 지위에 있어서도 금을 연마하는 방법처럼 그 마음을 단련하고 나아가 아뇩다라삼먁삼보리를 중득하오. 또한 할 바를 성취한 것을 인식대상으로 하게 될 수 있소. 선남자여, 이와 같이 보살은 내면의 지관에 대해서 바르게 수행함으로써 아뇩다라삼먁삼보리를 중득하오."

자씨보살이 다시 부처님께 여쭈었다.[199]

"세존이시여, 어떻게 수행해야 보살의 광대한 위덕을 이끌어냅니까?"

"선남자여, 만약 모든 보살이 여섯 가지 처소를 잘 알면 곧 능히 보살의 모든 광대한 위덕을 이끌어내오. 첫째는 마음이 일어남을 잘 알고, 둘째는 마음이 머무는 것을 잘 알며, 셋째는 마음이 벗어남을 잘 알고, 넷째는 마음이 증장함을 잘 알며, 다섯째는 마음이 감소함을 잘 알고, 여섯째는 방편을 잘 아는 것이오.

마음이 일어남을 잘 안다는 것은 무엇인가? 열여섯 가지 행(行)의 마음이 일어나는 차이를 있는 그대로 아는 것이니, 이것을 마음이 일어남을 잘 아는 것이라고 이름하오. 열여섯 가지 행의 마음이 일어나는 차이란, 첫째는 감지하기 어렵고 견고하게 머무는 그릇과 같은 역할을 하는 식이 일어나느니, 이른바 아타나식이오. 둘째는 갖가지 행상을 인식대상으로 하는 식이 일어나느니, 이른바 모든 빛깔과 형체 등의 경계를 단박에 취하는 분별의 의식과, 안팎의 경계를 단박에 취하는 감수작용이오. 혹은 단박에 한 생각에서 순식간에 또는 잠깐사이에 현재 많은 선정에 들어서 많은 불국토를 보고 많은 여래를 뵙는 분별의 의식이오. 셋째는 작은 모습을 인식대상으로 하는 식이 일어나느니, 이른바 욕계에 계박된 식이오. 넷째는 큰 모습을 인식대상으로 하는

분별유가품

식이 일어나느니, 이른바 색계에 계박된 식이오. 다섯째는 한량없는 모습을 인식대상으로 하는 식이 일어나느니, 이른바 공무변처[200]와 식무변처[201]에 계박된 식이오. 여섯째는 미세한 모습을 인식대상으로 하는 식이 일어나느니, 이른바 무소유처[202]에 계박된 식이오. 일곱째는 가장 끝에 있는 모습을 인식대상으로 하는 식이 일어나느니, 이른바 비상비비상처[203]에 계박된 식이오. 여덟째는 모습없는 식이 일어나느니, 이른바 세간을 벗어난 식과 적멸을 반연하는 식이오. 아홉째는 괴로움의 감수작용과 함께하는 식이 일어나느니, 이른바 지옥의 식이오. 열째는 잡염된 감수작용과 함께하는 식이 일어나느니, 이른바 욕계에 행하는 식이오. 열한째는 기쁨의 감수작용과 함께 행하는 식이 일어나느니, 이른바 초정려와 제2정려의 식이오. 열두째는 즐거움의 감수작용과 함께 행하는 식이 일어나느니, 이른바 제3정려의 식이오. 열셋째는 괴로움도 즐거움도 아닌 감수작용과 함께 행하는 식이 일어나느니, 이른바 제4정려부터 나아가 비상비비상처정의 식이오. 열넷째는 염오와 함께 행하는 식이 일어나느니, 모든 번뇌와 수번뇌 심소에 상응하는 식이오. 열다섯째는 선과 함께 행하는 식이 일어나느니, 이른바 믿음의 심소 등에 상응하는 식이오. 열여섯째는 무기와 함께 행하는 식이 일어나느니, 이른바 그것들(선과 염오)에 모두 상응하지 않는 식이오.

마음이 머무는 것을 잘 안다는 것은 무엇인가? 이른바 요별진여를 있는 그대로 아는 것이오. 마음이 벗어남을 잘 안다는 것은 무엇인가? 두 가지 속박에서 벗어나는 것을 진리 그대로 잘 아는 것을 말하오. 이른바 형상에 의한 속박과 유루종자에 의한 속박이오. 이것이 마땅히 그 마음으로 하여금 능히 이러한 것들로부터 벗어남을 잘 아는 것이오. 마음이 증장함을 잘 안다는 것은 무엇인가? 이른바 능히 형상에 의한 속박과 유루종자에 의한 속박을 다스리는 마음, 그것이 증장할 때나 쌓여질 때에, 역시 증장하게 되고 또한 쌓여지게 됨을 진리 그대로 아는 것을 이름하여 증장함을 잘 안다고 하오.

마음이 감소함을 잘 안다는 것은 무엇인가? 이른바 그 다스려지는 바 상분과 유루종자에 잡염된 마음, 그것이 쇠퇴할 때나 그것이 감소할 때에, 이것도 역시 쇠퇴하고 이것도 역시 감소함을 있는 그대로 잘 아는 것이오.

방편을 잘 안다는 것은 무엇인가? 이른바 해탈과 뛰어난 곳과 두루한 곳의 혹은 닦거나 혹은 버리는 것을 진리 그대로 아는 것이오. 선남자여, 이와 같이 보살은 모든 보살의 광대한 위덕을 혹은 이미 이끌어냈거나 혹은 장차 이끌어내거나 혹은 현재 이끌어내오."

자씨보살이 다시 부처님께 여쭈었다.[204]

분별유가품

"세존이시여, 세존께서 말씀하셨듯이 무여의열반의 세계 중에서 모든 감수작용이 남김 없이 영원히 없어진다고 하셨습니다. 어떤 감수작용들이 여기서 영원히 없어집니까?"

"선남자여, 요점을 들어 말하면 두 가지의 감수작용이 있어 남김없이 영원히 없어지오. 무엇이 두 가지인가 하면, 첫째는 의지처의 유루종자의 감수작용이고, 둘째는 그 결과인 경계의 감수작용이오. 의지처의 유루종자의 감수작용[205]은 네 가지가 있음을 알아야 하오. 첫째는 형색이 있는 의지처의 감수작용이고, 둘째는 형색이 없는 의지처의 감수작용이며, 셋째는 결과가 이미 이루어진 종자의 감수작용이고, 넷째는 결과가 아직 이루어지지 않은 종자의 감수작용이오. 결과가 이미 이루어진 감수작용이란 현재의 감수작용을 말하고, 결과가 아직 이루어지지 않은 감수작용이란 미래의 원인이 되는 감수작용을 말하오. 그 결과인 경계의 감수작용은 역시 네 가지가 있으니, 첫째는 의지처를 반연하는 감수작용이고, 둘째는 자재도구를 반연하는 감수작용이며, 셋째는 수용의 감수작용이고, 넷째는 돌아보고 연연해 하는 감수작용이오.

유여의열반의 세계 중에서 결과가 아직 이루어지지 않은 감수작용은 이미 다 없어지고, 그 다스리는 무루의 촉[明觸]심소[206]로부터 생겨나는 감수작용을 받아들이며, 함께 하는 감수작용과 혹은 또 그 결과가 이미 이루어진 감수작용을 받아들이오. 또한 두 가지의 감수작용이 이미 다 없어지고, 오직 현재에 무루의 촉심소로부터 생겨나는 감수작용을 받아들이오. 무여의열반의 세계 중에서 완전한 열반에 들 때에는 이것도 역시 영원히 없어지오. 그러므로 무여의열반의 세계 중에서 모든 감수작용이 남김없이 영원히 없어진다고 말하오."

그때 세존께서 이렇게 말씀해 마치시고 다시 자씨보살에게 말씀하셨다.

"훌륭하고 훌륭하오. 선남자여, 그대는 지금 원만하고 가장 청정하며 미묘한 요가 수행도를 능히 잘 의지하고 여래에게 청하여 묻는구려. 그대는 요가에 있어서 이미 결정적으로 가장 잘 통달함을 얻었고, 나는 이미 그대를 위해 원만하고 가장 청정하며 미묘한 요가 수행도를 말하였소. 과거와 미래의 최고의 바른 깨달음을 얻은 모든 분들이 과거에 말씀하셨고 장차 말씀하심도 모두 역시 이와 같소. 모든 선남자 혹은 선여인이 모두 마땅히 이것에 의지해서 용맹스럽게 정진하여 마땅히 바르게 닦고 배워야 하오."

그때 세존께서 이 뜻을 거듭 펴시기 위해 게송으로 말씀하셨다.

법으로 가립한 요가 안에서

만약 방일하면 큰 뜻을 잃게 되고
이 법과 요가 수행에 의지해서
바르게 수행한다면 큰 깨달음을 얻소.

얻을 바가 있다고 보아서 벗어나기를 구하며
만약 이런 소견으로 법을 얻었다고 말하면
자씨여, 그는 요가와 멀리 떨어짐이
마치 대지와 허공과 같소.

중생을 이롭게 함이 견고한데도 짓지 않았다면
깨친 뒤에 부지런히 닦아서 유정을 이롭게 하시오.
지혜로운 자는 이것을 영겁이 다하도록 행하여
곧 잡염을 여읜 최고의 기쁨을 얻으리.

만약 사람이 욕심을 위해 법을 설하면
그는 욕심을 버리고자 하면서
도리어 욕심을 취한다고 말하나니
어리석은 사람은 법의 값없는 보배를 얻고
도리어 다시 돌아다니면서 거지노릇하는도다.

다투고 떠드는 여러 희론의 집착을
마땅히 버리고 높은 정진을 일으키시오.
모든 하늘과 세간을 제도하기 위해서

이 요가 수행을 그대는 마땅히 배우시오.

그때 자씨보살이 다시 부처님께 여쭈었다.
"세존이시여, 이 해심밀법문 가운데 이 가르침을 마땅히 무엇이라 이름하고, 저희들은 마땅히 어떻게 받들어 지녀야 합니까?"
부처님께서 자씨보살에게 말씀하셨다.
"선남자여, 이것을 요가요의의 가르침이라고 이름하고, 이 요가요의의 가르침을 그대들은 마땅히 받들어지녀야 하오."
이 요가요의의 가르침을 말씀하실 때에 법회 가운데 육십만의 중생들이 아뇩다라삼먁삼보리를 얻고자 하는 마음을 일으켰고, 삼십만의 성문들이 번뇌를 멀리 여의고 모든 법에 대해서 법을 보는 눈이 맑아짐을 얻었으며, 십오만의 성문들이 모든 번뇌를 영원히 다하고 마음에 해탈을 얻었으며, 칠만 오천의 보살들이 광대한 요가의 작의를 얻었다.

# 제7. 지바라밀다품
### (地波羅蜜多品)

## 보살의 수행단계

그때 관자재보살이 부처님께 여쭈었다.[207]
 "세존이시여, 부처님께서 말씀하셨듯이, 보살의 십지(十地)는 이른바 극희지·이구지·발광지·염혜지·극난승지·현전지·원행지·부동지·선혜지·법운지이오며, 다시 불지(佛地)를 말씀하시어 제11지라고 하셨나이다. 이러한 모든 지위(地)는 몇 가지의 청정함과 몇 가지 갈래에 포섭됩니까?"
 그때 세존께서 관자재보살에게 말씀하셨다.[208]
 "선남자여, 마땅히 알지니 모든 지위는 네 가지 청정함과 열한 가지 갈래에 포섭되오. 무엇을 네 가지 청정함이 능히 모든 지위를 포섭한다고 이름하는가? 이른바 매우 높은 의욕의 청정함이 초지를 포섭하고, 매우 높은 계율의 청정함이 제2지를 포섭하며, 매우 높은 마음의 청정함이 제3지를 포섭하고, 매우 높은 지혜의 청정함이 뒤로 갈수록의 지위에서 더욱 뛰어나고 묘한 까닭에, 마땅히 알지니 제4지로부터 나아가 불지를 능히 포섭하오. 선남자여, 마땅히 알지니 이와 같은 네 가지 청정함이 널리 모든 지위를 포섭하오.

무엇을 열한 가지 갈래가 능히 모든 지위를 포섭한다고 이름하는가? 이른바 모든 보살은 먼저 승해행지[209]에서 열 가지 법의 실천[210]에 의지해서, 뛰어난 이해의 인지〔勝解忍〕[211]를 지극히 잘 닦아익힘으로써 그 지위(승해행지)를 초과하여 보살의 견도〔正性離生〕에 깨달아 들어가오. 그(초환희지) 모든 보살은 이러한 인연으로 인하여 이 갈래(제1)를 원만히 하오.

그러나 아직 미세하게 계율을 범하는 것이 그릇되게 현행하는 속에서 바르게 알면서도 실천하지 못하오. 이 인연으로 말미암아 이 갈래(제2) 가운데서 아직 원만하지 못하오. 이 갈래를 원만히 하기 위해서 부지런히 힘써 닦아 익혀서 문득 증득할 수 있소. 그(제2 이구지) 모든 보살은 이 인연으로 인하여 이 갈래를 원만히 하오.

그러나 아직 세간의 원만한 삼매〔等持〕와 삼마발지〔等至〕[212] 및 원만한 문지다라니[213]를 얻을 수가 없소. 이 인연으로 인하여 이 갈래(제3) 가운데서 아직도 원만하지 못하오. 이 갈래를 원만히 하기 위해서 부지런히 힘써 닦아 익히어 문득 증득할 수 있소. 그(제3 발광지) 모든 보살은 이 인연으로 말미암아서 이 갈래를 원만히 하오.

그러나 아직 획득한 보리분법(37도품)에 따라서 많이 닦고 익혀서 머무르지 못하며, 마음이 아직 모든 선정에 대한 애착[等至愛][214)]과 법에 대한 애착을 버릴 수 없소. 이 인연으로 인하여 이 갈래(제4) 중에서 아직 원만하지 못하오. 이 갈래를 원만히 하기 위해서 부지런히 힘써 닦아 익혀서 문득 증득할 수 있소. 그(제4 염혜지) 모든 보살은 이 인연으로 말미암아서 이 갈래를 원만하게 하오.

그러나 아직 모든 진리의 도리에 있어서 진리 그대로 관찰할 수 없소. 또한 나고 죽음과 열반에 대하여 아직은 한결같이 등지거나 나아가는 작의를 버리지 못하오. 또한 방편에 포섭되는 보리분법을 아직은 닦을 수 없소. 이 인연으로 인하여 이 갈래(제5) 가운데서 아직 원만하지 못하오. 이 갈래를 원만히 하기 위해서 부지런히 힘써 닦아 익혀서 문득 증득할 수 있소. 그(제5 극난승지) 모든 보살은 이 인연으로 인하여 이 갈래를 원만하게 하오.

그러나 나고 죽는 윤회에 대하여 아직 진리 그대로 관찰할 수 없소. 또한 그것에 대하여 염증을 많이 일으키기 때문에 모습없음에 대한 작의[215]에 아직은 많이 머물 수 없소. 이 인연으로 인하여 이 갈래(제6) 가운데서 아직 원만하지 못하오. 이 갈래를 원만히 하기 위해서 부지런히 힘써 닦아 익혀서 문득 증득할 수 있소. 그(제6 현전지) 모든 보살은 이 인연으로 인하여 이 갈래를 원만하게 하오.

그러나 모습없는 작의로 하여금 아직은 비거나 잠시 중단됨이 없이 많이 닦아 익혀서 머물게 할 수 없소. 이 인연으로 인하여 이 갈래(제7) 가운데서 아직 원만하지 못하오. 이 갈래를 원만히 하기 위해서 부지런히 힘써 닦아 익혀서 문득 증득할 수 있소. 그(제7 원행지) 모든 보살은 이 인연으로 인하여 이 갈래를 원만하게 하오.

그러나 모습없는 안주 가운데 아직 작용을 버릴 수 없소. 또한 아직은 모습에 대하여 자재할 수 없소. 이 인연으로 인하여 이 갈래(제8) 가운데서 아직 원만하지 못하오. 이 갈래를 원만히 하기 위해서 부지런히 힘써 닦아 익혀서 문득 증득할 수 있소. 그(제8 부동지) 모든 보살은 이 인연으로 인하여 이 갈래를 원만하게 하오.

그러나 아직 다른 명칭, 갖가지 모습, 훈계하는 말의 차별과 모든 품류의 널리 설법하는 중에서 크게 자재함을 얻을 수 없소. 이 인연으로 인하여 이 갈래(제9) 가운데서 아직 원만하지 못하오. 이 갈래를 원만히 하기 위해서 부지런히 힘써 닦아 익혀서 문득 증득할 수 있소. 그(제19 선혜지) 모든 보살은 이 인연으로 인하여 이 갈래를 원만하게 하오.

그러나 아직은 원만한 법신을 현전에서 증득해 받을 수 없소. 이 인연으로 인하여 이 갈래 가운데서 아직 원만하지 못하오. 이 갈래를 원만히 하기 위해서 부지런히 힘써 닦아 익혀서 문득 증득할 수 있소. 그(제10 법운지) 모든 보살은 이 인연으로 인하여 이 갈래를 원만하게 하오.

그러나 아직은 알아야 할 모든 경계에 대하여 널리 집착이 없고 걸림이 없는 묘한 지혜와 묘한 견해를 얻을 수 없소. 이 인연으로 인하여 이 갈래(제11) 가운데서 아직 원만하지 못하오. 이 갈래를 원만히 하기 위해서 부지런히 힘써 닦아 익혀서 문득 증득할 수 있소. 이 인연으로 인하여 이 갈래를 원만하게 하고, 이 갈래가 원만하기 때문에 모든 갈래에 대하여 다 원만함을 얻소. 선남자여, 마땅히 알지니 이와 같은 열한 가지 갈래는 널리 모든 지위를 포섭하오.

관자재보살이 다시 부처님께 여쭈었다.[216]

"세존이시여, 어떠한 인연으로 최초를 극희지라고 이름하고, 나아가 어떠한 인연으로 불지라고 이름합니까?"

부처님께서 관자재보살에게 말씀하셨다.

"선남자여, 큰 뜻을 성취하여 일찍이 얻지 못하였던, 세간을 벗어나는 마음을 얻어서 큰 기쁨을 일으키오. 그러므로 최초를 극희지라고 이름하오. 미세하게 계율을 범함을 모두 멀리 떠나나니, 그러므로 제2지를 이구지라고 이름하오. 그가 얻은 삼매와 듣고 지니는 다라니가 능히 한량없는 지혜의 광명으로 의지처를 삼나니, 그러므로 제3지를 발광지라고 이름하오. 그가 얻은 보리분법이 모든 번뇌를 불사르되, 지혜가 마치 불꽃과 같나니 그러므로 제4지를 염혜지라고 이름하오. 곧 그 보리분법에 대하여 방편으로 닦아 익히는 것이 매우 지극히 어려운데 바야흐로 자재함을 얻나니, 그러므로 제5지를 극난승지라고 이름하오.

현전에 모든 유위법의 유전함을 관찰하고, 또한 모습없음에 대하여 많이 닦은 작의가 바야흐로 현전하나니, 그러므로 제6지를 현전지라고 이름하오. 능히 멀리하여[216] 비거나 잠시 중단됨이 없는 모습없음의 작의에 증득해 들어가서 청정한 지위와 함께 서로 인접하나니, 그러므로 제7지를 원행지라고 이름하오. 모습없음에 있어서 작용없음을 얻음으로 인하여 모든 모습 중에서, 현행하는 번뇌에 동요되지 않나니, 그러므로 제8지를 부동지라고 이름하오. 모든 종류의 설법에 있어서 자재하며, 걸림없고 광대한 지혜를 얻나니, 그러므로 제9지를 선혜지라고 이름하오. 유루종자의 자체의 넓기가 마치 허공과 같고, 법신의 원만함이 비유컨대 큰 구름이 모두 다 능히 두루 덮어버리는 것과 같나니, 그러므로 제10지를 법운지라고 이름하오. 가장 지극히 미세한 번뇌와 소지장을 영원히 단멸하고, 집착이 없고 걸림이 없어서 모든 종류의 알아야 할 경계에 대하여 바르고 평등한 깨달음을 얻나니, 그러므로 제11지를 불지라고 이름하오."

관자재보살이 다시 부처님께 여쭈었다.[218]

"이 모든 지위에 있어서 몇 가지의 어리석음이 있고 몇 가지의 유루종자(麤重)[219]가 있어서 다스릴 바로 삼습니까?"

부처님께서 관자재보살에게 말씀하셨다.

"선남자여, 이 모든 지위 중에 스물두 가지의 어리석음과 열한 가지의 유루종자가 있어서 다스릴 바로 삼소. 초지에는 두 가지의 어리석음이 있나니, 첫째는 보특가라와 법에 집착하는 어리석음이고, 둘째는 악취(惡趣)에서 잡염되는 어리석음이며, 그것들의 유루종자가 있어서 다스릴 바로 삼소. 제2지에 두 가지의 어리석음이 있나니, 첫째는 미세하게 계율을 잘못 범하는 어리석음이고, 둘째는 갖가지 업에 의한 세계의 어리석음이며, 그것들의 유루종자가 있어서 다스릴 바로 삼소. 제3지에 두 가지 어리석음이 있나니, 첫째는 탐욕의 어리석음이고, 둘째는 원만히 듣고 지니는 다라니의 어리석음이며, 그것들의 유루종자가 있어서 다스릴 바로 삼소. 제4지에 두 가지 어리석음이 있나니, 첫째는 선정에 대한 애착의 어리석음이고, 둘째는 법에 대한 애착의 어리석음이며, 그것들의 유루종자가 있어서 다스릴 바로 삼소. 제5지에 두 가지 어리석음이 있나니, 첫째는 한결같이 작의해서 나고 죽음을 버리고 등지려는 어리석음이고, 둘째는 한결같이 작의해서 열반을 향해 나아가려는 어리석음이며, 그것들의 유루종자가 있어서 다스릴 바로 삼소.

 제6지에 두 가지 어리석음이 있나니, 첫째는 현전에 모든 유위법[220]의 유전을 관찰함의 어리석음이고, 둘째는 모습[221]이 많이 현행함의 어리석음이며, 그것들의 유루종자가 있어서 다스릴 바로 삼소. 제7지에 두 가지 어리석음이 있나니, 첫째는 미세한 모습[222]이 현행함의 어리석음이고, 둘째는 한결같이 모습없음[223]을 작의하고 방편을 지음의 어리석음이며, 그것들의 유루종자가 있어서 다스릴 바로 삼소. 제8지에 두 가지 어리석음이 있나니, 첫째는 모습없음에 대해서 공용(功用)[224]을 지음의 어리석음이고, 둘째는 모습에 대해서 자재함의 어리석음이며, 그것들의 유루종자가 있어서 다스릴 바로 삼소. 제9지에 두 가지 어리석음이 있나니, 첫째는 한량없는 설법·한량없는 법의 글귀와 문자·뒤로 갈수록의 지혜로운 말재주에, 다라니의 자재함에 있어서의 어리석음이고, 둘째는 말재주가 자재함에 있어서의 어리석음이며, 그것들의 유루종자가 있어서 다스릴 바로 삼소. 제10지에 두 가지의 어리석음이 있나니, 첫째는 큰 신통력에 있어서의 어리석음이고, 둘째는 미세하고 비밀스러움에 깨달아들어감에 있어서의 어리석음이며, 그것들의 유루종자가 있어서 다스릴 바로 삼소. 여래지에 두 가지의 어리석음이 있나니, 첫째는 알아야 할 모든 경계에 대하여 매우 미세하게 집착하는 어리석음이고, 둘째는 매우 미세하게 장애하는 어리석음이며, 그것들의 유루종자가 있어서 다스릴 바로 삼소.

선남자여, 이 스물두 가지의 어리석음과 열한 가지의 유루종자로 인하여 모든 지위를 안립하며, 그리하여 아뇩다라삼먁삼보리는 그것의 얽매임을 여의오."

관자재보살이 다시 부처님께 여쭈었다.

"세존이시여, 아뇩다라삼먁삼보리는 매우 기묘하고 희유하며, 나아가 큰 이익과 큰 결과를 성취하여, 모든 보살들로 하여금 능히 이와 같은 큰 어리석음의 그물을 부수고 능히 이와같은 큰 유루종자의 숲을 넘어서 현전에 아뇩다라삼먁삼보리를 증득하게 합니다."

관자재보살이 다시 부처님께 여쭈었다.

"세존이시여, 이와 같은 모든 지위는 몇 가지의 뛰어남이 안립한 바입니까?"

부처님께서 관자재보살에게 말씀하셨다.

"선남자여, 대략 여덟 종류가 있소. 첫째는 매우 높은 의욕의 청정함이고, 둘째는 마음의 청정함이며, 셋째는 자비의 청정함이고, 넷째는 저 언덕에 이르름의 청정함이오. 다섯째는 부처님을 뵙고 공양하며 받들어 섬김의 청정함이고, 여섯째는 유정을 성숙시킴의 청정함이며, 일곱째는 태어남의 청정함이고, 여덟째는 위덕의 청정함이오. 선남자여, 초지 중에서 매우 높은 의욕의 청정함과 나아가 위덕의 청정함이 있소. 뒤로 갈수록의 모든 지위와 불지에 이르기까지 매우 높은 의욕의 청정함과 나아가 위덕의 청정함이 있소. 마땅히 알지니 그 모든 청정함이 차례로 더욱 뛰어나게 되며, 오직 불지에서는 태어남의 청정함을 제외하오. 또한 초지 가운데 있는 공덕은 다음의 모든 지위에 있어서도 평등히 다 있지만, 마땅히 알지니 자기 지위의 공덕이 뛰어나오. 모든 보살의 십지의 공덕은 다 위가 있지만, 불지의 공덕은 위가 없음을 마땅히 알아야 하오."

관자재보살이 다시 부처님께 여쭈었다.

"세존이시여, 무슨 인연으로 보살의 삶이 모든 유정의 삶 중에서 가장 뛰어나다고 말씀하십니까?"

부처님께서 관자재보살에게 말씀하셨다.

"선남자여, 네 가지 인연 때문이오. 첫째는 지극히 청정한 선근이 모여서 일어나는 것이기 때문이고, 둘째는 의도적으로 생각하고 결택하는 힘이 취하는 바이기 때문이오. 셋째는 모든 중생을 가엾이 여겨서 제도하기 때문이고, 넷째는 자신도 능히 잡염이 없고 남의 잡염을 제거하기 때문이오."

관자재보살이 다시 부처님께 여쭈었다.

"세존이시여, 무슨 인연으로 모든 보살은 광대한 서원과 미묘한 서원과 뛰어난 서원을[225] 실천한다고 말씀하십니까?"

부처님께서 관자재보살에게 말씀하셨다.

"선남자여, 네 가지 인연인 까닭이오. 모든 보살은 열반에 즐겁게 안주함을 능히 잘 알고 빨리 증득함을 감당할 수 있지만, 또한 즐겁게 안주함을 빨리 증득하는 것을 버리고, 반연함이 없고 기대하지 않는 큰 서원의 마음[226]을 일으켜서, 모든 유정을 이롭게 하려는 까닭에 오랜 동안의 갖가지 큰 고통에 많이 처하오. 그러므로 나는 모든 보살이 광대한 서원과 미묘한 서원과 뛰어난 서원을 실천한다고 말하오."

관자재보살이 다시 부처님께 여쭈었다.[227]

"세존이시여, 이 모든 보살은 배워야 할 일이 무릇 몇 가지가 있습니까?"

부처님께서 관자재보살에게 말씀하셨다.

"선남자여, 보살이 배워야 할 일은 대략 여섯 가지가 있소. 이른바 보시·지계·인욕·정진·정려(靜慮)·반야[慧]의 바라밀다[到彼岸]이오."

관자재보살이 다시 부처님께 여쭈었다.

"세존이시여, 이와 같은 여섯 종류의 배워야 할 일들은 몇 가지가 매우 높은 계학에 포섭되고, 몇 가지가 매우 높은 심학(心學)에 포섭되며, 몇 가지가 매우 높은 혜학에 포섭됩니까?"

부처님께서 관자재보살에게 말씀하셨다.

"선남자여, 마땅히 알지니 처음의 세 가지는 다만 매우 높은 계학에 포섭되고, 정려는 다만 매우 높은 심학에 포섭되며, 반야는 매우 높은 혜학에 포섭되오. 그리고 나는 정진은 모든 것에 두루한다고 말하오."

관자재보살이 다시 부처님께 여쭈었다.

"세존이시여, 이와 같은 여섯 종류의 배워야 할 일들은 몇 종류가 복덕의 자량에 포섭되고, 몇 종류가 지혜의 자량에 포섭됩니까?"

부처님께서 관자재보살에게 말씀하셨다.

"선남자여, 만약 매우 높은 계학에 포섭되는 것이라면 이것은 복덕의 자량에 포섭되는 바라고 부르오. 만약 매우 높은 혜학에 포섭되는 것이라면 이것은 지혜의 자량에 포섭되는 것이라고 부르오. 나는 정진과 정려의 두 가지는 모든 것에 두루한다고 말하오."

관자재보살이 다시 부처님께 여쭈었다.[228]

"세존이시여, 이 여섯 종류의 배워야 할 일에 있어서 보살은 마땅히 어떻게 닦고 배워야 합니까?"

지바라밀다품

부처님께서 관자재보살에게 말씀하셨다.

"선남자여, 다섯 가지 모습에 입각해서 마땅히 닦고 배워야 하오. 첫째는 최초에 보살장의 바라밀다와 상응하는 미묘한 바른 법의 가르침에 대하여 맹렬하고 예리하게 믿고 아는 것이오. 둘째는 다음에 열 가지 법의 수행에 대하여 듣고 사유하고 닦아서 이루는 미묘한 지혜로써 정진 수행하는 것이오. 셋째는 깨달음을 얻고자 하는 마음을 따라서 보호함이고, 넷째는 참다운 선지식을 친해서 가까이 함이며, 다섯째는 중단됨이 없이 부지런히 착한 품류를 닦는 것이오."

관자재보살이 다시 부처님께 여쭈었다.[229]

"세존이시여, 무슨 인연으로 이와 같은 배워야 할 일들을 시설함에 있어서 다만 여섯의 숫자만이 있습니까?"

부처님께서 관자재보살에게 말씀하셨다.

"선남자여, 두 가지 인연 때문이니, 첫째는 모든 유정을 넉넉히 이롭게 하기 때문이고, 둘째는 모든 번뇌를 다스리기 때문이오. 마땅히 알지니 앞의 세 가지는 유정을 넉넉히 이롭게 하며, 뒤의 세 가지는 모든 번뇌를 다스리오. 앞의 세 가지가 모든 유정을 넉넉히 이롭게 한다는 것은, 모든 보살이 보시하는 까닭에 자재와 도구를 받아들여서 유정을 넉넉히 이롭게 하고, 계율을 지키는 까닭에 손해를 끼치거나 핍박하거나 어지럽히지 않고 유정을 넉넉히 이롭게 하며, 인욕하는 까닭에 그 손해와 핍박과 어지럽힘에 대하여 견디어 능히 참고 받아들여서 유정을 넉넉히 이롭게 함을 말하오. 뒤의 세 가지가 모든 번뇌를 다스린다는 것은, 모든 보살이 정진하는 까닭에 비록 아직 모든 번뇌를 영원히 조복하지 못하고 또한 아직은 모든 수면을 영원히 없애지 못하더라도, 능히 용맹스럽게 모든 선행을 닦아서, 저 모든 번뇌가 착한 종류의 가행을 기울이거나 움직이지 못하게 하며, 정려로 인하여 번뇌를 영원히 조복하고 반야로 인하여 수면을 영원히 없앰을 말하오."

관자재보살이 다시 부처님께 여쭈었다.

"세존이시여, 무슨 인연으로 나머지 바라밀다를 시설함에 있어서 다만 네 가지 숫자만이 있습니까?"

부처님께서 관자재보살에게 말씀하셨다.

"선남자여, 앞의 여섯 가지 바라밀다의 돕는 짝으로 삼는 까닭이오. 이른바 모든 보살은 앞의 세 가지 바라밀다에 포섭되는 유정에 대하여 여러 가지 일로 포섭하는 잘 통달한 방편으로써 그들을 섭수하여 착한 품류에 안치하오. 그러므로 나는 잘 통달한 방편바라밀다가 앞의 세 가지와 돕는 짝이 되어준다고 말하오.

혹은 모든 보살이 현전의 법에 대하여 번뇌가 많기 때문에 중단됨이 없이 닦음을 수행함에 있어서 견디는 능력이 없고, 열등한 의욕이기 때문이고 하부세계의 뛰

지바라밀다품

어난 이해이기 때문에, 안으로 마음의 안주함에 있어서 견디는 능력이 없고, 보살장에 대하여 듣고 반연하여 잘 닦아 익힐 수 없기 때문에 모든 정려가 세간을 벗어나는 지혜를 이끌어낼 수 없소. 그는 곧 협소하고 열등한 약간의 복덕의 자량을 섭수하여, 미래세상의 번뇌가 가볍고 미약하게 하기 위해서 마음이 바른 서원을 일으키나니, 이러한 것을 서원바라밀다라고 이름하오. 이 서원으로 인하여 번뇌가 미약하고 적어져서 능히 정진바라밀다를 닦소. 그러므로 나는 서원바라밀다가 정진바라밀다와 돕는 짝이 된다고 말하오.

혹은 모든 보살이 선지식을 가까이 하여 바른 법을 들으며 진리 그대로 작의함을 인연으로 삼음으로써, 열등한 의욕을 바꾸어서 뛰어난 의욕을 이루고 또한 능히 상부세계의 뛰어난 이해를 얻을 수 있나니, 이와 같은 것을 힘바라밀다〔力波羅密多〕라고 이름하오. 이러한 힘으로 인하여 안으로 마음에 안주함에 대해서 견디는 능력이 있소. 그러므로 나는 힘바라밀다가 선정바라밀다와 돕는 짝이 된다고 말하오.

혹은 모든 보살이 보살장에 대하여 이미 능히 듣고 반연하여 잘 닦아 익히는 까닭에 정려를 일으킬 수 있나니, 이것을 지혜바라밀다(智波羅密)[230]라고 이름하오. 이 지혜로 인하여 능히 세간을 벗어나는 지혜를 감당하오. 그러므로 나는 지혜바라밀다가 반야바라밀다와 돕는 짝이 된다고 말하오."

관자재보살이 다시 부처님께 여쭈었다.

"세존이시여, 무슨 인연으로 여섯 가지 바라밀다를 널리 설하심에 이러한 순서가 있습니까?"

부처님께서 관자재보살에게 말씀하셨다.

"선남자여, 능히 다음다음으로 이끌어내는 의지가 되기 때문이오. 이른바 모든 보살이 만약 몸과 재물에 대하여 돌아보고 아끼는 바가 없으면 문득 능히 청정한 금계를 받아지니고, 청정한 금계를 지키기 위하여 곧 인욕을 닦고, 인욕을 닦은 뒤에는 능히 정진을 일으키고, 정진을 일으킨 뒤에는 능히 정려를 갖추고, 정려를 구족한 뒤에는 문득 능히 세간을 벗어나는 반야의 지혜를 얻소. 그러므로 나는 바라밀다를 말함에 있어서 이러한 순서대로 하오."

관자재보살이 다시 부처님께 여쭈었다.[231]

"세존이시여, 이와 같은 여섯 가지 바라밀다는 각각 몇 가지의 품류 차별이 있습니까?"

부처님께서 관자재보살에게 말씀하셨다.

"선남자여, 각각 세 가지가 있소. 보시의 세 가지란 첫째는 법의 보시이고, 둘째는 재물의 보시이며, 셋째는 두려움이 없게 하는 보시이오. 계율의 세 가지란 첫째는 착하지 못함을 전환해서 버리는 것이고, 둘째는 착함을 전환해서 일으키는 것이며, 셋째는 유정을 넉넉히

지바라밀다품

이롭게 함을 전환해서 일으키는 것이오. 인욕의 세 가지란 첫째는 원한과 해침을 견디는 인욕이고, 둘째는 고통을 편안히 받아들이는 인욕이며, 셋째는 법을 잘 관찰하는 인욕이오. 정진의 세 가지란 첫째는 용맹스러운 정진[被甲精進][232]이고, 둘째는 착한 법을 전환해서 일으키는 가행의 정진이며, 셋째는 유정을 넉넉히 이롭게 하는 가행의 정진이오. 정려의 세 가지란, 첫째는 분별이 없는 고요함과 지극한 고요함으로 죄가 없는 까닭에 번뇌의 갖가지 고통을 다스리고 편안히 머무는 정려이오. 둘째는 공덕을 이끌어내는 정려이고, 셋째는 유정을 넉넉히 이롭게 함을 이끌어내는 정려이외다. 반야의 세 가지란 첫째는 세속제를 반연하는 반야이고, 둘째는 승의제를 반연하는 반야이며, 셋째는 유정을 넉넉히 이롭게 함을 반연하는 반야이오."

관자재보살이 다시 부처님께 여쭈었다.[233]

"세존이시여, 무슨 인연으로 바라밀다를 바라밀다라고 이름합니까?"

부처님께서 관자재보살에게 말씀하셨다.

"선남자여, 다섯 가지 인연인 까닭이니, 첫째는 물들거나 집착함이 없기 때문이고, 둘째는 돌아보고 그리워함이 없기 때문이며, 셋째는 죄과가 없기 때문이고, 넷째는 분별이 없기 때문이며, 다섯째는 바르게 회향하기 때문이오. 물들거나 집착함이 없다는 것은, 바라밀다와 반대되는 모든 일에 물들거나 집착함이 없음을 말하오. 돌아보고 그리워함이 없다는 것은, 일체 바라밀다의 모든 이숙과 및 은혜를 갚는 가운데서 마음에 얽매임이 없음을 말하오. 죄과가 없다는 것은, 이와 같은 바라밀다에 있어서 섞여서 잡염되는 법이 없고 그릇된 방편의 행을 떠남을 말하오. 분별이 없다는 것은, 이와 같은 바라밀다에 있어서 말 그대로 자상에 집착하지 않음을 말하오. 바르게 회향한다는 것은, 이와 같이 짓고 모은 바라밀다로써 전향해서 큰 깨달음의 과보를 구함을 말하오."

"세존이시여, 어떤 것을 바라밀다에 위배되는 일이라고 부릅니까?"

"선남자여, 마땅히 알지니 이 일에 대략 여섯 가지가 있소. 첫째는 재물과 부귀가 자재한 모든 욕락을 기뻐하면서 즐기는 가운데 깊이 공덕과 뛰어난 이익으로 보는 것이오. 둘째는 좋아하는 바에 따라서 몸과 말과 생각을 제멋대로 하고 그런 것이 현행하는 가운데 깊이 공덕과 뛰어난 이익으로 보는 것이오. 셋째는 남이 가볍게 업신여김을 참아내지 못하는 가운데 깊이 공덕과 뛰어난 이익으로 보는 것이오. 넷째는 부지런히 닦지 않고 욕락에 집착하는 가운데 깊이 공덕과 뛰어난 이익으로 보는 것이오. 다섯째는 시끄러움에 처한 세상의 잡란된 행동에 대해서 깊이 공덕과 뛰어난 이익으로 보는 것이오. 여섯째는 보고 듣고 깨달아 알고 말하고 희론함에 대해서 깊이 공덕과 뛰어난 이익으로 보는 것이오."

"세존이시여,[234] 이와 같은 모든 바라밀다는 어떠한 이숙의 과보입니까?"

"선남자여, 마땅히 알지니 이것 역시 대략 여섯 가지가 있소. 첫째는 큰 재물과 부귀를 얻는 것이고, 둘째는 살기 좋은 세상에 태어나는 것이며, 셋째는 원한도 없고 파괴됨도 없어서 모든 기쁨과 즐거움이 많은 것이오. 넷째는 중생의 주인이 되는 것이고, 다섯째는 몸에 괴롭게 해침이 없으며, 여섯째는 집안이 크게 왕성한 것이오."

"세존이시여, 어떤 것을 바라밀다의 뒤섞여 잡염되는 법이라고 부르나이까?"

"선남자여, 마땅히 알지니 대략 네 가지 가행에 의해서이외다. 첫째는 자비가 없는 가행이기 때문이고, 둘째는 진리 그대로가 아닌 가행인 까닭이며, 셋째는 항상 하지 않는 가행인 까닭이고, 넷째는 신중하지 못한 가행이기 때문이오. 진리 그대로가 아닌 가행이란, 어떤 바라밀다를 수행할 때에 그밖의 바라밀다를 멀리 여의고 무너뜨리고 잃는 것을 말하오."

"세존이시여, 어떤 것을 그릇된 방편의 행이라고 부릅니까?"

"선남자여, 만약 모든 보살이 바라밀다로써 중생을 넉넉히 이롭게 할 때에 다만 재물만으로 포섭하여 중생을 넉넉히 이롭게 함을 곧 기쁘고 만족으로 삼고, 그들로 하여금 좋지 못한 곳을 벗어나서 좋은 곳에 편안히 있게 하지 못하면, 이러한 것을 그릇된 방편의 행이라고 부르오. 무슨 까닭인가 하면 선남자여, 중생에게 오직 이 일을 하는 것만으로는 진실로 이롭게 함이라고 말할 수 없소. 비유하면 더러운 똥은 많거나 적거나 간에 끝내 향기롭고 깨끗한 것으로 할 수 없음과 같소. 이와 같이 중생은 행고(行苦)[235]로 인하여 그 성품이 괴로움이오. 방편으로 다만 재물로써 잠시 상대를 넉넉하고 이롭게 한다 해서 즐거움을 이루게 할 수는 없소. 오직 미묘하고 착한 법 가운데 편안히 있게 하는 것만이 비로소 가장 넉넉히 이롭게 함이라고 이름할 수 있소."

관자재보살이 다시 부처님께 여쭈었다.[236]

"세존이시여, 이와 같은 모든 바라밀다는 몇 가지의 청정함이 있습니까?"

부처님께서 관자재보살에게 말씀하셨다.

"선남자여, 나는 결코 바라밀다가 앞의 다섯 가지 양상을 제외하고서 그밖에 청정함이 있다고 말하지 않소. 그런데 나는 곧 이러한 모든 일에 의거해서 바라밀다의 청정한 양상을 총괄적으로나 개별적으로 설명하리다.

지바라밀다품

모든 바라밀다의 청정한 양상을 총괄적으로 말하면 마땅히 알지니 일곱 가지가 있소. 무엇이 일곱 가지인가? 첫째는 보살이 이 모든 법에 있어서 남에게 알려지기를 구하지 않는 것이고, 둘째는 이 모든 법에 대하여 보고 나서는 집착을 일으키지 않는 것이며, 셋째는 곧 이와 같은 모든 법에 있어서 능히 큰 깨달음을 구할 수 있을까 없을까라고 의혹을 일으키지 않는 것이오. 넷째는 결코 자기를 칭찬하고 남을 헐뜯으면서 업신여기는 바가 없는 것이고, 다섯째는 결코 교만하거나 방일하지 않는 것이며, 여섯째는 결코 조금이라도 얻는 바가 있으면 문득 기뻐하고 만족함을 내지 않는 것이고, 일곱째는 결코 이 모든 법으로 인하여 다른 이에 대하여 질투나 인색함을 내지 않는 것이오.

모든 바라밀다의 청정한 양상을 개별적으로 말하면 역시 일곱 가지가 있나니, 무엇이 일곱 가지인가? 이른바 모든 보살이 내가 말한 바와 같이 일곱 가지 보시의 청정한 모습에 수순하고 수행하는 것이오. 첫째는 보시하는 물건이 청정함으로 인하여 청정한 보시를 행함이요, 둘째는 계율이 청정함으로 인하여 청정한 보시를 행함이며, 셋째는 견해가 청정함으로 인하여 청정한 보시를 행함이오. 넷째는 마음이 청정함으로 인하여 청정한 보시를 행함이요, 다섯째는 말이 청정함으로 인하여 청정한 보시를 행함이며, 여섯째는 지혜가 청정함으로 인하여 청정한 보시를 행함이고, 일곱째는 번뇌가 청정해짐으로 인하여 청정한 보시를 행함이오. 이것을 보시의 일곱 가지 청정한 양상이라고 말하오.

또한 모든 보살이 율의(律儀)의 배울 것을 모두 제정해서 세움을 능히 잘 알고, 범하는 것을 벗어남을 능히 잘 알며, 항상 계율을 갖추고, 계율을 견고하게 하며, 항상 계율을 지으며, 항상 계율을 굴리며, 배울 것을 모두 받아 배우나니, 이것을 계율의 일곱 가지 청정한 양상이라고 말하오.

만약 모든 보살이 자신에게 있는 업과 이숙의 과보에 대하여 깊이 의지함과 믿음을 내어서, 넉넉히 이롭지 않은 모든 일들이 현재 앞에 나타날 때에도 분노를 일으키지 않고, 또한 반대하고 욕하지 않으며, 성내지도 때리지도 않고, 두려워하지도 희롱하지도 않으며, 넉넉히 이롭지 않은 갖가지 일로써 도리어 상대에게 해를 끼치지 않고, 원한을 품지 않으며, 만약 충고하고 타이를 때에는 성내게 하거나 괴롭히지 않으며, 또한 남이 와서 충고하고 타이를 것을 기다리지도 않으며, 공포나 애착에 오염된 마음에 의거하지 않고 인욕을 행하며, 은혜를 행함으로써 문득 그만두지 않으면, 이것을 인욕의 일곱 가지 청정한 양상이라고 말하오.

만약 모든 보살이 정진의 평등한 성품에 통달하고, 용맹스럽게 부지런히 정진하기 때문에 자신을 높이거나 남을 능멸하지 않으며, 큰 세력을 갖추고, 큰 정진을 갖추며, 견디는 능력이 있고, 견고하고 용맹스러우며, 모든 착한 법에 대해서 끝끝내 멍에를 버리지 않으면, 이와 같은 것을 정진의 일곱 가지 청정한 양상이라고 말하오.

만약 모든 보살이 모습에 잘 통달하는 삼매의 정려가 있고, 원만한 삼매의 정려가 있으며, 구분(俱分)의 삼매의 정려237)가 있고, 운전의 삼매의 정려가 있으며, 의지처가 없는 삼매의 정려가 있고, 잘 닦고 다스리는 삼매의 정려가 있으며, 보살장에 대해서 듣고 반연하여 닦아 익히는 한량없는 삼매의 정려가 있으면, 이것을 정려의 일곱 가지 청정한 양상이라고 말하오.

만약 모든 보살이 증익과 손감의 두 가지 극단을 멀리 여의고 중도를 실천하면, 이것을 지혜라고 이름하오. 이 지혜로 인하여 해탈문의 뜻을 진리 그대로 아나니, 이른바 공·소원이 없음·모습없음의 세 가지 해탈의 문이오. 자성이 있는 뜻을 진리 그대로 아나니, 이른바 변계소집성과 혹은 의타기성과 혹은 원성실성의 세 가지 자성이오. 자성이 없는 뜻을 진리 그대로 아나니, 이른바 상무자성과 생무자성과 승의무자성의 세 가지 자성없는 성품이오. 세속제의 뜻을 진리 그대로 아나니, 이른바 다섯 가지 학문238)에서이오·승의제의 뜻을 진리 그대로 아나니, 이른바 일곱 가지 진여에서이오. 또한 분별이 없고 모든 희론을 떠나며 순수한 도리의 취지에 많이 머무르기 때문이고, 한량없는 총법을 인식대상으로 삼기 때문이며, 위빠사나인 때문이고, 법과 법에 수순해서 수행하는 것[239]을 능히 잘 이룩하오. 이것을 지혜의 일곱 가지 청정한 양상이라고 말하오."

관자재보살이 다시 부처님께 여쭈었다.

"세존이시여, 이러한 다섯 가지 양상은 각각 어떠한 작용이 있습니까?"

부처님께서 관자재보살에게 말씀하셨다.

"선남자여, 마땅히 알지니 그 모습은 다섯 가지 작용이 있소. 이른바 모든 보살은 물들거나 집착함이 없기 때문에, 현재의 법에 있어서 닦아 익힌 바라밀다에 대해서 항상 간절하게 부지런히 가행을 닦아 방일하지 않소. 돌아보고 그리워함이 없기 때문에, 당래의 방일함이 없는 원인을 받아들이오. 죄와 허물이 없기 때문에, 지극히 잘 원만하고 지극히 잘 청정하며 지극히 잘 신선하고 밝은 바라밀다를 능히 바르게 닦아 익히오. 분별이 없기 때문에 방편에 잘 통달한 바라밀다가 원만함을 빨리 얻소. 바르게 회향하기 때문에, 태어나는 모든 곳에서 바라밀다와 그 사랑스러운 모든 과보와 이숙(異熟)이 다함이 없음을 얻고 나아가 최고의 바르고 평등한 깨달음을 얻소."

관자재보살이 다시 부처님께 여쭈었다.

"세존이시여, 이와 같이 말씀하신 바라밀다에서 어떤 것이 가장 광대하고, 어떤 것이 더러움에 물듦이 없으며, 어떤 것이 가장 밝고 왕성하고, 어떤 것이 움직일 수 없으며, 어떤 것이 가장 청정합니까?"

부처님께서 관자재보살에게 말씀하셨다.

"선남자여, 물들거나 집착함이 없는 성품과 돌아보거나 그리워함이 없는 성품과 바르게 회향하는 성품을 가장 광대하다고 하오. 죄와 허물이 없는 성품과 분별이 없는 성품을 더러움에 물듦이 없다고 하오. 할 바를 사유하고 결택하는 것을 가장 밝고 왕성하다고 하오. 이미 물러남이 없는 법의 자리에 든 이를 움직일 수 없다고 이름하오. 만약 십지에 포섭되고 불지에 포섭되는 자는 가장 청정하다고 이름하오."

관자재보살이 다시 부처님께 여쭈었다.

"세존이시여, 무슨 인연으로 보살이 얻은 바라밀다의 모든 사랑스러운 과보와 그 모든 이숙은 항상 다함이 없으며, 바라밀다도 역시 다함이 없습니까?"

부처님께서 관자재보살에게 말씀하셨다.

"선남자여, 차례차례로 서로 의지하여 일어나고 닦아 익힘이 중단되지 않기 때문이오."

관자재보살이 다시 부처님께 여쭈었다.[240]

"세존이시여, 무슨 인연으로 이 모든 보살은 바라밀다를 깊이 믿고 사랑하여 즐기되, 이와 같은 바라밀다로 얻은 사랑스러운 모든 과보와 이숙에 대해서는 그렇지 않습니까?"

부처님께서 관자재보살에게 말씀하셨다.

"선남자여, 다섯 가지 인연인 까닭이오. 첫째는 바라밀다가 가장 높은 기쁨과 즐거움의 원인이기 때문이고, 둘째는 바라밀다가 그 구경이어서 일체 자기와 남을 넉넉히 이롭게 하는 원인이기 때문이오. 셋째는 바라밀다가 장차 오는 세상의 저 사랑스러운 과보의 이숙의 원인이기 때문이고, 넷째는 바라밀다가 모든 잡염법의 의지처가 아니기 때문이며, 다섯째는 바라밀다가 필경에 변하거나 망가지는 법이 아니기 때문이오."

관자재보살이 다시 부처님께 여쭈었다.

"세존이시여, 모든 바라밀다는 각각 몇 가지의 가장 뛰어난 위덕이 있습니까?"

부처님께서 관자재보살에게 말씀하셨다.

"선남자여, 마땅히 알지니 모든 바라밀다는 각각 네 가지의 가장 뛰어난 위덕이 있소. 첫째는 이 바라밀다를 바르게 수행할 때에 인색함·계율을 범함·마음에 분노함·게으름·산란·나쁜 소견 등 다스릴 바를 버릴 수 있소. 둘째는 이것을 바르게 수행할 때에 최고의 바르고 평등한 깨달음의 참다운 자량이 되오. 셋째는 이것을 바르게 수행할 때에 현재의 법에 있어서 능히 스스로 유정을 거두고 넉넉히 이롭게 하오. 넷째는 이

지바라밀다품

것을 바르게 수행할 때에 미래 세상에 능히 광대하고 다함없는 모든 과보와 이숙을 얻을 수 있소."

관자재보살이 다시 부처님께 여쭈었다.

"세존이시여, 이와 같은 모든 바라밀다는 어떤 원인과 어떤 과보, 어떤 이로움이 있나이까?"

부처님께서 관자재보살에게 말씀하셨다.

"선남자여, 이와 같은 모든 바라밀다는 큰 자비를 원인으로 삼고, 미묘하고 사랑스러운 모든 과보와 이숙 그리고 모든 유정을 넉넉히 이롭게 함을 과보로 삼으며, 원만하고 위없으며 광대한 깨달음을 큰 이로움으로 삼소."

관자재보살이 다시 부처님께 여쭈었다.

"세존이시여, 만약 모든 보살이 다함없는 모든 재물과 보배를 갖추고 큰 자비를 성취하였다면, 무슨 인연으로 세간에는 현실에서 중생에게 가난함이 있습니까?"

부처님께서 관자재보살에게 말씀하셨다.

"선남자여, 이 모든 중생들이 스스로 지은 업의 허물일 뿐이오. 만약 그렇지 않다면 보살이 언제나 남을 넉넉히 이롭게 하려는 마음을 품고, 또한 다함없는 재물과 보배를 항상 갖추는데도 만약 모든 중생이 스스로 지은 악업이 장애가 될 수 없다면, 어찌 세간에 가난함이 있을 수 있으리요. 비유하면 아귀가 매우 뜨거운 열로 인한 갈증 때문에 그 몸을 핍박하는데 큰 바닷물이 모두 다 말라진 것으로 보이는 것은, 큰 바닷물의 허물이 아니라 이 모든 아귀의 스스로 지은 업의 허물일 뿐이오. 이와 같이 보살이 베푼 재물과 보배는 마치 큰 바다와 같아서 허물이 없고, 이 모든 중생이 스스로 지은 업의 허물일 뿐이오. 또한 마치 아귀의 스스로 지은 악업의 힘으로 과보가 있지 않게 함과 같소."

관자재보살이 다시 부처님께 여쭈었다.

"세존이시여, 보살은 어떤 바라밀다로써 모든 법의 자성없는 성품을 취합니까?"

부처님께서 관자재보살에게 말씀하셨다.

"선남자여, 반야바라밀다로써 능히 모든 법의 자성없는 성품을 취하오."

"세존이시여, 만약 반야바라밀다가 능히 모든 법의 자성없는 성품을 취한다면, 무슨 까닭에 자성있는 성품은 취하지 않습니까?"

"선남자여, 나는 결코 자성없는 성품으로써 자성없는 성품을 취한다고 말하지 않소. 그러나 자성없는 성품은 모든 문자를 떠나고 스스로 내면에서 증득한 바이지만, 언설과 문자를 버리고서 널리 펴서 말할 수는 없소. 그러므로 나는 반야바라밀다가 능히 모든 법의 자성없는 성품을 취한다고 말하오."

관자재보살이 다시 부처님께 여쭈었다.

"세존이시여, 부처님께서 말씀하신 바와 같이 바라밀

지바라밀다품

다[241]와 가까운 바라밀다[242]와 큰 바라밀다[243]가 있는데, 무엇이 바라밀다이고, 무엇이 가까운 바라밀다이며 무엇이 큰 바라밀다입니까?"

부처님께서 관자재보살에게 말씀하셨다.

"선남자여, 만약 모든 보살이 한량없는 시간이 지나도록 보시 등을 수행하여 선법을 성취했으나, 모든 번뇌가 아직도 현행하여 능히 억제하고 조복하지 못하고 오히려 그것에 굴복당하나니, 이른바 승해행지에서 연(軟)함과 중간의 뛰어난 이해[244]가 전전할 때에 이것을 바라밀다라고 이름하오. 또한 한량없는 시간 동안 보시 등을 수행하여 점차 다시 매우 높은 선법을 성취했는데, 모든 번뇌가 아직도 현행하지만 능히 조복하여 그것에 굴복당하지 않나니, 이른바 초지 이상부터를 가까운 바라밀다라고 부르오. 다시 한량없는 시간동안 보시 등을 수행하여 점차 다시 매우 높은 선법을 성취하여 모든 번뇌가 다 현행하지 않나니, 이른바 팔지 이상부터를 큰 바라밀다라고 이름하오."

관자재보살이 다시 부처님께 여쭈었다.

"세존이시여, 이 모든 지위 가운데 번뇌와 수면(隨眠)[245]에 몇 가지가 있을 수 있습니까?"

부처님께서 관자재보살에게 말씀하셨다.

"선남자여, 대략 세 가지가 있소. 첫째는 수반을 없애는 수면[246]이니, 이른바 앞의 오지에서이오. 왜냐하면 선남자여, 선천적이 아닌 모든 현행의 번뇌는 바로 선천적인 번뇌의 현행을 돕는 짝이기 때문인데, 그것이 그때에 영원히 다시는 없소. 이런 까닭에 수반을 없애는 수면이라고 이름하오. 둘째는 약하고 열등한 수면이니, 제6지와 제7지 중에서 미세하게 현행하는 것을 말하오. 만약 닦아서 조복받으면 현행하지 않기 때문이오. 셋째는 미세한 수면이니, 이른바 제8지 이상에서이외다. 이 이후에는 모든 번뇌가 다시는 현행하지 아니하며 오직 소지장만이 있어서 의지처가 되기 때문이오."

관자재보살이 다시 부처님께 여쭈었다.

"세존이시여, 이 모든 수면은 몇 가지의 번뇌습기를 끊어야 나타납니까?"

부처님께서 관자재보살에게 말씀하셨다.

"선남자여, 다만 두 가지뿐이오. 가죽에 있는 번뇌습기를 끊음으로써 그 처음의 두 가지[247]를 나타내고, 다시 피부에 있는 번뇌습기를 끊음으로써 그 세 번째를 나타내오. 만약 뼈에 있는 번뇌습기가 끊어지면, 나는 모든 수면을 영원히 여의었다고 말하나니, 지위가 불지에 있소."[248]

관자재보살이 다시 부처님께 여쭈었다.[249]

"세존이시여, 얼마나 되는 셀 수 없는 겁[250]을 지나서야 능히 이와 같은 습기를 끊습니까?"

부처님께서 관자재보살에게 말씀하셨다.

지바라밀다품

"선남자여, 셀 수 없는 큰 겁을 세 번, 혹은 한량없는 겁을 지나오. 이른바 해〔年〕·달·반달·낮과 밤·한 때·반 때·잠깐 동안·눈깜짝할 사이·찰나의 분량의 겁은 수효로는 셀 수 없기 때문이오."

관자재보살이 다시 부처님께 여쭈었다.

"세존이시여, 이 모든 보살이 모든 지위 중에서 일어나는 번뇌는, 마땅히 어떤 모습과 어떤 허물과 어떤 공덕이 있다고 알아야 합니까?"

부처님께서 관자재보살에게 말씀하셨다.

"선남자여, 물들고 더러움이 없는 모습이오. 왜냐하면 이 모든 보살은 초지 가운데 결정적으로 모든 법의 법계에 대해서 이미 잘 통달했기 때문이오. 이 인연으로 인해서 보살은 반드시 알고서야 비로소 번뇌를 일으키는 것이지, 모르고서 그러는 것이 아니오. 그러므로 물들고 더러움이 없는 모습이라고 이름하오. 자신의 몸 가운데 괴로움을 일으킬 수 없기 때문에 허물이 없소. 보살은 이와 같은 번뇌를 일으켜서 유정의 세계에서 능히 괴로움의 원인을 끊게 하오. 그러므로 그에게 한량없는 공덕이 있소."

관자재보살이 다시 부처님께 여쭈었다.

"매우 기묘하나이다, 세존이시여. 가장 높은 보리에는 곧 이와 같은 큰 공덕의 이로움이 있어서, 모든 보살이 일으키는 번뇌로 하여금 오히려 모든 유정과 성문·독각의 선근보다 뛰어나거늘, 하물며 그밖의 한량없는 공덕은 어떠하겠습니까?"

관자재보살이 다시 부처님께 여쭈었다.

"세존이시여, 세존께서 말씀하신 바와 같이 성문승이거나 또는 대승이거나 오직 일승이라고 하셨는데, 여기에는 어떤 비밀한 뜻이 있습니까?"

부처님께서 관자재보살에게 말씀하셨다.

"선남자여, 내가 저 성문승 중에서 갖가지 모든 법의 자성을 널리 말한 바와 같이, 이른바 오온과 혹은 내부의 여섯 가지 포섭처와 혹은 외부의 여섯 가지 포섭처이오. 이러한 종류는 대승 가운데 곧 그 법이 동일한 법계이고 동일한 이치라고 말하기 때문에, 나는 교법〔乘〕의 차별된 성품을 말하지 않소. 그중에서 혹은 말 그대로의 뜻에 대해서 망령되게 분별을 일으키니, 한 부류는 더욱 더하고 한 부류는 줄임이 있소. 또한 모든 교법의 차별된 도리에 대해서 서로 다르다고 말하고, 이와 같이 차례차례로 서로 쟁론을 일으키오. 이러한 것을 이 가운데의 비밀한 뜻이라고 하오."

그때 세존께서 이 뜻을 거듭 널리 펴시기 위해 게송으로 말씀하셨다.

    모든 지위의 포섭함과
    표상작용〔想〕[251]과 다스릴 바와

뛰어남과 태어남과 서원 및 모든 배움과
부처님의 말씀인 이 대승에 의지하여
이것을 잘 닦아서 큰 깨달음을 이루시오.

모든 법의 갖가지 성품을 널리 말하고
또한 모두가 동일한 이치라고 말함은
이른바 하열한 교법 혹은 뛰어난 교법에 대해서이니
그러므로 나는 교법에 다른 성품이 없다고 말하오.

말 그대로의 뜻에 대해서 망령되게 분별하여
혹은 더함과 혹은 덜함이 있나니
이 두 가지가 서로 다르다고 말하면서
어리석게 이해해서 다투는도다.

그때 관자재보살이 다시 부처님께 여쭈었다.
"세존이시여, 이 해심밀법문 가운데서, 이것을 무슨 가르침이라 부르며 저희는 마땅히 어떻게 받들어 지니오리까?"
부처님께서 관자재보살에게 말씀하셨다.
"선남자여, 이것을 '모든 지위의 바라밀다의 요의의 가르침'이라고 부르고, 이 모든 지위의 바라밀다의 요의의 가르침에 대해서 그대들은 마땅히 받들어 지니시오."

 이 모든 지위의 바라밀다의 요의의 가르침을 말씀하실 때에, 큰 법회 가운데 칠만 오천의 보살이 있었는데 모두 보살의 대승광명삼매를 얻었다.

# 제8. 여래성소작사품
### (如來成所作事品)

## 불신의 원만한 공덕과 교화사업

그때 만수실리(曼殊室利)²⁵²⁾보살마하살이 부처님께 여쭈었다.²⁵³⁾

"세존이시여, 부처님께서 말씀하셨듯이 여래의 법신이 있는데, 여래의 법신은 어떤 양상이 있습니까?"

부처님께서 만수실리보살에게 말씀하셨다.

"선남자여, 만약 모든 지위(地)의 바라밀다에 있어서 벗어남을 잘 닦고 전의(轉依)를 원만히 성취하면, 이것을 여래의 법신의 양상이라고 이름하오. 마땅히 알지니, 이 양상은 두 가지 인연 때문에 불가사의하고, 희론이 없기 때문이며, 짓는 바가 없기 때문이오. 그런데 모든 중생은 희론에 헤아리고 집착하며, 짓는 바가 있기 때문이오."

"세존이시여, 성문과 독각이 얻는 전의를 법신이라고 이름합니까? 이름하지 않습니까?"

"선남자여, 법신이라고 이름하지 않습니다."

"세존이시여, 마땅히 무슨 몸이라고 이름해야 합니까?"

"선남자여, 해탈신이라고 이름하오. 해탈신에 의거함으로써 모든 성문·독각과 모든 여래가 평등평등하다고 말하오. 법신에 의거함으로써 차별이 있다고 말하오. 여래의 법신과 차별이 있기 때문에, 한량없는 공덕과 가장 뛰어난 차이는 산수(算數)와 비유로 미칠 수 없소."

만수실리보살이 다시 부처님께 여쭈었다.

"세존이시여, 저희들이 장차 여래께서 일으키신 모습을 어떻게 알아야 합니까?"

부처님께서 만수실리보살에게 말씀하셨다.

"선남자여, 모든 여래의 화신이 하는 일은, 세계가 (중생들의 갖가지 업에 의해) 일어나는 것처럼, 모든 종류가 여래의 많은 공덕들로 장엄한 것으로서, 머물러 지니는 것을 양상으로 삼소. 마땅히 알지니, 화신의 모습은 생겨남이 있고, 법신의 모습은 생겨나는 일이 없소."

만수실리보살이 다시 부처님께 여쭈었다.

"세존이시여, 화신을 나타내보이는 뛰어난 방편을 마

땅히 어떻게 알아야 합니까?"

부처님께서 만수실리보살에게 말씀하셨다.

"선남자여, 널리 모든 삼천대천의 불국토 중에서 혹은 많은 사람들이 추앙하는 매우 훌륭한 왕가나, 혹은 많은 사람들이 추앙하는 큰 복전의 집에 동시에 입태하여 탄생하고, 성장하며 욕락을 수용하고, 출가하여 고행함을 보이고, 고행을 버리고 등정각을 이루오. 이와 같이 순서대로 나타내보이는 것을, 여래의 화신을 나타내보이는 뛰어난 방편이라고 이름하오."

만수실리보살이 다시 부처님께 말씀드렸다.

"모든 여래의 몸에 지니는 말씀의 차이가 무릇 몇 가지가 있어서, 이 말씀에 의거해서 교화받는 유정이 아직 성숙되지 않은 자는 성숙하게 하고, 이미 성숙한 자는 이것을 반연해서 알아야 할 대상으로 삼아서 속히 해탈을 얻게 하나이까?"

부처님께서 만수실리보살에게 말씀하셨다.

"선남자여, 여래의 말에 대략 세 가지가 있으니, 첫째는 계경이고, 둘째는 조복[254]이며, 셋째는 본모(本母)[255]이외다."

"세존이시여, 무엇이 계경이고, 무엇이 조복이며, 무엇이 본모입니까?"

"만수실리여, 만약 이곳에서 내가 섭수하는 일에 의해서 모든 법을 나타내보이면, 이것을 계경이라고 이름하오. 네 가지 일에 의하고, 혹은 아홉 가지 일에 의하며, 혹은 다시 스물아홉 가지 일에 의하는 것을 말하오. 무엇이 네 가지 일인가? 제1은 듣는 일이고, 제2는 귀의하는 일이며, 제3은 수행하는 일이고, 제4는 깨달음의 일이오.

무엇이 아홉 가지 일인가? 제1은 유정을 시설하는 일(五蘊)이고, 제2는 그들이 수용하는 일(十二處)이며, 제3은 그들이 생겨나는 일(십이연기)이다. 제4는 그들이 태어나서 머무는 일(四食)이고, 제5는 그들의 청정과 염오의 일(사성제)이며, 제6은 그들의 차별된 일(十八界)이다. 제7은 널리 설하는 주체에 관한 일(과거 칠불과 불제자)이고, 제8은 널리 설해지는 대상에 관한 일(37菩提分法)이며, 제9는 모인 모든 대중에 관한 일(八部衆)이오.

무엇을 스물아홉 가지 일이라고 이름하는가? (제1은) 잡되고 물든 품류에 의지해서 모든 유위법을 포섭하는 일(오온)이고, (제2는) 그것이 차례대로 따라서 유전하는 일(緣生)이오. (제3은) 곧 이것에 대해서 보특가라의 생각을 짓고 다음 세상에 유전의 원인이 되는 일(人執)이고, (제4는) 법의 생각을 짓고 다음 세상에 유전하는 원인의 일(法執)이오. (제5는) 청정한 품류에 의지해서 생각을 인식대상256)에 매어 두는 일(聞慧)이고, (제6은) 곧 이것에 대해서 부지런히 정진하는 일(思慧)이오. (제

7은) 마음이 편안히 머무는 일(未至定)이고, (제8은) 현전의 법에 즐겁게 머무는 일(근본정)이고, (제9는) 모든 괴로움을 초월한 것(열반)을 반연하는 방편의 일(순해탈분)이오. (제10은) 그가 두루 아는 일인데, 이것에 다시 세 가지가 있소. 전도됨을 두루 아는 의지처이기 때문이고, 유정의 생각에 의해 밖으로 유정들의 삿된 행을 두루 아는 의지처이기 때문이며, 안으로 증상만을 떠난 것을 두루 아는 의지처이기 때문이오. (제11은) 수행의 의지처의 일[257]이고, (제12는) 증득하는 일[258]이며, (제13은) 닦아 익히는 일[259]이고, (제14는) 그것[260]으로 하여금 견고하게 하는 일이오. (제15는) 그것의 인식작용[261]의 일이고, (제16은) 그것의 인식대상[262]의 일이며, (제17은) 이미 끊은 것과 아직 끊지 않은 것을[263] 잘 관찰하는 일이오. (제18은) 그가 산란한 일[264]이고, (제19는) 그가 산란하지 않은 일[265]이며, (제20은) 산란되지 않은 것의 의지처의 일[266]이오. (제21은) 고생스럽게 가행을 닦아 익히는 일[267]이고, (제22는) 뛰어난 이로움을 닦아 익히는 일[268]이며, (제23은) 그가 견고한 일[269]이오. (제24는) 성스러운 행을 포섭하는 일[270]이고, (제25는) 성스러운 행의 권속을 포섭하는 일[271]이오. (제26은) 진실로 통달하는 일[272]이고, (제27은) 열반을 증득하는 일[273]이오. (제28은) 잘 설해진 법인 계율 중에서 세간의 바른 견해조차 모든 외도들이 얻은 바른 견해의 정수리를 초월하는 일[274]이오. 그리고 (제29는) 이것[275]에 대하여 닦지 않고 물러나는 일이 있소. 잘 설해진 법인 계율 안에서 닦아 익히지 않기 때문에 물러난다고 말하오. 삿된 견해의 과실 때문에 물러난다고 말함이 아니오.

만수실리여, 만약 이곳에 있어서 내가 성문 및 모든 보살에 의지해서 별해탈(別解脫)[276] 및 별해탈에 상응하는 법[277]을 나타내보이면, 이것을 조복이라고 이름하오."

"세존이시여, 보살의 별해탈은 몇 가지 양상에 포섭됩니까?"

"선남자여, 마땅히 알지니, 일곱 가지 양상이 있소. 제1은 계율을 받는 궤칙(軌則)의 일을 널리 말하기 때문이고, 제2는 바라이〔他勝〕[278]에 수순하는 일을 널리 말하기 때문이오. 제3은 계율을 훼손하고 범하는 일에 수순하는 일을 널리 말하기 때문이고, 제4는 (범부가) 계율을 범하는 일이 있는 자성을 널리 말하기 때문이오. 제5는 (성자가) 계율을 범하는 일이 없는 자성을 널리 말하기 때문이고, 제6은 계율을 범한 것을 벗어나는 일[279]을 널리 말하기 때문이며, 제7은 율의를 버리는 것[280]을 널리 말하기 때문이오.

만수실리여, 만약 이곳에 있어서 내가 열한 가지 양상으로써 결택하고 분별해서 모든 법을 나타내보이면, 이것을 본모(本母)라고 이름하오. 무엇을 열한 가지 양상이라고 이름하는가? 제1은 세속의 양상이고, 제2는 승의의 양상이며, 제3은 보리분법의 인식대상의 양상이고, 제4는 그것의 인식작용이오. 제5는 그것의 자성의 양상이고, 제6은 그것의 과보의 양상이며, 제7은 그것이 받아들이고 열어 보이는 양상이고, 제8은 그것의 장애법의 양상이오. 제9는 그것의 수순하는 법의 양상이고, 제10은 그것의 과실의 양상이며, 제11은 그것의 뛰어난 이로움의 양상이오.

세속의 양상이란 마땅히 알지니, 세 가지가 있소. 제1은 보특가라를 널리 말하기 때문이고, 제2는 두루 계탁하여 집착된 것의 자성을 널리 말하기 때문이며, 제3은 모든 법의 작용과 사업[281]을 널리 말하기 때문이오.

승의의 양상이란 마땅히 알지니, 일곱 가지의 진여를 널리 말하기 때문이오. 보리분법의 인식대상의 양상이란 마땅히 알지니, 널리 모든 종류의 알아야 하는 일을 널리 말하기 때문이오.

인식작용이란 마땅히 알지니, 여덟 가지 행관(行觀)을 널리 말하기 때문이오. 무엇을 여덟 가지 행관이라고 이름하는가? 제1은 참다운 진리이기 때문이고, 제2는 편안히 머물기 때문이며, 제3은 과실이기 때문이고, 제4는 공덕이기 때문이오. 제5는 취지이기 때문이고, 제6은 유전이기 때문이며, 제7은 도리이기 때문이고, 제8은 총체적인 것과 개별적인 것이기 때문이오.

참다운 진리란 모든 법의 진여를 말하오. 편안히 머문다는 것은 보특가라를 안립하거나, 혹은 또한 모든 법의 변계소집의 자성을 안립하거나, 혹은 또한 한결같이 분별하고 반문하며 기억해둠을 안립하거나, 혹은 또한 은밀함과 분명히 드러남과의 기별의 차이를 안립하는 것이오. 과실이란 내가 모든 잡염법에 수많은 부문의 차별된 허물이 있다고 널리 설한 것을 말하오. 공덕이란 내가 모든 청정법에 수많은 부문의 차별된 뛰어난 이로움이 있다고 널리 설한 것을 말하오.

취지란 마땅히 알지니, 여섯 가지가 있소. 첫째는 참된 의미의 취지이고, 둘째는 증득의 취지이며, 셋째는 가르치고 인도하는 취지이오. 넷째는 두 가지 극단[282]을 멀리 떠난 취지이고, 다섯째는 불가사의한 취지이며, 여섯째는 의미의 취지이외다. 유전(流轉)이란 이른바 삼세와 세 가지 유위법의 양상[283] 및 네 가지 연(緣)[284]이오.

도리란 마땅히 알지니, 네 가지가 있소.[285] 첫째는 상대적인 것을 관찰하는 도리이고, 둘째는 작용의 도리이며, 셋째는 증명하여 성립되는 도리이고, 넷째는 법이 본래부터 그러한 도리이오.

상대적인 것을 관찰하는 도리란, 이른바 원인이거나 혹은 연(緣)이 능히 모든 행을 생겨나게 하고 또한 따라서 말함을 일으키나니, 이러한 것을 이름하여 상대적인 것을 관찰하는 도리라고 하오. 작용의 도리란 이른바 원인이거나 혹은 연(緣)이 능히 모든 법을 얻거나 혹은 능히 이룩하거나 혹은 다시 생겨나서 모든 업을 짓나니, 이러한 것을 작용의 도리라고 이름하오. 증명하여 성립되는 도리란, 이른바 원인이거나 연이 건립하는 것과 설하는 것과 나타낸 뜻으로 하여금 성립할 수 있게 하고, (對論者로 하여금) 바르게 깨닫게 하나니, 이러한 것을 이름하여 증명하여 성립되는 도리라고 하오. 또한 이 도리에 대략 두 가지가 있으니, 하나는 청정한 것이고 다른 하나는 청정하지 않은 것이오.[286] 다섯 가지 양상에 입각해서 청정한 것이라 말하고, 일곱 가지 양상에 입각해서 청정하지 않은 것이라 말하오.

무엇을 이름하여 다섯 가지 양상에 입각해서 청정하다고 하는가? 첫째는 현전에 보는 것으로 얻는 양상이고, 둘째는 현전에 보는 것에 의지해서 얻는 양상이오. 셋째는 자기 부류로써 비유를 이끄는 것의 양상이고, 넷째는 원성실성의 양상이며, 다섯째는 매우 청정한 가르침의 양상이오.

현전에 보는 것으로 얻는 양상이란, 모든 유위법이 다 무상한 성품이고, 모든 유위법은 다 괴로움의 성품이며, 모든 법은 다 무아의 성품으로서, 이것을 세간에서 현량으로 얻는 것으로 삼소. 이와 같은 것들을 현량으로 얻는 양상이라고 말하오.

현전에 보는 것에 의지해서 얻는 양상이란, 이른바 모든 유위법은 다 찰나의 속성이고,[287] 다른 세상에서 (괴로움이나 즐거움의 과보가) 있어야 하는 속성이며,[288] 청정하고 청정하지 않은 업을 잃어버리는 일이 없는 속성이오.[289] 그 의지의 주체인 두드러진 무상의 속성은 현재 얻을 수 있기 때문이고, 모든 유정의 (괴로움과 즐거움의) 갖가지 차이는 (선과 악의) 갖가지 업에 의지해서 현재 얻을 수 있기 때문이며, 모든 유정의 즐거움이나 괴로움은 청정하거나 청정하지 않은 업을 의지처로 삼는 것을 현재 얻을 수 있는 데 의거하기 때문이오. 이 인연에 의거해서 현전에 보지 못하는 것에 대해서도 비량으로 헤아릴 수 있어야 하고, 이와 같은 것들을 현전에 보는 것에 의지해서 얻는 양상이라고 말하오.

자기 부류로써 비유를 이끄는 것의 양상이란, 내부와 외부의 모든 유위법〔行聚〕 중에서 모든 세간이 공통적으로 아는 바이고 얻는 바의 생사를 이끌어서 (찰나 무상의) 비유로 삼고, 모든 세간이 공통적으로 아는 바이고 얻는 바의 태어남 등의 갖가지 괴로움의 양상을 이끌어서 (行苦의) 비유로 삼으며, 모든 세간이 공통적으로 아는 바이고 얻는 바의 자재하지 못한 양상을 이끌어서 (無我의) 비유로 삼고, 또는 외부적으로 모든 세간이 공통적으로 아는 바이고 얻는 바의 흥성하고 쇠퇴함을 이끌어서 (無常의) 비유로 삼소. 마땅히 알지니, 이와 같은 것들을 자기 부류로써 비유를 이끄는 것의 양상이라고 말하오.

원성실성의 양상이란 곧 이처럼 현전에 보는 것으로 얻는 양상이거나, 혹은 현전에 보는 것에 의지해서 얻는 양상이거나 자기 부류로써 비유를 이끄는 것의 양상이 성립된 것에 있어서 결정적으로 능히 이룩하오. 마땅히 알지니 이것을 원성실성의 양상이라고 말하오.

매우 청정한 가르침의 양상이란, 모든 것을 아는 지혜를 갖춘 분이 널리 설한 바 열반·궁극적인 것·적정한 것으로 이름할만한 것이니, 이러한 것들을 매우 청정한 가르침의 양상으로 부르는 것을 알아야 하오. 선남자여, 이런 까닭에 이 다섯 가지 양상에 의거함으로써 청정한 도리를 잘 관찰한다고 이름하오. 청정함에 의거하기 때문에 마땅히 닦아 익혀야 하오."

만수실리보살이 다시 부처님께 여쭈었다.

"세존이시여, 모든 것을 아는 지혜에는 마땅히 몇 가지가 있는 것으로 알아야 합니까?"

부처님께서 만수실리보살에게 말씀하셨다.

"선남자여, 대략 다섯 가지가 있소. 첫째는 만일 세간에 출현하면, 모든 것을 아는 지혜의 명성이 널리 들리지 않는 곳이 없소. 둘째는 서른두 가지 대장부의 모습을 성취하오. 셋째는 열 가지 힘[290]을 갖추어서 능히 일체 중생의 모든 의혹을 끊어주오. 넷째는 네 가지 두려움이 없음[291]을 갖추어서 바른 법을 널리 설하고, 다른 모든 이론에 굴복되지 않고 능히 모든 삿된 이론을 항복시키오. 다섯째는 잘 설해진 법과 계율 중에서 팔정도와 사문의 네 가지 증과[292] 등을 현재 모두 얻을 수 있소. 이와 같은 출현〔生〕이기 때문이고, (서른두 가지의) 모습이기 때문이며, 의심의 그물을 끊기 때문이고, 다른 것에게 굴복되지 않고 능히 다른 것을 항복시키기 때문이며, 성스러운 도(道)의 사문(의 증과)을 현재 증득하기 때문에, 이러한 다섯 가지를 마땅히 알지니, 모든 것을 아는 지혜의 양상이라고 이름하오. 선남자여, 이와 같이 증명하여 성립되는 도리는, 현량(現量)[293]에 의거하기 때문이고, 비량(比量)[294]에 의거하기 때문이며, 성교량(聖敎量)[295]에 의거하기 때문에, 다섯 가지 양상에 의거해서 청정한 것이라고 이름하오.

무엇을 일곱 가지 양상에 의거해서 청정하지 않은 것으로 이름하는가? 첫째는 이밖의 같은 부류로 얻을 수 있는 양상이고, 둘째는 이밖의 다른 부류로 얻을 수 있는 양상이며, 셋째는 일체의 같은 부류로 얻을 수 있는 양상이오. 넷째는 일체의 다른 부류로 얻을 수 있는 양상이고, 다섯째는 다른 부류의 비유로 얻어지는 양상이며, 여섯째는 원성실상이 아닌 양상이고, 일곱째는 매우 청정한 가르침이 아닌 양상이오.

만일 모든 법이 의식으로써 알아지는 성품이라면, 이

것을 일체의 같은 부류로 얻을 수 있는 양상이라고 이름하오. 만일 모든 법의 양상·성품·업·법·인과가 다른 양상이므로, 이와 같이 하나하나 다른 양상에 따라서 각각의 다른 양상을 결정하고 더욱 더함을 인하면, 이를 일체의 다른 부류로 얻을 수 있는 양상이라고 부르오. 선남자여, 혹은 이밖의 같은 부류로 얻을 수 있는 양상과 비유 가운데서 일체의 다른 부류의 양상이 있으므로, 이 인연으로 인하여 성립된 것에 대해서 결정적이지 않기 때문에 이것을 원성실상이 아닌 양상이라고 이름하오. 또한 이밖의 다른 부류로 얻을 수 있는 양상과 비유 가운데서 일체의 같은 부류의 양상이 있으므로, 이 인연으로 인하여 성립된 것에 대해서 결정적이지 않기 때문에 또한 원성실상이 아닌 양상이라고 이름하오. 원성실상이 아니기 때문에 청정한 도리를 잘 관찰하지 못하고, 청정하지 않기 때문에 응당 닦아 익히지 못하오. 다른 부류의 비유로 이끌어진 양상이거나 매우 청정한 말씀이 아닌 양상은 마땅히 알지니, 체성이 모두 청정하지 않소.

법이 본래부터 그러한 도리란, 여래가 세상에 출현하거나 출현하지 않거나간에 법성에 안주하는 법주(法住)·법계를 말함이니, 이것을 법이 본래부터 그러한 도리라고 이름하오.

총체적인 것과 개별적인 것이란 이른바 먼저 총체적

으로 한 구절의 법을 말하고 나서 다음으로 나갈수록 모든 구절을 구별하고 분별하여 궁극적으로 분명하게 드러내오.

자성의 양상이란 내가 말한 바, 인식작용이 있고 인식대상이 있으며 능히 취하는 모든 보리분법을 말하오. 이른바 사념주 등으로서 이러한 것들을 그것의 자성의 양상이라고 부르오. 그것의 결과의 양상이란 세간이나 출세간의 모든 번뇌의 단멸 및 이끌어내어진 세간과 출세간의 모든 과보의 공덕을 말하오. 이러한 것을 그것의 결과의 양상을 얻는다고 이름하오. 그것을 받아들여서 열어보이는 양상이란, 곧 그것에 대해서 해탈하는 지혜로써 그것을 받아들이고, 또한 다른 이를 위해 널리 펴서 말하고 열어보이나니, 이러한 것을 이름하여 그것을 받아들여서 열어보이는 양상이라고 하오.

그것의 장애되는 법의 양상이란, 곧 보리분법을 수행함에 있어서 능히 따라서 장애되는 모든 잡염법을 말하나니, 이를 그것의 장애되는 법의 양상이라고 하오. 그것의 수순하는 법의 양상이란, 곧 그것에 대해서 많이 지은 법을 말하나니, 이를 그것에 수순하는 법의 양상이라고 하오. 그것의 허물이 되는 양상이란 마땅히 알지니, 곧 그 모든 장애되는 법에 있는 허물을 말하오. 이를 그것의 허물되는 양상이라고 하오. 그것의 뛰어난 이로움의 양상이란 마땅히 알지니, 곧 그것의 모든 수순되는 법에 있는 공덕을 말하나니, 이를 그것의 뛰어난 이로움이라고 하오."

만수실리보살이 다시 부처님께 여쭈었다.

"오직 원컨대 세존이시여, 모든 보살을 위해서 계경·조복·본모로서, 외도에 공통되지 않는 다라니〔不共陀羅尼〕의 뜻을 간략히 말씀하시고, 이 불공다라니의 뜻에 입각해서 모든 보살로 하여금 여래가 말씀하신 모든 법의 매우 심오하고 비밀한 뜻에 들어갈 수 있게 하소서."

부처님께서 만수실리보살에게 말씀하셨다.

"선남자여, 그대는 지금 자세히 들으시오. 내가 마땅히 그대들을 위해서 불공다라니의 뜻을 간략히 말하고, 모든 보살로 하여금 내가 말한 비밀한 뜻의 말에 대해서 능히 잘 깨달아 들어갈 수 있게 하리다. 선남자여, 나는 잡염법에 있어서나 청정법에 있어서나 일체가 다 작용이 없으며, 또한 모두 보특가라가 있지 않다고 말하오. 모든 종류가 되어지는 바를 여의었기 때문에, 잡염법이 먼저는 오염되었다가 나중에 청정해지는 것이 아니며, 청정법이 먼저는 청정하다가 나중에 오염되는 것이 아니오.

범부들은 유루종자의 자체에 있어서 모든 법과 보특가라의 자성과 차별에 집착하여, 수면과 망령된 소견으로 연(緣)을 삼기 때문에 '나'와 '나의 소유'라고 헤아리오. 이 망령된 소견으로 인하여 '나는 본다' '나는 듣는다' '나는 냄새맡는다' '나는 맛본다' '나는 접촉한다' '나는 안다' '나는 먹는다' '나는 일한다' '나는 물들었다' '나는 청정하다'라고 말하나니, 이와 같은 부류가 삿된 가행에서 전전하오. 만약 진리 그대로 안다면 이러한 자는 문득 능히 장애의 종자를 영원히 끊고 모든 번뇌에 머물지 않는 매우 지극하고 청정한, 모든 희론을 여읜 무위법의 의지처를 획득하여 가행이 없소. 선남자여, 마땅히 알지니 이것을 이름하여 불공다라니의 뜻을 대략 말한다고 하오."

그때 세존께서 이 뜻을 거듭 널리 펴시기 위해 게송으로 말씀하셨다.

모든 잡염법과 청정법은
모두 작용도 보특가라도 없나니
그러므로 나는 말하노라. 되어지는 바를 여의어서
더러움과 청정함은 앞뒤가 없다고.

유루종자에 대해서 수면과 (망령된) 소견으로
연(緣)을 삼아서 나와 나의 소유를 헤아리나니
이 까닭에 망령되게 나는 본다 따위와
나는 먹는다, 나는 한다, 나는 물든다,
나는 청정하다고 말하네.

여래성소작사품

만일 진리 그대로 알면 이러한 자는
이에 능히 장애의 종자를 영원히 끊고
물들거나 청정함이 없고 희론이 없는
무위법의 의지처를 얻어서 가행이 없도다.

그때 만수실리보살이 다시 부처님께 여쭈었다.
"세존이시여, 모든 여래의 마음이 일어나는 것을 마땅히 어떻게 알아야 합니까?"
부처님께서 만수실리보살에게 말씀하셨다.
"선남자여, 그 여래는 심의식(心意識)이 일어난 것의 나타난 바가 아니오. 그런데 모든 여래에게는 가행이 없는 심법이 일어나는 일이 있소. 마땅히 알지니, 이 일은 변화와 같소."
만수실리보살이 다시 부처님께 여쭈었다.
"세존이시여, 만일 모든 여래의 법신은 일체의 가행을 멀리 떠나서 이미 가행이 없다면, 어떻게 심법이 일어나는 일이 있습니까?"
부처님께서 만수실리보살에게 말씀하셨다.
"선남자여, 이전에 닦은 방편반야의 가행의 세력으로 인하여 심법이 일어나오. 선남자여, 비유하면 바로 무심히 수면에 들어가서 깨어날 때에, 가행을 짓지 않아도 이전에 지은 가행의 세력에 의해서 다시 깨어나는 것과 같소. 또한 바로 멸진정[296] 속에 있다가 그 선정에서 일어날 때에 가행을 짓지 않아도 이전에 지은 가행의 세력에 의해서 다시 선정으로부터 일어나는 것과 같소. 수면 및 멸진정으로부터[297] 마음이 다시 일어나는 것처럼, 이와 같이 여래는 이전에 닦아 익힌 방편반야의 가행의 세력에 의거함으로써 또한 심법이 일어나는 일이 있음을 마땅히 알아야 하오."

만수실리보살이 다시 부처님께 여쭈었다.

"세존이시여, 여래의 화신은 마땅히 마음이 있다고 말해야 합니까? 없다고 말해야 합니까?"

부처님께서 만수실리보살에게 말씀하셨다.

"선남자여, 이것은 마음이 있는 것도 아니고, 또한 마음이 없는 것도 아니오. 무슨 까닭인가? 스스로 의지하는 마음[298]이 없기 때문이고, 다른 이에게 의지하는 마음[299]이 있기 때문이오."

만수실리보살이 다시 부처님께 여쭈었다.[300]

"세존이시여, 여래께서 행하시는 것과 여래의 경계의 이 두 가지는 어떤 차별이 있습니까?"

부처님께서 만수실리보살에게 말씀하셨다.

"선남자여, 여래가 행하는 것이란, 모든 여래에게 공통적으로 있는 불가사의한 수많은 공덕들로 장엄된 모든 종류의 청정한 불국토를 말하오. 여래의 경계란 모든 종류에 다섯 세계의 차별이 있나니, 무엇이 다섯 가지인가? 첫째는 유정의 경계이고, 둘째는 세계이며, 셋째는 법계이고, 넷째는 조복의 경계[301]이며, 다섯째는 조복하는 방편의 경계이오. 이와 같은 것을 두 가지 차별이라고 이름하오."

만수실리보살이 다시 부처님께 여쭈었다.

"세존이시여, 여래께서 최고의 바른 깨달음을 이루고, 올바른 법륜을 굴리며 열반에 드시는, 이와 같은 세 가지는 마땅히 어떠한 양상으로 알아야 합니까?"

부처님께서 만수실리보살에게 말씀하셨다.

"선남자여, 마땅히 알지니 이 세 가지는 모두 두 가지 양상이 없소. 이른바 최고의 바른 깨달음을 이루는 것이 아니고, 최고의 바른 깨달음을 이루지 않음도 아니오. 올바른 법륜을 굴리는 것이 아니고, 올바른 법륜을 굴리지 않음도 아니오. 대열반에 들어가는 것이 아니고, 대열반에 들어가지 않음도 아니오. 무슨 까닭인가? 여래의 법신은 궁극적인 것에 이르러서 청정하기 때문이고, 여래의 화신은 항상 나타내보이기 때문이오."

만수실리보살이 다시 부처님께 여쭈었다.

"세존이시여, 모든 유정의 무리는 다만 화신에 대해서만 보고 듣고 받들어 지녀서 모든 공덕을 일으킵니다. 여래(의 법신과 수용신)는 그들에 대해서 어떤 인연이 있습니까?"

부처님께서 만수실리보살에게 말씀하셨다.

"선남자여, 여래(의 법신과 수용신)는 그것(화신)의 증상연302)과 인식대상의 인연이 되기 때문이고, 또한 그 화신은 여래의 힘에 머무르기 때문이오."

만수실리보살이 다시 부처님께 여쭈었다.

"세존이시여, 똑같이 가행이 없다면, 무슨 인연때문에 여래의 법신은 모든 유정을 위해서 큰 지혜의 광명을 내고 수많은 화신의 그림자를 일으키는데, 성문과 독각의 해탈신에는 이와 같은 일이 없습니까?"

부처님께서 만수실리보살에게 말씀하셨다.

"선남자여, 비유하면 똑같이 가행이 없더라도 해·달의 물과 불의 두 가지 수정(水精)에서는 큰 광명을 내고, 나머지 물과 불의 수정(水晶)에서는 그렇지 않은 것과 같소. 큰 위덕이 유정에게 머무르기 때문이고, 모든 유정의 업의 증상력 때문에 그러하오. 또한 저 솜씨좋은 장인(匠人)이 조각한 마니보주에서는 도장과 문체의 모습을 내지만, 나머지 조각하지 않은 것에서는 내지 않는 것과 같소. 이처럼 수많은 법계를 반연하는 방편 반야로 매우 잘 닦아 익히고 갈고 빛내며 모은 여래의 법신은 이로부터 큰 지혜의 광명을 내고 갖가지 화신의 그림자를 내지만, 다만 그들303)의 해탈신에서는 이러한 일이 없소."

만수실리보살이 다시 부처님께 여쭈었다.304)

"세존이시여, 세존께서 말씀하셨듯이 여래와 보살이 지니는 위덕은, 모든 중생들로 하여금 욕계 중에서 크

여래성소작사품

샤트리야[305] · 바라문 등의 대부호의 집안에 태어나고 신체와 재물이 원만하지 않음이 없고, 혹은 욕계의 하늘이나 색계 · 무색계 등에서 모든 신체와 재물이 원만치 않음이 없습니다. 세존이시여, 이 가운데 어떤 비밀한 뜻이 있습니까?"

부처님께서 만수실리보살에게 말씀하셨다.

"선남자여, 여래와 보살이 지니는 위덕이 (열반에 이르는) 도(道)에 있어서나 (신체 · 언어 · 의지의) 행에 있어서나 모든 처소에서 능히 중생으로 하여금 신체와 재물이 모두 원만함을 얻게 한다는 것은, 곧 상응하는 바에 따라서 그들을 위해서 이 도와 이 행을 널리 말하노니, 만일 능히 이 도와 이 행에 있어서 올바르게 수행하는 자라면 모든 처소에서 얻은 신체와 재물이 원만하지 않음이 없소. 만일 어떤 중생들이 이 도와 이 행에 대해서 어기고 가볍게 여기며, 또한 내가 말한 것에 대해서 해치려는 마음이나 성내는 마음을 일으키면, 목숨이 마치고 나서 모든 처소에서 얻은 신체와 재물이 낮고 열등하지 않음이 없소. 만수실리여, 이 인연에 입각해서 마땅히 알지니, 여래와 모든 보살이 지니는 위덕은 다만 신체와 재물로 하여금 능히 원만하게 하는 것만이 아니오. 여래와 보살이 지니는 위덕은 또한 중생의 신체와 재물로 하여금 낮고 열등하게도 하오."

만수실리보살이 다시 부처님께 여쭈었다.[306]

"세존이시여, 모든 예토 중에서 어떤 일이 얻기 쉽고 어떤 일이 얻기 어렵습니까? 모든 정토 중에서 어떤 일이 얻기 쉽고 어떤 일이 얻기 어렵습니까?"

부처님께서 만수실리보살에게 말씀하셨다.

"선남자여, 모든 예토 중에서 여덟 가지 일은 얻기 쉽고 두 가지 일은 얻기 어렵소. 무엇을 이름하여 여덟 가지를 얻기 쉽다고 하는가? 첫째는 외도이고, 둘째는 괴로움이 있는 중생이며, 셋째는 종성과 가세(家世)의 흥성하고 쇠퇴함의 차이이고, 넷째는 모든 악행을 짓는 것이오. 다섯째는 계율을 범하는 일이고, 여섯째는 살기 괴로운 세계이며, 일곱째는 열등한 교법이고, 여덟째는 열등한 의욕으로 가행하는 보살이오.

무엇을 이름하여 두 가지 일을 얻기 어렵다고 하는가? 첫째는 매우 높은 의욕으로 가행하는 보살이 즐겁게 모은 것이고, 둘째는 여래가 세상에 출현하는 일이오. 만수실리여, 모든 정토에서는 이상에서 말한 것과 반대되오. 마땅히 알지니, 여덟 가지는 얻기 어렵고 두 가지는 얻기 쉽소."

그때 만수실리보살이 부처님께 여쭈었다.

"세존이시여, 이 해심밀의법문 가운데 이것을 무슨 가르침이라고 이름하며, 우리는 마땅히 어떻게 받들어 지녀야 합니까?"

부처님께서 만수실리보살에게 말씀하셨다.

"선남자여, 이것은 여래가 해야 할 사업을 원만히 성취함에 관한 요의의 가르침[如來成所作事了義敎]이라고 이름하오. 여래가 해야 할 사업을 원만히 성취함에 관한 이 요의의 가르침에 대해서 그대들은 마땅히 받들어 지녀야 하오."

여래가 해야 할 사업을 원만히 성취함에 관한 이 요의의 가르침을 말씀하셨을 때에 대중 가운데 칠만 오천의 보살마하살들이 모두 원만한 법신의 깨달음을 증득하였다.

해심밀경
# 역주와 해설

# 해심밀경 역주

1) 모든 경전은 서두에 그 경전이 설해진 때의 장소와 청중 등을 기록하며, 이것을 육성취(六成就 : 信・聞・時・主・處・衆)라고 한다. 해심밀경에서는 '이와 같이〔如是〕'가 신성취이고, '내가 들었다〔我聞〕'가 문성취이며, '한때〔一時〕'가 시성취이다. '박가범'이 주성취이고, 18가지 원만함을 갖춘 화장세계가 처성취이며, 13가지 덕을 갖춘 대성문승과 10가지 공덕을 갖춘 만수실리보살 등 대보살중이 중성취이다.

2) 박가범(薄伽梵) : 산스크리트 Bhagavat의 음역. 바가바(婆伽婆)・바가범(婆伽梵)이라고도 하며, 세존・중우(衆祐)로 번역한다. 박가범에는 유덕(有德)・자재・치성(熾盛)・단엄(端嚴)・명칭・길상・존귀 등 여러 가지 뜻이 있기 때문에 일반적으로 의역(意譯)하지 않는다.
   * 오종불번(五種不飜)의 하나이다.

3) 이하 박가범께서 삼매 속에서 현현한 정토의 광경을 18가지 측면에서 서술한다. 정토의 18가지 원만상은 석존께서 과거 보살로서 오랜 세월동안 이타행을 펼치신 선근에 의해 이루어진 보토(報土)이고, 번뇌의 속박에서 벗어난 대원경지(大圓鏡智) 상응의 청정 무구식(無垢識)에 의해 변현된 양상이다. 18원만은 다음과 같다(용어는 圓測의 解深密經疏를 인용한다). ①현색원만(顯色圓滿) ②형색원만(形色圓滿) ③분량원만(分量圓滿) ④방처원만(方處圓滿) ⑤인원만(因圓滿) ⑥과원만(果圓滿) ⑦주원만(主圓滿) ⑧보익원만(輔翼圓滿) ⑨권속원만(眷屬圓滿) ⑩주지원만(住持圓滿) ⑪사업원만(事業圓滿) ⑫섭익원만(攝益圓滿) ⑬무외원만(無畏圓滿) ⑭주소원만(住所圓滿) ⑮노원만(路

圓滿) ⑯업원만(業圓滿) ⑰문원만(門圓滿) ⑱의지원만(依持圓滿)

　＊이상의 18원만 가운데 앞의 17가지는 제18원만의 별상(別相)이다.

4) 욕계·색계·무색계의 삼계는 미혹의 업으로 초감(招感)된 유루(有漏)의 과보이고, 정토는 이러한 경계를 초월한 곳이다.

5) 이 정토는 번뇌가 없고 매우 청정한 대원경지(大圓鏡智)의 식위에 나타난 체상(體相)이다.

6) 호법신장(護法神將)인 팔부중의 명칭이다. 일반적으로 야차(夜叉, yakṣa)·건달바(乾闥婆, gandharva)·아수라(阿修羅, asura)·가루라(迦樓羅, garuḍa)·긴나라(緊那羅, kiṁnara). 마후라가(摩睺羅伽, mahoraga)라는 음역어(音譯語)가 많이 사용된다.

7) 사람인 듯 아닌 듯한 존재〔人非人〕: 사람도 축생도 귀신도 아닌 존재이다. 인비인(人非人)에는 ①긴나라의 별명 ②천룡팔부중과 그 종속자의 총칭 ③사람과 사람아닌 이를 일컫는다. 그런데 《법화경》 등 일반적으로 대승경전 서두에서 법회대중 가운데 천·용 등 팔부중에 이어져 나오는 인비인의 경우는 팔부중과 그 종속자의 총칭이다. 그들은 원래 사람이 아니지만 법회 석상에서 원래의 모습대로 나타나면 법회에 모인 사람들이 놀랄 것이므로 사람모습을 취하고 있기 때문에 그렇게 부른다.

8) 번뇌마·온마(蘊魔)·사마(死魔)·천마(天魔) 등 네 가지 마군〔四魔〕을 말한다. 번뇌마는 탐욕을 비롯한 갖가지 번뇌가 심신을 어지럽게 하여 수행을 장애함을 말한다. 온마는 존재의 구성요소인 오온(五蘊)이 갖가지 고통을 일으키기 때문이며, 음마(陰魔)라고도 한다. 사마는 죽음이 생명을 빼앗고 중생들이 매우 두려워 하는 일이므로 그렇게 부른다. 천마는 욕계의 제6천 타화자재천왕이 수행 성도를 방해하기 때문이다.

9) 크게 기억하고 판별하며 수행함〔大念慧行〕: 크게 기억함〔大念, 聞慧〕·크게 판별함〔大慧, 思慧〕·크게 수행함〔大行, 修慧〕으로서, 대승을 반연하기 때문에 큰 것이라고 표현한다. 곧 문혜(聞

慧)·사혜(思慧)·수혜(修慧)의 세 가지 지혜〔三慧〕를 가리킨다. 문혜는 보고 들어서 이루는 지혜이고, 수혜는 진리를 관찰하고 사유해서 얻는 지혜이며, 수혜는 선정 수행을 통해서 이루는 지혜이다.

10) 해탈에 들어가는 문이 되는 세 가지 선정〔三解脫門: 空解脫門·無相解脫門·無願解脫門〕이다. 공해탈문은 사람과 법의 본성이 공한 것을 관조하는 것이고, 무상해탈문은 차별상을 떠나는 것이며, 무원해탈문은 원하는 생각을 버리는 것이다.

11) 대보화왕중(大寶華王衆): 대(大)는 뛰어남〔勝〕의 뜻이고, 보배꽃 중의 왕〔寶華王〕은 붉은 연꽃을 가리키며, 중(衆)은 그 연꽃잎이 많음을 가리킨다. 즉 ①깨달음의 경지·원각(圓覺)·진여·원성실성의 뛰어나고 미묘한 공덕 ②그러한 경지는 연꽃과 같은 보살수행으로 이룬 것임을 상징한다.

12) 이 경의 설주(說主)인 여래의 경계가 어떠한가에 대해서 총덕(總德:最淸淨覺)을 말하고 이하 21가지 별덕(別德)을 들어서 그 원만함을 나타낸다. 그리하여 이 경의 설주가 21가지 공덕을 성취한 수용신으로서, 18원만의 정토인 타수용토(他受用土) 출현의 타수용 보신여래임을 강조한다. 21가지 별덕은 다음과 같다. ①불이현행(不二現行) ②취무상법(趣無相法) ③주어불주(住於佛住) ④체득일체불평등성(逮得一切佛平等性) ⑤도무장처(到無障處) ⑥불가전법(不可轉法) ⑦소행무애(所行無碍) ⑧기소안립불가사의(其所安立不可思議) ⑨유어삼세평등법성(遊於三世平等法性) ⑩기신유포일체세계(其身流布一切世界) ⑪어일체법지무의체(於一切法智無疑滯) ⑫어일체행성취대각(於一切行成就大覺) ⑬어제법지무유의혹(於諸法智無有疑惑) ⑭범소현신불가분별(凡所現身不可分別) ⑮일체보살정소구지(一切菩薩正所求智) ⑯득불무이주승피안(得佛無二住勝彼岸) ⑰불상간잡여래해탈묘지구경(不相間雜如來解脫妙智究竟) ⑱증무중변불지평등(證無中邊佛地平等) ⑲극어법계(極於法界) ⑳진허공성(盡虛空性) ㉑궁미래제(窮未來際)

13) 번뇌장(煩惱障)과 소지장(所知障)을 말한다. 번뇌장은 중생의

몸과 마음을 교란시켜서 열반에 이르는 것을 방해하는 모든 번뇌로 인한 장애이다. 소지장은 알아야 할 모든 대상을 덮어서 바른 지혜가 생기는 것을 방해하는 번뇌로 인한 장애이다. 번뇌장은 아집을 근본으로 하고 열반을 장애한다. 소지장은 법집을 근본으로 하고 보리(菩提)를 장애한다.

14) 삼세(三世)의 일을 모두 잘 아는 것을 말한다.
15) 모든 중생의 근기에 따라 적절하게 제도함을 말한다.
16) 타수용신과 변화신을 가리킨다. 타수용신(他受用身)은 십지의 보살들을 위해 법을 설하여 법락을 수용시키는 부처님이다. 변화신은 이승(二乘)과 범부를 교화하기 위해 성소작지(成所作智)의 힘으로 화현한 불신이다.
17) 미래 영겁이 다하도록 중생구제의 이타활동을 하는 덕을 갖춘 것을 말한다.
18) 이하 법회에 모인 성문중(聲聞衆)이 갖춘 13가지 덕이 열거된다. 13가지 덕은 다음과 같다. ①심선조순덕(心善調順德) ②소융불종덕(紹隆佛種德) ③심혜해탈덕(心慧解脫德) ④계선청정덕(戒善淸淨德) ⑤구법락덕(求法樂德) ⑥문지적집덕(聞持積集德) ⑦삼업수지덕(三業隨智德) ⑧제혜차별덕(諸慧差別德) ⑨구족삼명덕(具足三明德) ⑩현법낙주덕(現法樂住德) ⑪승정복전덕(勝淨福田德) ⑫위의적정덕(威儀寂靜德) ⑬인욕유화덕(忍辱柔和德)
19) 해탈은 번뇌와 괴로움의 결박이나 장애에서 벗어난 해방·자유 등을 의미한다. 이에 지혜의 해탈(慧解脫)과 마음의 해탈(心解脫)이 있다. 전자는 지적(知的)으로 해탈하는 것, 즉 오온이나 십이연기에 실체가 없는 공(空)임을 관함으로써 지적으로 해탈하는 것이다. 그런데 이것만으로 탐욕·성냄·어리석음 등 마음의 근본적인 번뇌가 완전히 소멸되지는 않는다. 바른 선정을 통해서 비로소 마음 속의 번뇌를 완전히 소멸한 것이 마음의 해탈이다.
20) 신체로 짓는 업[身業]·말로 짓는 업[口業]·생각으로 짓는 업[意業]이 모두 잘 상응함을 말한다.

21) 큰 지혜(大慧)는 오랫동안 일관되게 닦아 익히는 지혜이다.
22) 광대한 지혜(廣慧)는 행해야 할 경계가 끝이 없음을 아는 지혜이다.
23) 견줄 이 없는 지혜(無等慧)란 성문으로서는 견줄 이 없는 지혜의 의미이다.
24) 삼명(三明) : 불보살과 아라한이 얻는 세 가지 신통(천안통·숙명통·누진통)을 말한다. 지혜의 광명으로 어리석음의 어두움을 깨뜨리기 때문에 명(明)이라고 한다. 천안명 또는 천안통은 미래 중생의 생사의 양상을 밝게 하는 지혜이고, 숙명명 또는 숙명통은 자신과 타인의 과거세의 양상을 밝게 아는 지혜이다. 누진명 또는 누진통은 진리를 밝게 깨달아서 모든 번뇌를 단멸하는 지혜를 말한다.
25) 첫째인 현재 법의 즐거움에 안주하는 선정(第一現法樂住) :《유식요의등(唯識了義燈)》권5에 선정의 일곱 가지 다른 명칭(等引·等持·等至·禪那 또는 靜慮·心一境性·止·現法樂住)을 들고 있다. 이 가운데 현법낙주(現法樂住)는 현재세에서 현전법의 즐거움에 안주하여 선정의 기쁨(悅樂)이 심신에 가득찬 상태이다. 이것은 색계의 사근본정(四根本定)에 한정된다.
26) 이하 법회에 모인 보살중(菩薩衆)의 10가지 큰 공덕(十大)을 열거한다. 십대는 다음과 같다. ①석정진대(釋精進大) ②찬기인대(讚其因大) ③석소연대(釋所緣大) ④명시대(明時大) ⑤현무염대(顯無染大) ⑥변작의대(辨作意大) ⑦주지대(住持大) ⑧청정대(淸淨大) ⑨증득대(證得大) ⑩석기업대(釋其業大)
27) 다섯 가지 욕락의 경계로서 재물욕·음식욕·성욕·수면욕·명예욕이다.
28) 자리(自利)만을 생각하는 마음자세를 가리킨다.
29) 다섯 가지 두려움(五怖畏) : 불활외(不活畏)는 자신의 생활이 어려워질까 불안하여 보시를 많이 하지 못하는 것이다. 악명외(惡名畏)는 명예를 잃을까 두려워해서 화광동진(和光同塵)하지 못하는 것이다. 사외(死畏)는 죽음을 두려워하여 몸과 마음을 다바쳐 보살행을 하지 못하는 것이다. 악취외(惡趣畏)는 행여

지옥·아귀·축생의 악취에 떨어질까 두려워해서 악법을 다스리지 못하는 것이다. 대중위덕외(大衆威德畏)는 대중이나 위덕이 있는 사람을 두려워해서 그 앞에서 사자후를 말할 수 없는 것이다.

30) 십지 중에서 제8 부동지(不動地) 이상이다. 번뇌에 의해 결코 동요되지 않는다.

31) 이하 승의제(勝義諦)의 양상이 유위법이니 무위법이니 하는 두 가지 차별된 모습이 아니며, 모든 언어를 초월한 것임을 밝힌다.

32) 가장 뛰어나신 분의 제자[最勝子] : 가장 뛰어나신 부처님의 제자라는 뜻이다. 불자(佛子)와 같은 의미로 쓰인다.

33) 유위법(有爲法, saṃskṛta) : 인연법에 의해 형성되고 변화하는 현상적 존재를 말한다. 오온(五蘊), 색법(色法)·심왕법(心王法)·심소법(心所法)·불상응행법(不相應行法)이다. 유위법은 생겨나고[生]·머물고[住]·달라지고[異]·소멸[滅]하므로 무상하고 괴로우며 무아(無我)인 속성을 띤다.

34) 무위법(無爲法, asaṃskṛta) : 인연에 의해 만들어지지 않으며, 생멸변화가 없는 상주절대의 법을 말한다. 유가유식학파에서는 무위법의 종류로서 허공·택멸(擇滅)·비택멸(非擇滅)·부동(不動)·상수멸(想受滅)·진여의 여섯 가지를 든다. 그런데 이 여섯 가지 무위법은 개별적으로 존재하는 것이 아니라, 하나의 진여법성에 대해서 설명하는 방법에 따라 가설적으로 그렇게 이름붙인 데 지나지 않는다. 예를 들면 진여가 장애가 없음을 허공에 비유해서 허공무위라고 하는 것 등이다.

35) 여기서 재주좋은 요술쟁이는 정신작용의 주체인 팔식(八識)의 심왕(心王)을 비유한 것이다. 그의 제자라 함은 심왕에 수반되는 심리작용인 심소(心所)를 가리킨다.

36) 네거리[四衢道] : 여기서는 사식주(四識珠 : 色識住·受識住·想識住·行識住)를 비유한 것이다. 오온(五蘊) 중에서 색·수·상·행온의 네 가지는 식(識)이 그것에 집착해서 머물기 때문에 그렇게 부른다.

37) 범부(異生) : 이생(異生)은 범부의 다른 명칭이다. 범부들은 선업이나 악업을 지어서 하늘이나 인간 등 살기 좋은 세계(善趣)에 나거나 지옥·아귀·축생 등 고통의 세계(惡趣)에 태어난다. 이처럼 태어나는 곳이 여러 가지로 다르기 때문에 이생(異生)이라고 부른다.

38) 불교에서는 사람의 성질(性類)을 다음과 같은 세 부류로 나눈다(三定聚). ①정정취(正定聚)는 바르고 착해서 결정코 성불할 부류이다 ②사정취(邪定聚)는 성불할 만한 소질이 없어서 더욱 타락해가는 부류이다 ③부정취(不定聚)는 연(緣)이 있으면 성불할 수 있고 연이 없으면 미혹할 부류이다. 본문에서는 ②③을 가리킨다.

39) 이하 승의제의 양상이 사려분별이 작용하는 경계로부터 멀리 초월한 것임을 밝힌다.

40) 긍가사(殑伽沙)는 일반적으로 항하사(恒河沙)라고 부른다. 항하(Gaṅgā-nadī, 갠지즈강)의 모래처럼 많은 수량을 말한다.

41) 승의제(勝義諦) : 승의(勝義, paramārtha)는 '최고의 대상·사물'이란 뜻으로서 반야 지혜의 대상, 즉 진여이다. 제(諦, satya)는 변함없는 진리라는 뜻이다. 승의제는 진제(眞諦)·제일의제(第一義諦)라고도 한다. 승의제는 출세간적 진리, 진여법성의 세계에 관한 진리이다.

42) 밀석밀(蜜石蜜) : 감자즙을 끓여 발효시켜서 고체로 만든 것이다.

43) 살가야(薩迦耶, satkāya) : 유신(有身)·이전신(移轉身)으로 번역한다. 우리의 신체는 여러 가지 인연이 화합하여 임시로 존재하는 것으로서, 실유(實有)도 아니고 그렇다고 전혀 허위(虛僞)도 아니므로 그렇게 부른다.

44) 무여열반(無餘涅槃)을 가리킨다. 이것은 무여의열반(無餘依涅槃)의 준말로서, 여기서 의(依)는 신체를 의미한다. 모든 번뇌를 단멸시켜서 미래 생사의 원인을 소멸시킨 자가 신체만이 남아 있는 것을 유여열반(有餘涅槃)이라 하고, 그 신체마저 없게 된 상태를 무여열반이라고 부른다. 무여열반은 신체 등의 제약

에서 완전히 벗어난 상태로서, 고뇌가 없이 영원히 평안함만이 있는 열반이다.
45) 북구로주(北拘盧洲)는 수미산의 북쪽에 있는 지방이다. 이곳에 사는 이의 수명은 천세(千歲)이고 옷과 음식물이 자연히 갖추어지므로 내것이라는 생각이 없다고 한다.
46) 북구로주에서는 자신의 주변인물이나 물건에 대해서 나의 소유라는 생각[我所見]을 일으킨다거나 그것에 집착해서 자신에게 묶어두려고 하지 않는다.
47) 이하 본체계[理]와 현상계[事]의 관계에 대해 말한다. 승의제의 양상이, 진여의 본체[理]와 유위법의 현상계[事]가 하나 또는 별개의 것[一異]이라는 집착에서 멀리 초월한 것임을 밝힌다.
48) 승해행지(勝解行地) : 십주(十住＊十信을 포함)·십행(十行)·십회향(十廻向)의 단계를 말한다.
49) 본체계와 현상계의 관계, 즉 승의제의 진여[理]와 유위법의 현상[事]이 같은 것도 아니고 별개의 것도 아닌[不一不異] 관계임을 말한다.
50) 여기서 행(行)은 의식(意識)의 행해분별(行解分別), 즉 판별을 의미한다.
51) 무상방편안은열반(無上方便安隱涅槃)은 네 가지 열반(本來自性清淨涅槃·有餘涅槃·無餘涅槃·無住處涅槃) 가운데 유여열반과 무주처열반을 가리킨다. 이것은 방편도(方便道)로써 증득한 열반이므로 그렇게 부른다.
52) 아뇩다라삼먁삼보리(阿耨多羅三藐三菩提, anuttara-samyak-sambodhi) : 무상정등정각(無上正等正覺)·무상정변지(無上正遍知)·정등각(正等覺) 등으로 번역한다. 부처님의 깨달음은 위없이 높고 바르고 평등·원만·보편적인 것이다. 일반적으로 의역(意譯)하지 않고 음역(音譯)을 사용한다(五種不翻).
53) 형상에 의한 속박[相縛] : 여기서 박(縛)은 번뇌의 다른 명칭이다. 번뇌가 중생의 마음을 속박해서 자재하지 못하게 하므로 그렇게 부른다. 상박(相縛)은 인식대상[所緣]의 상분(相分)이 인식주체[能緣]인 견분(見分)을 속박함을 말한다. 이로써 중생들

은 객관세계의 형상이 환상(幻像)과 같음을 알지 못한다. 즉 인식적인 속박이다.

54) 유루종자에 의한 속박[추重縛] : 추중(麤重)은 추강침중(麤强沈重)의 줄인말로서 ①아뢰야식에 함장되어 있는 유루종자 ②몸과 마음의 부자유성이란 뜻이다. 이런 추중에 의한 속박이 추중박이다. 즉 존재적인 속박이다.

55) 공통적인 양상[共相] : 다른 것과 공통되는 일반적인 양상을 말한다. 이에 대해 그것만의 고유하고 특수한 양상을 자상(自相) 또는 불공상(不共相)이라고 한다. 낱낱의 색법의 공통적인 양상은 무상(無常)·고(苦)·무아(無我) 등이다. 또한 승의제인 진여는 유위법의 진실한 성품으로서 모든 법에 공통되는 보편적인 것이므로 공상이라고 부른다.

56) 흑침향(黑沈香) : 침수향(沈水香)·침향(沈香)이라고도 한다. 향나무의 심[香木心]을 오랫동안 땅에 묻어두어 단단히 굳어지게 한 것으로서, 이것을 물에 넣으면 가라앉는 침향으로 바뀐다고 한다.

57) 가리(訶梨) : khadira 또는 haritaki의 음역이다. 인도에서 나는 과일나무로서 그 과일을 약용으로 쓴다.

58) 두라면(蠹羅綿) : 범어 tūla나무의 꽃으로 만든 면으로서, 부드러운 섬모(纖毛)로 이루어진 세면(細綿)이다.

59) 숙소(熟酥) : 충분히 발효된 타락죽·소나 양의 젖을 가공해서 낙(酪)을 만들고, 이 낙을 발효시켜 생소(生酥)를 만들며, 이 생소를 충분히 발효시켜 숙소를 만든다.

60) 보특가라(補特伽羅, pudgala) : 구역(舊譯)에서는 인(人) 또는 중생으로, 신역에서는 삭취취(數取趣)로 번역된다. 유정이 누누이[數] 오취(五趣 : 지옥·아귀·축생·인간·천상)를 취착(取着)해서 윤회하기 때문에 그렇게 부른다. 유정 또는 유정의 자아를 가리킨다.

61) 유위법[行界] : 행계에서 행(行, saṃskāra)은 천류무상(遷流無常)의 뜻이고, 계(界, dhātu)는 종종차별(種種差別)의 의미이다. 종종차별계의 유위법을 행계라고 한다. 승의제의 진여무위법

(眞如無爲法)은 행계승의(行界勝義)라고 한다.
62) 이하 승의제의 양상이 모든 것에 두루하고 한맛으로 평등한 것임을 밝힌다.
63) 증상만(增上慢) : 아직 진리를 증득하지 못했으면서 자신이 매우 뛰어난(增上) 법을 얻었다고 거만한 마음을 일으키는 것이다.
64) 아련야(阿練若, āraṇya) : 아란야(阿蘭若)라고도 한다. 마을에서 떨어진 고요하고 한가한 장소(空閑靜處)를 말한다. 세속의 번뇌·산란·투쟁 등이 이르지 않는 곳으로서 출가구도자가 머무는 곳이다.
65) 유소득현관(有所得現觀) : 유소득(有所得)은 절대평등의 진리를 깨닫지 못하기 때문에 사물에 집착해서 판단하는 것을 말한다. 이에 반하여 무소득은 유무를 떠난 공(空)의 진리를 체득해서 모든 것에 집착됨이 없다. 유소득현관은 무소득법공(無所得法空)인 승의제를 체득하지 못하고 분별이 있는 형상을 띠고 있는 관(觀)이다.
66) 오온(五蘊) : 모든 유위법을 다섯 가지 요소(色·受·想·行·識蘊)로 분류한 것이다. 색(色)은 물질(신체와 자연계), 수(受)는 감수작용, 상(想)은 표상작용, 행(行)은 짓고 유지하는 작용, 식(識)은 식별작용 또는 식별작용의 주체이다. 유정의 심신(心身)은 이 다섯 가지 요소가 잠정적으로 모여서 이루어진 것(五蘊假和合)으로서 나(我)라고 집착할 실체가 없다.
67) 십이처(十二處) : 일체법을 인간의 인식을 중심으로 열두 가지 요소로 분류한 것이다. 이에 눈(眼)·귀(耳)·코(鼻)·혀(舌)·몸(身)·의지(意)의 여섯 가지 감각기관(六根·六內處)과 형체와 빛깔(色)·소리(聲)·냄새(香)·맛(味)·촉감(觸)·법의 여섯 가지 대상(六境·六外處)이 있다.
68) 십이연기(十二緣起) : 현상계에서 인간이 존재하게 되는 방식을 다음과 같은 열두 단계로 설명한 것이다.
①무명(無明, avidyā)은 진리에 대한 무지이다. 실재가 아닌 것, 실재성이 없는 것을 자기의 실체로 착각하는 망상이다.

②행(行, saṃskāra)은 무명에 의해 집착된 대상을 실재화하려는 형성작용이다.
③식(識, vijñāna)은 정신작용의 주체이다.
④명색(名色, nāma-rūpa)은 정신적인 것[名]과 물질적인 것[色]이 결합된 상태이다.
⑤육처(六處, saḍ-āyatana)는 눈·귀·코·혀·몸·의지를 가리킨다.
⑥촉(觸, samsparśa)은 육근(六根)과 육경(六境)과 육식(六識)이 화합된 상태이다.
⑦수(受, vedanā)는 감수작용이다.
⑧애(愛, tṛṣṇā)는 갈애(渇愛)이다.
⑨취(取, upādāna)는 갈애의 대상에 대한 집착이다.
⑩유(有, bhāva)는 생사하는 존재 자체의 형성이다. 욕계·색계·무색계의 세 가지 존재형태이다.
⑪생(生, jāti)은 태어남·생겨남·일어남·삶을 의미한다.
⑫노사우비뇌고(老死憂悲惱苦)는 삶에 따르는 늙음·죽음·근심·슬픔·번민 등의 괴로움을 말한다.

69) 사식(四食) : 유정의 신명(身命)을 유지시키는 다음과 같은 네 가지 음식작용물을 말한다. ①단식(段食, 團食)은 밥이나 나물 등처럼 형체가 있는 음식으로서, 이것을 쪼개고 으깨서[分分段段] 먹어 능히 신명을 무너지지 않게 한다. ②촉식(觸食)에서 촉(觸)은 육식(六識)에 상응하는 심소(心所)이다. 사랑할 만한 대상에 접촉할 때 희락의 쾌감을 일으켜 신체를 이롭게 하기 때문에 능히 음식작용물의 뜻이 있게 된다. ③의사식(意思食 또는 思食)에서 의사(意思)는 의식에 상응하는 사(思)의 심소이며, 이 심소가 욕구[欲]의 심소를 동반해서 사랑할 만한 대상을 희구해서 심신을 자양(滋養)하기 때문이다. ④식식(識食)은 앞의 세 가지 음식작용물의 세력에 의해서 증장할 수 있고, 이 식이 모든 감각기관이나 사대(四大)를 장양(長養)하기 때문에 그렇게 부른다.

70) 사성제(四聖諦) : 네 가지 거룩한 진리이다. 불교의 실천적 원리

를 나타내는 부처님 교설의 대강(大綱)으로서 고(苦)·집(集)·멸(滅)·도(道)이다. ①고성제(苦聖諦)는 현실세계의 괴로움에 관한 진리이다. 이에 대표적으로 생·노·병·사·사랑하는 사람과 헤어짐·미워하는 사람과 만남·구하는 바를 얻지 못함·오취온(五取蘊)으로 구성된 데서 오는 괴로움을 든다. ②집성제(集聖諦)는 괴로움의 원인에 관한 진리이다. 이에 탐욕·성냄·어리석음의 삼독심(三毒心)을 든다. ③멸성제(滅聖諦)는 괴로움이 모두 소멸된 이상세계, 즉 열반(滅)에 관한 진리이다. ④도성제(道聖諦)는 열반에 도달하기 위한 실천 수행방법에 관한 진리이다. 이에 팔정도(八正道), 즉 바른 견해〔正見〕·바른 사유〔正思惟〕·바른 언어생활〔正語〕·바른 신체행동〔正業〕·바른 생계수단〔正命〕·바른 정진〔正精進〕·바른 기억〔正念〕·바른 선정〔正定〕을 든다.

71) 십팔계(十八界) : 계(界, dhātu)는 부류·층(層)·종족이라는 뜻이다. 일체법을 여섯 가지 감각기관〔六根〕, 여섯 가지 인식대상〔六境〕, 여섯 가지 식〔六識〕으로 분류한 것이다.

72) 사념주(四念住) : 37도품(道品) 가운데 첫 번째 수행하는 방법으로서 사념처(四念處)라고도 한다. 신체·감수작용〔受〕·마음·법의 네 가지에 대하여 다음과 같이 사유한다. ①신념주(身念住)는 신체가 부정하다고 관(觀)하는 것이다. ②수념주(受念住)는 감수작용 중에서 즐거운 느낌도 무상의 이치에서 보면 결국은 괴로운 것이라고 관한다. ③심념주(心念住)는 마음이 변화 생멸하는 무상한 것이라고 관한다. ④법념주(法念住)는 법(위의 세 가지를 제외한 모든 법)에 자아인 실체가 없으며, 나의 소유물도 사실은 일정한 소유자가 없다고 무아관을 하는 것이다.

73) 사정단(四正斷) : 네 가지 바른 노력을 하는 것으로서 사정근(四正勤)이라고도 한다. 단(斷)이라고 부르는 이유는 그러한 노력이 태만심과 장애를 끊기 때문이다. ①율의단(律儀斷)은 아직 나타나지 않은 악이 나타나지 않도록 노력하는 것이다. ②단단(斷斷)은 이미 생긴 악을 끊기 위해 노력하는 것이다. ③

수호단(隨護斷)은 아직 나타나지 않은 선을 나타내기 위해 힘쓰는 것이다. ④수단(修斷)은 이미 나타난 선을 중대하도록 노력하는 것이다.

74) 사신족(四神足) : 사여의족(四如意足)이라고도 한다. 뜻하는 대로 자유자재한 신통이 일어나는 네 가지 각족(脚足)이다. 욕(欲)·정진·심(心)·사유(思惟)의 여의족은 각각 서원·노력·심념(心念)·관혜(觀慧)의 힘에 의해 일어난 선정으로서, 이 선정에 의해 여러 가지 신통을 나타낸다.

75) 오근(五根) : 믿음〔信根〕·정진〔進根〕·기억〔念根〕·선정〔定根〕·지혜〔慧根〕의 다섯 가지 무루근(無漏根)이다. 이것들은 번뇌를 억누르고 바른 깨달음의 도에 나아가게 하는 데 뛰어난 작용이 있기 때문에 근(根)이라고 한다.

76) 오력(五力) : 믿음〔信力〕·정진〔進力〕·기억〔念力〕·선정〔定力〕·지혜〔慧力〕의 다섯 가지 힘이다. 이것들은 악을 쳐부수는 힘이 있으므로 역(力)이라고 한다.

77) 칠각지(七覺支) : 칠각분(七覺分)이라고도 한다. 참되고 거짓된 것과 선악을 지혜로써 살펴서 판별하는 일곱 가지를 말한다. ①택법각지(擇法覺支)는 지혜로써 모든 법을 살펴서 선악·참과 거짓을 판별하는 것이다. ②정진각지(精進覺支)는 용맹심으로 삿된 행을 버리고 바른 수도에 전력하여 게으르지 않는 것이다. ③희각지(喜覺支)는 마음에 선법(善法)을 얻어서 기뻐하는 것이다. ④제각지(除覺支)는 잘못된 견해나 번뇌를 끊어버릴 때 참되고 거짓됨을 잘 알아서 선근을 일으키는 것이다. ⑤사각지(捨覺支)는 외부대상에 집착하던 마음을 버릴 때에 거짓된 것을 생각하는 마음을 버리는 것이다. ⑥정각지(定覺支)는 선정에 들어서 번뇌 망상을 일으키지 않는 것이다. ⑦염각지(念覺支)는 항상 잘 생각해서 선정과 지혜가 한결같게 하는 것이다.

78) 팔정도〔八支聖道〕 : 열반을 증득하기 위한 여덟 가지 바른 실천수행법이다. 이것은 욕락과 고행의 극단을 떠난 중도(中道)이고, 올바른 깨달음에 인도하기 위한 가장 합리적인 수행법이다. ①정견(正見)은 바른 견해이다. 불교의 바른 세계관과 인생관

으로서 사성제(四聖諦)·십이연기법(十二緣起法) 등에 관한 바른 이해이다. ②정사유(正思惟)는 바른 사유로서, 행동으로 나타나기 이전의 바른 생각이다. ③정어(正語)는 바른 언어행동이다. ④정업(正業)은 바른 신체적 행위이다. ⑤정명(正命)은 바른 생활, 즉 바른 생계수단이나 일상의 바른 생활규칙을 말한다. ⑥정정진(正精進)은 바르게 노력하는 것이다. ⑦정념(正念)은 바른 기억이다. 무상(無常)·고(苦)·무아(無我) 등의 진리를 항상 잊지않고 기억하는 것이다. ⑧정정(正定)은 바른 선정이다.

79) 이하 심의식(心意識)의 비밀한 뜻을 밝힌다.

80) 심의식(心意識):《아함경》에서 인간의 정신현상을 심(心, citta: 集起)·의(意, manas: 사량)·식(識, vijñāna: 식별)으로 표현한다. 또는 심의식(心意識)으로 총칭한다. 유가유식학파에서는 《아함경》에 설해진 심(心)이 곧 아뢰야식을, 의(意)는 말나식, 식은 육식(六識)을 의미한다고 설명한다.

81) 여섯 가지 윤회세계〔六趣〕: 중생들이 업에 따라 윤회하는 여섯 가지 세계, 즉 하늘·인간·아수라·축생·아귀·지옥이다.

82) 사생(四生): 유정이 태어나는 네 가지 형태이다. ①태생(胎生)은 모태를 통해 태어나는 것이다. 사람이나 짐승 등. ②난생(卵生)은 알에서 태어나는 것으로서 조류 등이다. ③습생(濕生)은 습기로 태어나는 것으로서 파리·모기 등이 있다. ④화생(化生)은 다른 것에 의지하지 않고 자신의 업력에 의해 변화로써 홀연히 태어나는 것이다. 하늘이나 지옥에 나는 것이다.

83) 집수(執受, upātta): '감수 유지작용'의 뜻이다. 외부대상을 접촉해서 그것을 섭지(攝持)해서 잃어버리지 않고 괴로움이나 즐거움을 지각하는 작용이다.

84) 승의근(勝義根, 色根): '뛰어난 의미〔勝義〕의 감각기관'이라는 뜻이다. 미세청정한 물질로 되어 있기 때문에 그렇게 부른다. 즉 신경(神經)과 신경전달물질이다. 감각기관〔根〕의 기능인, 식을 일으켜 대상을 파지하는 것(發識取境) 가운데 식의 작용을 일으키는 역할을 한다.

85) 부진근(扶塵根, 所依根) : 외부대상(塵)을 파지하는(扶) 감각기관이다. 안구·귀 등 눈에 보이는 기관이다.
86) 아타나식(阿陀那識, ādāna-vijñna) : 아타나(ādāna)는 '유지·보존'의 뜻이다. 제8식이 신체와 종자를 유지시키는 작용을 하기 때문에 그렇게 부른다.
87) 아뢰야식(阿賴耶識, ālaya-vijñāna) : ālaya는 '저장·집착·무몰(無沒)'의 뜻이다. 7식의 인식내용과 선악업의 행위가 습기의 형태로 제8식에 '저장'되고, 제7 말나식에 의해 상일주재(常一主宰)의 자아로 착각 '집착'되며, 아득한 옛적부터 해탈에 이르기까지 이 식의 흐름이 결코 단절되지 않기 때문에 그렇게 부른다.
88) 심(心, citta : 集起) : 제8식에 색·성·향·미·촉·법의 인식내용이 종자의 형태로 적집되고 성장되므로 심(心)이라고 부른다.
89) 이하 '비밀한 뜻에 잘 통달함(祕密善巧)'의 뜻을 밝힌다.
90) 교법에 안주하는 지혜(法住智) : 여래의 교법에 안주해서 법문을 안립하고 시설하는 지혜이다.
91) 여기서 범(凡)은 일반 범부를, 어리석은 무리(愚)란 아공법유설(我空法有說)을 주장하는 소승을 가리킨다.
92) 이하 일체법의 양상을 밝힌다.
93) 변계소집상(遍計所執相, parikalpita-svabhāva) : 변계소집의 속성을 지니는 법의 양상을 말한다. 변계(遍計)는 이리저리 헤아리고 억측한다는(周遍計度) 뜻이고, 소집(所執)은 두루 계탁함으로써 잘못 보이는 집착된 대상을 가리킨다. 이처럼 두루 분별해서 착각하고 집착하는 것을 주체면에서 능변계(能遍計), 대상면에서 소변계(所遍計)라고 한다. 능변계는 의식·말나식이다. 의식은 외부대상을 두루 분별해서 선·악·무기의 삼성(三性)으로 인식 집착하기 때문이고, 말나식은 아뢰야식의 견분을 실체의 자아(實我)로 착각 집착하기 때문이다. 소변계는 이러한 계탁작용에 의해 실재하는 것으로 집착되어지는 대상, 즉 사현된 자아(似我)와 사현된 법(似法)이다.
94) 의타기상(依他起相, paratantra-svabhāva) : 의타기(依他起)의 속

성을 지니는 법의 양상을 말한다. 의타기성은 의타기, 즉 인연 소생법(因緣所生法)으로서, 아뢰야식을 기반으로 하는 여덟 가지 식(八識)이다. 유식학에서는 식일원론의 입장에서 경험세계가 성립하는 기체(基體)로서의 식을 유일한 연기법, 즉 의타기성으로 부른다.

95) 원성실상(圓成實相, pariniṣpanna-svabhāva) : 원만히 성취된 참다운 성품의 법(圓成實性)의 양상을 말한다. 원성실성은 완성된 진여이다. 존재적 측면에서는 진여이고, 인식적으로는 무분별지혜이다. 모든 존재 가운데 최고의 가치를 갖는 승의(勝義)이다.

96) 거승(苣蕂) : 범어로 아제목다가(阿提目多伽, atimuktaka)라고 한다. 호마(胡麻)이다.

97) 파지가보(頗胝迦寶, sphatika) : 파리(玻璃)라고도 하며, 수정(水晶)·수옥(水玉) 또는 백주(白珠)로 번역한다. 적(赤)·백(白) 등 갖가지 색채를 띤다.

98) 제청(帝青) : 제석천왕의 보배관을 장식한 푸른 보석을 말한다.

99) 말라갈다(末羅羯多, mārakata) : 녹색을 띤 보배로서, 능히 독(毒)을 해소시키는 작용이 있다고 한다.

100) 이하 잡염법을 단멸하고 청정법을 증득함을 잘 통달하는 것에 관해서 밝힌다. 즉 인연으로 생겨나는 법인 의타기상에서 변계소집상을 멀리 여의면, 잡염된 의타기상이 본래의 청정한 의타기상으로 전환되며, 그 청정한 의타기상이 그대로 원성실상이다.

101) 안주함의 법(住法) : 열반을 가리킨다. 모든 번뇌와 괴로움이 단멸되어 항상함(常)·즐거움(樂)·자재함(我)·청정함(淨)에 편안히 머물기 때문이다.

102) 움직임의 법(動法) : 생사(生死)에 유전(流轉)하는 법을 가리킨다.

103) 수행하지 않고 게으르면 열반이라는 안주함의 법(住法)은 없고 생사라는 고단한 움직임의 법(動法)만 있게 됨을 가련히 여긴다는 뜻이다.

104) 이하 승의생보살이 예전에 들은 유교(有敎)와 공교(空敎)의 비

밀한 뜻을 세존께 여쭙는다.
105) 십팔계(十八界)가 전전(展轉)하여 다른 모습이 되는 것을 가리킨다.
106) 십팔계는 수많은 유정들의 의지처로서 차별이 하나가 아님을 말한다.
107) 이하 삼무자성(三無自性)에 의해 유교(有敎)와 공교(空敎)의 비밀한 뜻을 해설한다.
108) 삼무자성(三無自性) : 미(迷)・오(悟)의 일체법을 유(有)의 측면에서 변계소집성・의타기성・원성실성의 삼자성으로 분류하는 것에 대하여, 공(空)의 관점에서 상무자성(相無自性)・생무자성(生無自性)・승의무자성(勝義無自性)의 삼무자성으로 안립한다.
109) 상무자성성(相無自性性, lakṣaṇa-niḥsvabhāvatā) : 변계소집성의 존재성 부정이다. 변계소집성(자아나 외부대상)은 허망분별(識)에 의해 가상된 것이므로 허공의 꽃(空華)처럼 실재성이 없음을 말한다.
110) 생무자성성(生無自性性, utpatti-niḥsvabhāvatā) : 의타기성의 존재성 부정이다. 현재의 심식(心識)은 자연발생적으로 생겨나는 것이 아니라, 과거 업의 습기와 현재의 여러 가지 연(緣)의 세력에 의해 이루어지기 때문에 실재성이 없다.
111) 승의무자성성(勝義無自性性, paramārtha-niḥsvabhāvatā) : 원성실성이 모든 법의 승의제(勝義諦)이고 자성없는 성품이 나타난 바(無性所顯)의 진성(眞性・理)인 것을 말한다. 진여는 만법의 근원으로서 상(常)・낙(樂)・아(我)・정(淨)의 덕을 갖추고 있는 뛰어난 존재성(勝義)이면서, 인연에 의해 이로부터 현상계가 나타나므로(無性所顯) 무자성이라고 표현한다.
112) 승의무자성성(勝義無自性性)에 두 가지 해석이 있다. 의타기성의 대응관계인 경우는 '승의의 자성이 아닌 성품'이고, 원성실성의 대응인 경우는 '승의이고 자성없는 성품'이 된다. 즉 의타기성은 연생법(緣生法)이고 청정한 인식대상의 경계(淸淨所緣境界)가 아니므로 승의의 자성이 아닌 성품(勝義無自性性)이다.

원성실성은 청정한 인식대상의 경계로서 모든 법의 승의제(勝義諦)이고 자성없는 성품이 나타난 바(無性所顯)의 진리이므로 승의이고 자성없는 성품이라고 표현한다.

그런데 이처럼 승의무자성이 의타기성과 원성실성의 양쪽에 걸쳐서 말해지므로 혼동될 우려가 있으므로, 후대 유식교학에서는 의타기성의 승의무자성은 말하지 않고 원성실성의 그것만 말한다. 그리하여 삼자성과 삼무자성은 정연한 대응관계로 설명된다.

113) 이하 유전문(流轉門)에서 삼무자성성(三無自性性)을 건립하는 까닭을 밝힌다.

114) 언설훈습(言說薰習) : 세 가지 훈습(名言薰習・我見薰習・有支薰習) 가운데 명언훈습을 말한다. 제6 의식이 스스로 언설을 일으키거나 남의 말을 듣고서 물질과 마음의 법의 종자, 옳고 그르거나 좋아하거나 미워하는 등의 법의 종자를 아뢰야식 안에 훈습하는 것이다.

115) 언설수각(言說隨覺) : 인간이나 하늘사람들이 언어를 매개로 하여 분별해서 아는 것(分別覺知)을 말한다.

116) 소나 말 등이 언어를 이해하지 못하고 다만 언설로 훈습된 종자(言說隨眠)의 세력에 의해 헤아리는 것을 가리킨다. 수면(隨眠)은 종자로서, 아뢰야식 안에 내재되어(眠伏) 아직 현상화하지 못함을 의미한다.

117) 이하 환멸문(還滅門)에서 삼무자성성을 건립하는 까닭을 밝힌다.

118) 이하 일승(一乘)의 비밀한 뜻을 보여서 종성(種姓)에 차별이 있음을 밝힌다.

119) 무루청정법은 그것을 행하면 능히 열반의 증과에 도달하기 때문에 도(道)라고 하고, 또한 성자가 즐겁게 거치는 바이기 때문에 행적(行迹)이라고 말한다.

120) 일승(一乘) : 불승(佛乘)・일불승(一佛乘)이라고도 한다. 여기서 승(乘)은 깨달음에 나가게 하는 교법을 가리킨다. 일승은 모든 중생을 구제하는 교법은 오직 하나이고, 이것에 의해 성불하게

하고자 함을 말한다. 삼승(三乘)은 중생의 성품이나 근기에 따라 성문(聲聞)·연각(緣覺)·보살의 세 종류의 깨달음의 길이 있다는 것을 말한다. 세상에는 오직 일승의 법만이 있으나, 중생의 근기가 낮아 방편으로 삼승을 설해서 일승에 귀의하게 한다.

121) 보특가라(補特伽羅) : 범어 pudgala의 음역이다. 인(人)·삭취취(數取趣)라고 번역한다. 인도종교계에서는 윤회의 주체로서 자아(我)의 별명으로 사용하며, 또는 단순히 사람이란 뜻으로 쓰일 때도 있다. 불교에서는 윤회의 주체로서의 보특가라의 실재성을 인정하지 않고, 다만 편의상 사람을 (세속의) 보특가라라고 부른다.

122) 이하 비밀한 뜻의 가르침에 대해서 여러 가지 다른 이해를 일으키는 것에 관해 말한다.

123) 의요(意樂) : 범어 āśaya의 번역어이다. 휴식처·주처(住處)·사의(思意)·의향(意向) 등의 의미가 있으며, 의요(意樂)·의욕(意欲)·지원(志願)이라고 한역한다. 무슨 일인가를 하고자 하는 생각인데, 특히 선정 중의 작의(作意)를 가리킨다.

124) 불요의경전(不了義經典) : 중생의 이해의 정도에 맞추기 위해서 현요(顯了)한 뜻을 직접 설하지 않고 점차로 진실한 교(敎)로 인도하는 방편의 가르침을 담은 경전이다.

125) 구지(俱胝) : 범어 koṭi의 음역이며, 억(億)으로 번역한다.

126) 나유타(那庾多 또는 那由他) : 범어 nayuta의 음역이다. 인도에서 대단히 많은 수를 표시하는 수량의 단위이다. 아유다의 백배라고 하며, 수천만·천억·만억 등 한결같지 않으나 보통 천억이라고 한다.

127) 이하 사성제(四聖諦) 등에 나아가 삼무자성의 이해를 밝힌다.

128) 비습박약(毘濕縛藥) : 범어 viśva의 음역. 여섯 가지 맛을 갖추고 여러 가지 병에 효험이 있고, 모든 약에 이것을 조합하면 그 효과를 증장케 한다고 한다.

129) 이하 승의생보살이 석존 일대의 가르침에 삼시(三時)의 교설이 있음을 밝힌다. 이에 근거해서 인도 유가행파(瑜伽行派)의 계현

(戒賢, Śilabhadra)논사가, 유식학이 석존의 교설 중에서 최상의 법문임을 증명하기 위해 삼시교판의 원형(三法輪說)을 세웠다. 이에 직접적인 영향을 받아서 중국 법상종의 자은(慈恩)이《대승법원의림장(大乘法苑義林章)》권1에서 다음과 같이 삼시교판(三時教判)을 세웠다. ①제1시 유교(有敎):《아함경》등에서 말씀한 바와 같이, "모든 존재는 인연에 의해 성립된 것으로서 실체가 없지만 그것을 구성하는 요소 그것은 있다"는 가르침이다. ②제2시 공교(空敎):《반야경》등에서 말씀한 바와 같이, 모든 것은 본래부터 그 본성이 공한 것이라 하여 부정적인 면이 강조된 가르침이다. ③제3시 중도교(中道敎):《해심밀경》의 말씀과 같이 분명히 공의 참뜻을 드러내어 삼성(三性)·삼무성(三無性)을 말하여 비유비무(非有非無)의 중도를 긍정적으로 나타낸 가르침이다.

130) 바라니사(婆羅痆斯) : 범어 Vārāṇasī의 음역. 바라나(波羅奈)라고도 한다. 중인도 갠지즈강 유역에 있던 나라 이름이다. 지금의 베나레스를 중심으로 한 지방이다. 석존의 초전법륜(初轉法輪)의 땅인 녹야원이 있는 곳으로 유명하다.

131) 시록림(施鹿林) : 녹야원(鹿野園, Mṇgadāva)의 다른 이름이다. 옛날 중인도 바라나국의 북쪽 성밖에 있던 동산이다. 석존께서 도를 이루신 뒤에 처음으로 다섯 비구에게 설법하신 곳[初轉法輪地]이다. 이곳을 선인이 떨어진 곳[仙人墮處]이라고 부르는 이유는, 옛날 오백의 선인이 공중을 날아가던 중에 잠시 지상을 내려다보다가, 마침 궁궐의 아름다운 궁녀들을 보고 욕정을 일으킨 순간에 신통력을 잃고 이곳에 추락했다는 데서 유래한다. 또한 예전에 범달다왕이 이 숲에서 사슴들이 살도록 해주었다는 데서 시록림이라고도 하고, 사슴들이 많이 살기 때문에 녹야원이라고 부른다.

132) 일승(一乘)을 가리킨다.

133) 오파니살담분(鄔波尼殺曇分) : 범어 upaniṣadamapi의 음역. 근소(根少)·미소(微少)·인(因)으로 번역한다. 극히 작은 수량을 말한다.

134) 무생법인(無生法忍) : 무생법은 불생불멸(不生不滅)의 이법(理法)인 진여를 가리키고, 인(忍)은 인가(忍可)·인인(認忍)의 뜻으로 확실히 그렇다고 인정함을 말한다. 즉 무생법인은 진여를 깨달아 알고 거기에 안주하여 움직이지 않는 것이다. 보살이 초지(初地)나 7. 8. 9地에서 얻는 깨달음이다.

135) 분별유가품(分別瑜伽品) : 유가행(瑜伽行)을 판별하는 품이다. 유가(瑜伽)는 범어 yoga의 음역으로서, 모든 교리행과(敎理行果)에 상응하여 어그러짐이 없는 실천행을 말한다. 불교의 유가행은 지관(止觀)의 수행법이다.

136) 먼저 지관(止觀)의 의지처와 머물 곳에 관해 말한다〔제1 分別止觀依住門〕.

137) 사마타(奢摩他) : śamatha의 음역이다. '고요' '평온'의 의미로서, 지(止)·지식(止息)·적정(寂靜)·능멸(能滅)이라고 번역한다. 정신을 하나의 대상에 집중함으로써 정신통일의 상태〔心一境性〕에서 신체와 마음의 편안함〔輕安〕이 이루어진 상태이다. 무분별영상을 인식대상으로 한다. 지행(止行)에 의해 8선정(색계 4·무색계 4)을 이루고 오신통(五神通)을 성취할 수 있다.( * 漏盡通은 위빠사나에 의해 비로소 가능하다) 선정삼매를 본질로 하며 삼매(三昧·三摩地)·정(定) 등으로 바꾸어 사용하기도 한다.

138) 위빠사나(毘鉢舍那) : 범어 vipaśyanā의 음역이다. 비파사나(毘婆舍那)라고도 한다. '꿰뚫어 봄' '통찰' '관찰'의 의미로서, 관(觀)·관찰·정견·능견(能見)이라고 번역한다. 사마타에 의해 심신의 편안함이 이루어진 상태에서, 몸과 마음의 현상으로부터 연기·무아·중도·진여의 이법(理法)을 통찰한다. 사마타가 하나의 대상에 집중함에 비하여, 위빠사나는 대상을 자유롭게 이동하면서 진리를 통찰한다. 위빠사나에 의해 8선정이 완전함을 이루게 되고 멸진정(滅盡定)이 가능해진다. 이로써 탐욕·성냄·어리석음을 완전히 소멸하고 견성(見性)·해탈·열반을 성취한다.

139) 법을 가정적으로 안립한 것(法假安立) : 부처님께서 내면적으로

증득하신 바[自內證]를 말씀하신 갖가지 교설을 가리킨다. 그 진여의 경지는 말로는 온전히 표현할 수 없지만[言語道斷], 중생교화를 위해 방편상 가정적으로 교설을 안립하므로 그렇게 부른다.

140) 이하 지관의 인식대상의 경계를 밝힌다[제2 止觀所緣差別門].
141) 분별이 있는 영상인 인식대상의 경계[有分別影像所緣境事] : 위빠사나의 인식대상으로서 지전(地前)의 관찰에 의해 분별 추구해서 반연되는 차별의 경계이다.
142) 분별이 없는 영상인 인식대상의 경계[無分別影像所緣境事] : 사마타의 인식대상으로서, 지전(地前)의 선정에 의해 반연되는 무분별정심(無分別定心)의 영상경계이다.
143) 사물의 궁극적인 것인 인식대상의 경계[事邊際所緣境事] : 사물의 궁극적인 것[事邊際]이란 진여의 이법(理法)을 말한다. 진여의 이법이 인식대상인 경계로서, 십지(十地)에서의 사마타·위빠사나 모두의 인식대상의 경계이다.
144) 할 바를 성취한 것인 인식대상의 경계[所作成辦所緣境事] : 할 바를 성취한 것[所作成辦]이란 부처님의 경계를 가리킨다. 불지(佛地)에서의 사마타·위빠사나 모두의 인식대상의 경계이다.
145) 이하 사마타[止]를 구하고 위빠사나[觀]를 잘 행하는 방법에 관해 말한다[제3 分別能求止觀門].
146) 십이부경(十二部經) : 부처님의 교설을 그 경문의 성질과 형식에 따라 열두 가지로 구분한 것으로서 십이분교(十二分敎)라고도 한다.
①계경(契經)은 수다라(修多羅, sūtra)의 번역어로서 산문체의 경전을 말한다.
②응송(應頌)은 기야(祇夜, geya)의 번역어로서 중송(重頌)이라고도 한다. 산문체 경전의 뒤에 그 내용을 운문으로써 노래한 것이다.
③기별(記別)은 화가라(和伽羅, vyākaraṇa)의 번역어로서 수기(授記)라고도 한다. 경전 중에서 말한 뜻을 문답 해석하거나, 또는 제자가 다음 세상에 어디서 어떻게 성불하는가를 예언

④풍송(諷誦)은 가타(伽陀, gāthā)의 번역어로서 고기송(孤起頌)이라고도 하며, 4언(言)·5언·7언의 운문이다.
⑤자설(自說)은 우다나(優陀那, udāna)의 번역어로서 무문자설(無問自說)이라고도 한다. 《아미타경》 등과 같이, 다른 이가 묻지 않는데 부처님께서 스스로 말씀하신 것이다.
⑥인연은 니다나(尼陀那, nidāna)의 번역어로서 연기(緣起)라고도 하며, 경전 중에서 부처님을 만나 법을 들은 인연 등을 말한 것이다.
⑦비유는 아파다나(阿波陀那, avadāna)의 번역어로서, 경전 중에서 비유로써 말씀하신 부분이다.
⑧본사(本事)는 이제왈다가(伊帝曰多伽, itivṛtaka)의 번역어로서, 불제자들의 지난 세상의 인연을 말한 곳이다.
⑨본생(本生)은 사타가(闍陀伽, jātaka)의 번역어로서 부처님 자신의 지난 세상에 행한 보살행을 말한 경문이다.
⑩방광(方廣)은 비불략(毘佛略, vaipulya)의 번역어로서 방등(方等)이라고도 한다. 방정(方正)·광대한 진리를 말한 경문이다.
⑪희법(希法)은 아부타달마(阿浮陀達摩, adbhuta-dharma)의 번역어로서 미중유(未曾有)라고도 한다. 부처님께서 여러 가지 신통력을 나타내는 것을 말한 경문이다. 경전을 설하게 된 인연에 부사의한 일을 말씀하는 부분과 같은 것 등이다.
⑫논의(論議)는 우파제사(優波提舍, upadeśa)의 번역어로서, 교법의 의리(義理)를 논의 문답한 경문을 말한다.

147) 이하 지관에 수순하는 작의(作意)를 밝힌다〔제4 隨順止觀作意門〕.

148) 삼매〔三摩地, samādhi〕: 정(定)·등지(等持)라고 번역하고 일반적으로 삼매(三昧)라는 음역어(音譯語)를 사용한다. 산란한 마음을 한 곳에 모아 움직이지 않게 하고, 마음을 바르게 해서 망념을 갖지 않는 것을 말한다. 정(定)·산(散)에 통하지만 유심위(有心位)에만 통하고 무심위(無心位)에는 통하지 않는다.

149) 이하 사마타와 위빠사나가 다르지도 않고 다르지 않은 것도 아님을 밝힌다〔제5 止觀二道同異門〕.
150) 이하 지관을 행할 때의 영상은 오직 식(識)이 현현된 것임을 밝힌다〔제6 分別止觀唯識門〕.
151) 여기서는 선정에 상응하지 않는 산심(散心)의 상태를 가리킨다.
152) 이하 사마타와 위빠사나를 함께 닦아야 함을 강조한다〔제7 修習止觀單複門〕.
153) 이하 지관의 종류를 판별한다〔제8 止觀種數差別門〕.
154) 유상관(有相觀): 선정의 마음 위에 현현된 유분별영상을 사유하는 것이다.
155) 심구(尋求, vitarka): 대상을 향하여 겨냥(aiming · directing)해서 대상에 자리잡게 한 후에 그 뜻과 이치를 대강 살피는 정신작용이다.
156) 심구관(尋求觀): 조악(粗惡)한 혜(慧)로써 사리(事理)를 살피는 것이다.
157) 사찰(伺察, vicāra): 심구(尋求)에 이어서 마음을 대상에 계속 집중해서 머물게 하여 세밀하게 분별하는 정신작용이다.
158) 사찰관(伺察觀): 정밀한 혜로써 사리를 관찰하는 것이다.
159) 유상(有相) 사마타 · 심구(尋求) 사마타 · 사찰(伺察) 사마타이다.
160) 사무량심(四無量心): 자(慈) · 비(悲) · 희(喜) · 사(捨)의 네 가지 한량없는 마음을 말한다. 한량없는 중생을 상대로 하고, 또한 한량없는 복과(福果)를 얻기 때문에 무량(無量)이라고 한다. ①자무량심(慈無量心)은 남에게 즐거움을 주려는 마음이다. 먼저 친한 사람부터 시작해서 널리 수많은 중생에게까지 미치게 한다. ②비무량심(悲無量心)은 남의 고통을 벗겨 주려는 마음이다. 처음은 친한 이의 고통을 벗겨 주려고 하고 점차로 확대해서 다른 많은 사람에게까지 미친다. ③희무량심(喜無量心)은 다른 사람이 즐거워하는 것을 보고 함께 기뻐해 주는 마음이다. ④사무량심(捨無量心)은 중생을 평등하게 보아서 애증(愛憎) · 원친(怨親)의 구별을 두지 않으려는 마음이다. 처음은 자기에게

아무런 관계가 없는 이에게 평등한 마음을 일으키고 점차로 친한 이와 미운 이에게까지 그러한 마음을 일으킨다.

161) 이하 수행자의 근기에 따라 법에 의지하거나 의지하지 않는 지관행을 닦음을 밝힌다〔제9 依不依法止觀門〕.

162) 구상관(九想觀)을 가리킨다. 오욕락(五慾樂 : 재물욕·식욕·수면욕·성욕·명예욕)을 탐내어 아름다운 것이라고 즐기는 미혹된 생각을 일으키는 이에게, 신체의 부정한 점을 알게 해서 그 욕정을 없애는 관법이다. 이에 다음과 같은 아홉 가지가 있다. ①창상(脹想) : 사람의 시체가 부어서 마치 곡식 담긴 자루처럼 텅텅한 모습을 관함. ②괴상(壞想) : 시체의 가죽과 살이 문드러지고 오장이 썩는 모습을 관함. ③혈도상(血塗想) : 신체의 온몸이 피고름으로 더러워진 모습을 관함. ④농란상(膿爛想) : 시체에서 고름과 벌레가 흘러나오고 살이 흩어져서 여러 군데에 낭자한 모습을 관함. ⑤청어상(靑瘀想) : 시체가 바람에 쏘이고 비에 씻겨서 피고름이 엉겨 푸르퉁퉁한 모습을 관함. ⑥담상(噉想) : 시체가 새·짐승·구더기에 파먹히는 모습을 관함. ⑦산상(散想) : 가죽과 살이 없어지고 뼈만 붙어 있으면서 머리와 다리가 뒤섞인 모습을 관함. ⑧골상(骨想) : 백골이 낭자한 모습을 관함. ⑨소상(燒想) : 불에 타서 그슬리어 악취가 나고 재가 되는 모습을 관함.

163) 번뇌장과 소지장의 종자를 말한다.

164) 갖가지 희론(戱論)의 시설을 멀리 떠나고 무분별지혜를 증득해서 생겨나는 희열을 얻음을 말한다.

165) 이하 심구(尋求)와 사찰(伺察)의 유무에 따라 삼매의 종류를 밝힌다〔제10 有尋伺等差別門〕.

166) 총체적인 것과 개별적인 교법을 억념(憶念)하는 광명의 생각을 가리킨다. 이것은 분별이 없는 지혜에 상응하는 생각이다.

167) 이하 지상(止相)·거상(擧相)·사상(捨相)을 설명한다〔제11 止擧捨相差別門〕.

168) 기뻐할 만한 법을 가리킨다.

169) 들뜸〔掉擧〕과 혼침(昏沈)의 수번뇌(隨煩惱) 심소를 가리킨다.

170) 이하 알아야 할(所知) 법과 그 의미의 영상의 현현과 제거의 필요성을 밝힌다(제12 知法知義差別門).
171) 명칭(名, nāma) : 어떤 의미를 갖는 최소단위의 단어·명칭이라는 뜻이다. 사물을 가리키는 명칭이며, 언어표현의 기초가 되는 개념이다.
172) 문구(句, pada) : 단어로 구성된 문구. 문장 전체를 가리킨다.
173) 글자(文, vyañjana) : 여기서 문(文)은 단어나 문구·문장을 구성하는 낱낱의 글자를 가리킨다. 예를 들면 '이것은 분별유가품이다'라고 할 때에 '이' '것' '은' 등 한 자 한 자가 글자(文)이고, '이것은' '분별' '유가품'이 명칭(名)이며, 이들 단어로 이루어진 문장 전체가 문구(句)이다.
174) 진소유성(盡所有性, yāvadbhāvikatā) : 모든 현상적인 존재자의 궁극성(一切性, sarvat )을 말한다.
175) 여소유성(如所有性, yathāvadbhāvikatā) : 존재자의 본질로서의 궁극성(眞實性·眞如)이다.
176) 여섯 가지 내부의 포섭처(六內處)는 안근(眼根)에서 의근(意根)까지의 여섯 가지 감각기관(六根)을 말한다.
177) 여섯 가지 외부의 포섭처(六外處)란 색경(色境)에서 법경(法境)까지의 여섯 가지 인식대상(六境)이다.
178) 구지(拘胝 또는 俱胝) : 범어 koṭi의 음역어(音譯語)이다. 인도에서 쓰던 수량의 단위로서, 몇 가지 설이 있으나 일반적으로 억(億)으로 번역한다.
179) 무수(無數) : 범어 아승기(阿僧祇, asaṃkhya * 흔히 아승지라고 발음함)의 번역어로서 무앙수(無央數)라고도 한다. 산수로 표현하기 어려운 대단히 많은 수이다. 이에 몇 가지 설이 있는데, 《화엄경》〈아승지품〉에서는 124대수(大數) 중 제105라고 한다. 현대의 산술법으로 환산하면 1조(兆)의 4승(乘)×천에 해당된다고 한다.
180) 삼천대천세계(三千大千世界) : 1대천세계를 말한다. 천이 세 번 겹쳐진 대천세계라서 삼천대천세계라고 한다. 고대 인도의 세계관에 의하면 수미산을 중심으로 하고 사방에 사대주(四大洲)

가 있고 그 바깥 주위를 대철위산으로 둘러쌓은 것을 1세계 또는 1사천하(四天下)라고 한다. 1세계를 천 개 합한 것을 1소천세계(小千世界)라고 하고, 소천세계를 천 개 합한 것을 1중천세계(中千世界)라고 하며, 중천세계를 천 개 합한 것을 1대천세계라고 한다.

181) 네 가지 연〔四緣〕, 즉 인연(因緣)·증상연(增上緣)·등무간연(等無間緣)·소연연(所緣緣)을 말한다.

182) 과거·현재·미래의 삼세(三世)이다.

183) 불과(佛果)에서의 무상보리(無上菩提)와 성문·연각승의 보리를 말한다.

184) 명칭〔名〕·문구〔句〕·글자〔文〕이다.

185) 앞에서 말한 다섯 가지의 모습을 가리킨다.

186) 흐린 물이 담긴 그릇, 먼지가 앉은 거울, 물결이 이는 연못에서는 자신의 얼굴 모습을 비추어 볼 수 없듯이, 번뇌에 오염되고 산란된 마음에서는 진여를 볼 수 없음을 비유한 것이다.

187) 유위법은 항상 전법이 멸하고 후법이 일어나기〔前滅後生〕때문에, 결정적인 전법과 후법이 별도로 없음을 말한다.

188) 이하 지관이 포섭하는 선정의 종류를 밝힌다〔제13 止觀能攝諸定門〕.

189) 이하 지관의 인과(因果)와 작용〔業用〕을 밝힌다〔제14 止觀因果作業門〕.

190) 이하 지관의 모든 장애와 그것을 없애는 방법을 설명한다〔제15 止觀治障差別門〕.

191) 오계(五繫) : 다섯 가지 계박으로서 ①신체에 집착함 ②재물에 집착함 ③성스러운 가르침에 대해 교의를 판별할 수 없음 ④모습에 잡염되게 머무는 것을 좋아함 ⑤작은 선근에 만족하고 기뻐함이다.

192) 오개(五蓋) : 마음의 본성을 가리워서 선법(善法)을 낼 수 없게 하는 다섯 가지 번뇌이다. 이에 탐욕·성냄·수면(睡眠)·들뜸〔掉擧〕과 후회〔惡作〕·의심이있다.

193) 다섯 가지 대상, 즉 빛깔과 형체〔色〕·소리〔聲〕·냄새〔香〕·맛

〔味〕・촉감〔觸〕을 반연해서 뛰어나고 미묘한 것으로 삼아서 일으키는 욕심이다.

194) 선정의 맛에 애착하는 삼마발지〔愛味三摩鉢底〕 : 삼마발지(三摩鉢底, samāpatti)는 정(定)의 일곱 가지 이명(異名) 중의 하나이다. 등지(等至)로 번역하며, 몸과 마음의 평등에 이른다는 의미이다. 이러한 선정의 맛에 애착을 일으키는 것을 애미삼마발지(愛味三摩鉢底)라고 한다.

195) 수일(隨一) : 다수(多數) 가운데 하나라는 뜻이다.

196) 추중신(麤重身) : 추중(麤重)은 번뇌장(煩惱障)과 소지장(所知障)의 종자이다. 여기서 신(身)은 체(體)의 뜻이다. 유루종자의 자체를 추중신이라고 한다.

197) 이하 지관에 의해 십지에서의 장애를 다스리는 과정을 밝힌다〔제16 止觀能證菩提門〕.

198) 정성이생(正性離生) : 견도위(見道位)의 다른 이름이다. 정성(正性)은 번뇌가 없는 성도(無漏聖道), 즉 열반・성도(聖道)의 법성(法性)이 바르고 밝아서 그릇됨이 없음을 말한다. 이생(離生)은 후천적인 번뇌〔分別起煩惱〕를 끊는 것을 가리킨다. 따라서 정성이생은 열반・법성을 찾아서 번뇌를 끊는 견도이다.

199) 이하 지관행(止觀行)이 이끌어내는 여섯 가지 광대한 위덕을 밝힌다〔제17 引發廣大威德門〕.

200) 공무변처(空無邊處) : 무색계(無色界)의 제1천이다. 물질인 이 육신을 싫어하고 가없는 허공의 자재함을 기뻐하며, 허공이 가없다는 이치를 알고 수행하여 태어나는 곳이다.

201) 식무변처(識無邊處) : 무색계의 제2천이다. 제1천인 공무변처를 초월하여 식(識)이 무한광대함을 사유해서 증득하는 곳이다. 식과 상응하여 마음이 움직이지 않고 삼세의 식이 다 선정 가운데 나타나서 청정하고 적정(寂靜)한 과보의 하늘이다.

202) 무소유처(無所有處) : 무색계의 제3천이다. 식무변처에서 인식대상〔所緣〕의 공함을 관하여 무소유의 지혜를 얻고 그 수행한 힘으로 나게 되는 하늘이다.

203) 비상비비상처(非想非非想處) : 무색계의 제4천이다. 이 하늘은

삼계의 최고 위치에 있으므로 유정천(有頂天)이라고도 한다. 이 하늘에 나는 이는 하지(下地)와 같은 거칠은 표상작용(想)이 없기 때문에 비상(非想) 또는 비유상(非有想)이라 하고, 그러면서도 아직 미세한 표상작용이 있으므로 비비상(非非想) 또는 비무상(非無想)이라고 한다. 비유상(非有想)이므로 외도들은 이곳을 진열반처(眞涅槃處)라고 하고, 비무상(非無想)이므로 불교에서는 이곳도 생사윤회의 범주에 넣는다.

204) 이하 모든 감수작용(受)이 소멸되면서 무여의열반에 들어감을 밝힌다(제18 於無餘依滅受門).

205) 의지처의 유루종자의 감수작용(所依麤重受): 여섯 가지 감각기관을 의치저(所依)로 해서 생겨나는 감수작용이다. 이것은 그 체(體)가 유루(有漏)로서 유루종자(麤重)가 있어 그 영향을 받기 때문이다.

206) 심소(心所): 정신작용의 주체(心王: 八識)에 수반되는 심리작용을 말한다. 유식학에서는 변행심소(遍行心所) 5가지·별경심소(別境心所) 5가지·선심소(善心所) 11가지·번뇌심소(煩惱心所) 6가지·수번뇌심소(隨煩惱心所) 20가지·부정심소(不定心所) 4가지 등 모두 51가지의 심소를 인정한다.

207) 먼저 관자재보살이 보살의 십지(十地)와 불지(佛地)가 몇 가지의 청정함과 몇 가지 갈래에 포섭되는가를 묻는다.

208) 이하 각각의 지위(地)에서 증과(證果)의 양상을 밝힌다.

209) 승해행지(勝解行地): 보살의 수행의 계위(階位)를 칠지(七地: 種姓地·勝解行地·淨勝意樂地·行正行地·決定地·決定行地·到究竟地)로 나누는 중에서 제2위를 승해행지라고 한다. 매우 심오하고 뛰어난 신해(信解)를 일으켜서 교법에 대해서 인가 결정하는 지위이다. 52위 중에서는 십신(十信)·십주(十住)·십행(十行)·십회향(十廻向)의 지위를 말하고, 오위 중에서는 자량위(資糧位)와 가행위(加行位)의 두 위에 해당한다.

210) 열 가지 법의 실천(十法行): 십종법행(十種法行)의 준말로서, 경전에 대한 다음과 같은 열 가지 행법을 말한다.
①서사(書寫): 경·율·논 삼장을 기록해서 오래 보존케 함.

②공양·경전이 있는 곳을 부처님의 탑묘(塔廟)처럼 공양 존중함.
③시타(施他): 다른 이를 위해 바른 법을 말하거나 경전을 남에게 주어서 널리 교화함.
④제청(諦聽): 다른 이가 경을 읽거나 강의하는 것을 지극한 마음으로 경청함.
⑤피독(披讀): 경전을 독송하고 외우는 것.
⑥수지(受持): 부처님의 교법을 받아 지님.
⑦개연(開演): 불법을 말해서 다른 이로 하여금 믿고 알게 함.
⑧풍송(諷誦): 소리를 내어 경전과 게송 등을 읽어서 다른 이로 하여금 좋아하는 마음을 내게 함.
⑨사유(思惟): 부처님이 말씀하신 법의 뜻을 생각하고 헤아리며 기억해서 잊지 않음.
⑩수습(修習): 부처님이 말씀하신 법을 몸소 수행해서 물러남이 없는 것.

211) 뛰어난 이해의 인지[勝解忍]: 여기서 인(忍)은 인지(忍知)·안인(安忍)·인인(認忍)·인가(認可)의 뜻으로서 확실히 그렇다고 인정하는 것이다. 승해인(勝解忍)은 뛰어난 이해에 의해 일으키는 인지, 즉 도리에 안주해서 이를 인지하는 무분별지혜이다.

212) 삼마발지(三摩鉢底): 범어 samāpatti의 음역으로서 등지(等至)라고 의역한다. 몸과 마음의 평등에 이른다는 뜻이다. 유심(有心)과 무심(無心)의 2정(定)에 통하지만 산위(散位)에는 통하지 않는다.

213) 문지다라니(聞持陀羅尼): 문다라니(聞陀羅尼)라고도 하며, 부처님의 교법을 잘 듣고 잊지 않는 것이다.

214) 등지애(等至愛): 선정에 대해 애착을 일으키는 것으로서, 분별유가품에 나오는 이른바 애미삼마발지(愛味三摩鉢底)이다.

215) 모습이 없는 작의[無相作意]: 진여·무상(無相)·무분별관(無分別觀)의 작의이다. 전5지에서는 유상관(有相觀)이 많고 무상관이 적으며, 제6지에서는 무상관이 많고 유상관이 적다. 제7지

이후에는 순전한 무상관으로 된다.
216) 이하 열한 가지 지위의 명칭에 대해 해설한다.
217) 이승(二乘)과 세간에서 행하는 유상행(有相行)을 멀리 떠나는 것을 말한다.
218) 이하 여러 지위에서 다스려져야 할 번뇌와 종자에 대해 설명한다.
219) 앞에서 말한 번뇌가 현행한 어리석음에 대한 습기를 가리킨다. 이것으로 인하여 관행(觀行)의 인식대상에 대해서 자재함을 얻을 수 없다. 따라서 이 종자를 무감임성(無堪任性)이라고 한다.
220) 고제(苦諦)와 집제(集諦)의 유루(有漏)의 잡염법이다.
221) 멸제(滅諦)와 도제(道諦)의 무루(無漏)의 청정한 모습이다.
222) 고제(苦諦)와 집제(集諦)의 생멸의 모습을 말한다.
223) 멸제(滅諦)와 도제(道諦)의 환멸(還滅)의 모습을 가리킨다.
224) 공용(功用) : 신체·입·뜻으로 짓는 동작·말·생각을 가리킨다.
여기서 참고로 말하면 공용지(功用地)는 보살 십지 가운데 초지(初地)에서 제7지까지이다. 이 지위에 있는 보살은 이미 진여를 깨달았으나 아직 가행(加行)의 공을 쌓아야 하므로 그렇게 부른다. 무공용(無功用)은 보살이 제8지 이상의 경지가 되면 의도적으로 수행을 닦지 않더라도 자연히 진여에 계합하는 것을 말한다.
225) 한량없는 중생을 반연하여 제도하고자 하는 서원을 광대한 서원〔廣大願〕이라고 한다. 또한 이는 성문·독각의 이승이 헤아릴 수 없는 서원이므로 미묘한 서원〔妙願〕이라고 하고, 또한 이는 모든 것을 초월한 뛰어난 서원이므로 뛰어난 서원〔勝願〕이라고 한다.
226) 반연함이 없고 기대하지 않는 큰 서원의 마음〔無緣無待大願心〕: 무연(無緣)은 심상(心想)을 다 없애서 분별하거나 인식대상을 관찰하는 바가 없는 무심의 경지이다. 진여와 무분별지혜가 둘이 아닌 평등 절대경지에 안주할 때이다. 이와 같은 무연(無緣)의 대자비심에 의하기 때문에 대가를 기대하지 않는다.

227) 이하 육바라밀다와 삼학(三學) 및 두 가지 자량(資糧)의 관계에 대해 말한다.
228) 이하 육바라밀다를 실천함에 있어서 다섯 가지의 마음가짐에 대해 말한다.
229) 이하 육바라밀다가 온갖 수행[萬行] 가운데 중심이 되는 행인 까닭을 밝힌다.
230) 십바라밀에서 반야바라밀[慧波羅密]과 지혜바라밀[智波羅密]의 차이점은 다음과 같다. 즉 전자는 근본지(根本智)이고 후자는 후득지(後得智)이다.
231) 이하 육바라밀다 각각의 종류에 대해 말한다.
232) 용맹스러운 정진[被甲精進]: 갑옷[甲]을 입고[被] 군대가 진(陣)을 친 곳에 들어갈 때 두려워하지 않고 큰 위세가 있는 것과 같은 정진을 가리킨다.
233) 이하 육바라밀다 각각의 명칭의 인연을 말한다.
234) 이하 육바라밀다의 과보에 대해 말한다.
235) 행고(行苦): 세 가지 괴로움 중의 하나이다. 여기서 행(行)은 생멸 변화하는 것을 가리킨다. 행고는 생멸 변화함에 의해서 일어나는 고통이다.
236) 이하 육바라밀다에 일곱 가지의 청정한 양상이 있음을 밝힌다.
237) 진제(眞諦)와 속제(俗諦)를 관찰함을 말한다.
238) 다섯 가지 학문(五明處): 일반적으로 오명(五明)이라고 한다. ①내명(內明)은 불교의 진리 특히 자기 종파의 종지(宗旨)를 밝힌 학문이다. ②성명(聲明)은 언어·문법·문학에 관한 학문이다. ③인명(因明)은 인도의 논리학이다. ④의방명(醫方明)은 의학·약학(藥學)이다. ⑤공교명(工巧明)은 여러 가지 공예·기술·역수(曆數)에 관한 학문이다.
239) 법과 법에 수순해서 수행하는 것[法隨法行]: 여기서 법은 증득되는 대상[所證]인 열반을 가리킨다. 수법행(隨法行)은 법에 수순해서 실제적으로 수행하는 능증(能證)의 팔정도를 말한다.
240) 이하 보살이 육바라밀다를 행하는 까닭과 그 위덕에 대해 말한다.
241) 바라밀다(波羅密多): 범어 pāramita의 음역으로서 '피안에 이

른 상태' '궁극적인 것' '완성'의 의미이다. 도피안(到彼岸)으로 의역하기도 한다. 여기서는 지전(地前)의 초아승지겁에서 닦는 육바라밀을 가리킨다.
242) 가까운 바라밀다(近波羅密多) : 제2아승지겁에서 닦는 육바라밀로서, 점차 깨달음의 증과에 가까워지기 때문에 이렇게 부른다.
243) 큰 바라밀다(大波羅密多) : 제3아승지겁에서 닦는 육바라밀로서, 팔지(八地) 이상에서는 자연스럽게 힘들이지 않고 하나하나의 행 가운데서 한량없는 행을 닦기 때문에 이렇게 부른다.
244) 연중승해(軟中勝解) : 연(軟)은 하품(下品), 중(中)은 중품을 가리킨다. 지전(地前)에는 아직 상품의 승해가 없다.
245) 수면(隨眠) : 번뇌의 종자를 가리킨다.
246) 수반을 없애는 수면(害伴隨眠) : 견도(見道) 이전에 있어서는 선천적인 것(俱生起)과 후천적인 것(分別起)의 두 가지 장애가 서로 수반해서 일어난다. 그러나 초지(初地)에서 견도에 들어가는 동시에 지금까지 수반한 분별기(分別起)의 두 가지 장애가 소멸하기 때문에, 초지 이상에서 갖는 구생기(俱生起)의 두 장애를 해반수면이라고 부른다.
247) 수반을 없애는 수면(害伴隨眠)과 약하고 열등한 수면(羸劣隨眠)을 가리킨다.
248) 수면(隨眠)을 끊는 난이(難易)를 가죽·피부·뼈의 병을 치료하는 것에 비유한 것이다.
249) 이하 육바라밀다를 닦아 익히는 연수(年數)에 대해 말한다.
250) 셀 수 없는 겁(不可數劫) : 아승지겁(阿僧祇劫)을 말한다. 아승지는 범어 asaṁkhya의 음역으로서 무수(無數)·무앙수(無央數) 등으로 번역한다. 화엄경〈아승지품〉에서는 124대수(大數) 가운데 제105라고 설명한다.
251) 십지(十地)의 명칭을 가리킨다. 명칭은 표상작용(想)으로부터 생겨나므로 생겨나게 하는 주체(能生)에 따라서 이렇게 말한다.
252) 만수실리보살(曼殊室利菩薩) : 범어 Mañjuśrī의 음역이다. 구역(舊譯)에서는 문수사리(文殊師利)·만수시리(滿殊尸利)라고 하고, 신역(新譯)에서는 만수실리라고 한다. 만수(曼殊, mañju)는

묘(妙)의 뜻이고, 실리(室利, śri)는 길상(吉祥)·덕(德)·머리〔頭〕의 뜻으로서 묘길상의 의미이다. 보현보살과 함께 석가모니불의 보처보살로서 왼쪽에서 지혜를 상징한다.

253) 이하 불신(佛身)에 관해 설명한다.
254) 조복(調伏) : 조화제복(調和制伏)의 뜻으로 안으로는 자기의 심신을 제어하여 악덕을 떨쳐버리고, 밖으로는 적의를 가진 자를 교화해서 악심을 버리게 해서 장애를 없애는 것을 말한다. 여기서는 전자의 의미로서 계율의 동의어로 사용된다. 율장을 조복장(調伏藏)이라고 한다.
255) 본모(本母) : 범어 mātṛkā(摩怛理迦)의 번역어이다. 출생의 뜻으로서 논의(論議)·논장(論藏)을 가리킨다.
256) 사념처(四念處)의 대상, 즉 신체〔身〕·감수작용〔受〕·마음〔心〕·법을 말한다.
257) 집(集), 즉 현실의 고통의 원인을 끊는 것을 가리킨다.
258) 멸(滅), 즉 열반을 증득하는 것을 말한다.
259) 도(道), 즉 팔정도(八正道)를 닦는 것이다.
260) 진견도(眞見道)를 가리킨다.
261) 상견도(相見道)에서의 인식작용〔能緣〕의 양상을 가리킨다.
262) 상견도에서의 인식대상〔所緣境〕이다.
263) 상견도에서 견혹(見惑)을 이미 끊고 수혹(修惑)을 아직 끊지 않은 단계이다.
264) 견도(見道)의 선정을 나와서 아직 수도(修道)에 들어가지 않은 중간의 산란된 마음이다.
265) 욕계의 수혹(修惑)을 끊는 방편가행의 선정이다.
266) 선정과 함께 일어나서 선정의 의지처가 되는 법을 말한다.
267) 욕계의 수혹을 끊는 무간도(無間道)이다.
268) 색계와 무색계의 수혹을 끊는 무간도이다.
269) 수도의 최후인 금강무간도(金剛無間道)이다.
270) 번뇌가 없는 행〔無漏行〕인 근본지〔根本智·眞智〕이다.
271) 번뇌가 없는 행의 심왕(心王, 정신작용의 주체)과 심소(心所, 심리작용)이다.

272) 무학과(無學果)를 말한다.
273) 완전한 열반(般涅槃)에 드는 일이다.
274) 세간의 바른 견해는 순해탈분(順解脫分)의 선근으로서, 아직 무루(無漏)를 얻은 것은 아니지만 정법에 수순하기 때문에, 외도들이 얻는 바른 견해 중의 가장 뛰어난 것을 초월한다.
275) 순해탈분의 선근(善根)을 가리킨다.
276) 별해탈(別解脫) : 범어 prātimokṣa(波羅提木叉)의 의역(意譯)으로서 계율의 별명이다. 수계작법에 의해 오계 내지 구족계를 받아서 몸과 입의 악업을 따로따로 해탈케 하기 때문에 별해탈이라고 부른다.
277) 별해탈에 수순해서 그 돕는 짝(助伴)이 되는 여러 가지 방편행이다.
278) 타승(他勝) : 범어 pārājikā(波羅夷)의 의역이다. 극악(極惡)·무여(無餘)·단두(斷頭)·불공주(不共住)로 번역한다. 살생·도둑질·삿된 음행·거짓말의 네 가지 무거운 죄를 말한다.
279) 계율을 범하고 나서 참회에 의해 다시 청정해지는 것을 말한다.
280) 사계(捨戒)를 말한다. 자기가 받아 지니던 계를 버리는 것이다.
281) 의타기(依他起)의 만법을 말한다.
282) 증익(增益)과 손감(損減)의 두 가지 집착, 혹은 단멸과 상주의 두 가지 견해를 가리킨다.
283) 유위법이 생겨나고(生) 머물며(住) 소멸하는(滅) 세 가지 양상을 말한다.
284) 사연(四緣) : 정신과 물질의 모든 현상이 발생함에 있어서 그 연(緣)을 네 가지로 분류한 것이다. ①인연(因緣)은 직접적인 자기 결과를 인(因)으로 하고, 인을 연(緣)으로 함을 말한다. 이에 능생(能生)의 종자와 능훈의 현행과의 두가지가 있다. ②등무간연(等無間緣)은 심왕과 심소 사이에 세운 연이다. 전찰나의 생각이 사라지면서 다음 찰나의 생각을 이끌어내는 것이다. ③소연연(所緣緣)은 소연(所緣, 마음의 對境)이 마음에 대해 연(緣)이 되어 활동을 일으키는 것을 말한다. ④증상연(增上緣)에는 유력(有力) 증상연과 무력(無力) 증상연이 있다. 전자

는 다른 법이 생겨나는 데 힘을 주는 연이고, 후자는 다른 법이 생기는 것을 장애하지 않는 연이다.

285) 네 가지 도리(四種道理)는 다음과 같다.
① 관대도리(觀待道理)는 상대적인 것을 관찰하는 도리이다. 즉 긴 것(長)에 상대적으로 짧은 것(短)이 있고, 짧은 것에 상대적으로 긴 것이 있듯이, 상대적이고 반대적인 것의 하나는 반드시 다른 것에 대비(對比)한다는 불변의 도리를 말한다.
② 작용도리는 작용의 도리, 즉 인연에 의해 생겨난 유위법에는 반드시 일을 이루는 작용이 있음을 말한다.
③ 증성도리(證成道理)는 증명하고 성립되는 도리이다. 즉 현량(現量)·비량(比量)·성교량(聖教量)에 의해 증명하고 성립되는 참되고 바른 도리이다.
④ 법이도리(法爾道理)는 법의 본래부터의 도리이다. 부처님이 세상에 출현하거나 출현하지 않음에 관계없이 법계에 안주하는 본래부터의 도리이다. 예를 들면 연기법(緣起法)·선인낙과(善因樂果) 악인고과(惡因苦果)의 인과법 같은 것을 말한다.

286) 인명(因明)의 논증(立破)에 있어서 과실이 없는 진능립(眞能立)을 청정이라 하고, 과실이 있는 사능립(似能立)을 청정하지 않은 것이라고 한다.

287) 현전에 보는 무상함의 양상에 의거해서 현전에 보지 못하는 찰나성을 미루어 안다.

288) 현전에 보는 괴로움의 양상에 의거해서, 현전에 보지 못하는 다른 세상에서 선악의 업과(業果)가 참으로 있음을 미루어 아는 것을 말한다.

289) 현전에 보는 무아성(無我性)·부자재성(不自在性)에 의거해서, 현전에 보지 못하는 청정하고 청정하지 않은 업은 반드시 미래의 과보를 이끌어서 잃어버리지 않는다는 것을 미루어 안다.

290) 십력(十力) : 부처님이 갖추신 열 가지 지혜의 힘이다. ① 바른 도리와 그렇지 않은 도리를 판별하는 지혜의 힘 ② 선악업과 그 과보를 있는 그대로(如實) 아는 지혜의 힘 ③ 사선(四禪)·팔해

탈(八解脫)·삼삼매(三三昧)·삼념주(三念住)·팔등지(八等持) 등을 있는 그대로 아는 지혜의 힘 ④중생의 근기의 높고 낮음을 있는 그대로 아는 지혜의 힘 ⑤중생의 여러 가지 의욕의 경향을 있는 그대로 아는 지혜의 힘 ⑥중생계와 그 속성을 있는 그대로 아는 지혜의 힘 ⑦어떤 수행에 의해 어떤 도(道)에 나가는가를 있는 그대로 아는 지혜의 힘 ⑧중생의 숙명을 있는 그대로 아는 지혜의 힘 ⑨중생의 미래를 있는 그대로 아는 지혜의 힘 ⑩모든 번뇌가 다한 것을 있는 그대로 아는 지혜의 힘.

291) 사무외(四無畏) : 부처님은 십력을 갖추셨으므로 아무런 두려움이 없음을 말한다. 사무소외(四無所畏)라고도 한다. ①모든 것을 아는 분[一切智者]으로서의 자신감 ②모든 번뇌를 극복했다는 자신감 ③수행에 장애되는 길을 말할 수 있는 자신감 (모든 장애를 극복했기 때문) ④괴로움을 멸하는 길을 말할 수 있는 자신감 (모든 괴로움이 소멸되었기 때문).

292) 성문의 네 가지 증과[聲聞四果], 즉 예류과(預流果)·일래과(一來果)·불환과(不還果)·아라한과(阿羅漢果)이다. ①예류과는 수다원(須陀洹)의 번역어로서 입류(入流)라고도 한다. 세 가지 결박의 번뇌(我見·戒禁取見·疑)를 끊고 성스러운 흐름에 들어간 사람이다. ②일래과는 사다함(斯陀含)의 번역어이다. 세 가지 번뇌뿐만 아니라 탐욕·성냄·어리석음의 삼독심(三毒心)도 약화시켜서 이 세상에 한 번만 돌아와서 괴로움을 다하는 단계이다. 이 과(果)를 얻으면 우선 인간세상에 한 번 왔다가 다시 천상에 돌아가 장차 열반에 든다. 반드시 인간세상과 천상을 한 번 왕래하기 때문에 일래라고 한다. ③불환과는 아나함(阿那含)의 번역어로서 불래(不來)라고도 한다. 욕계에서 죽어서 색계나 무색계에 나고는 번뇌가 없어져서 다시 돌아오지 않는다. ④아라한은 성문의 증과 중에서 최고의 경지이다. 응공(應供)·응진(應眞)·불생(不生)·이악(離惡)으로 번역한다.

293) 현량(現量, pratyakṣa) : 감각기관과 대상과의 접촉을 통해서 아는 감각지(感覺知)를 말한다. 예를 들어서 안식(眼識)이 안근(眼根)을 통해 색경(色境)을 인식하는 것 등이다.

294) 비량(比量, anumāna) : 이미 아는 사실을 가지고 비교해서 아직 알지 못하는 사실을 추측해서 아는 추리지(推理知)이다. 예를 들어서 연기가 있는 것을 미루어서 불을 안다거나, 나비와 벌이 모이는 것을 미루어서 꽃이 있음을 아는 것 등이다.

295) 성교량(聖敎量, śabda) : 성언량(聖言量)·정교량(正敎量)·지교량(至敎量)이라고도 한다. 성자의 말씀에는 잘못이 없다고 해서 이것에 의해 여러 가지 사실을 미루어 아는 것이다.

296) 멸진정(滅盡定) : 멸수상정(滅受想定)이라고도 한다. 모든 심상(心想)을 없애고 적정하기를 원해서 닦는 선정으로서, 6식의 심왕·심소와 제7식의 유루(有漏)의 일분(一分)을 현행하지 못하게 한다.

297) 오위무심(五位無心), 즉 수면(睡眠)·기절함(悶絶)·무상천(無想天)·무상정(無想定)·멸진정을 가리킨다.

298) 자신이 보고 듣고 깨달아 알기 위해서 일으키는 사려하는 마음〔緣慮心〕을 말한다.

299) 중생을 이롭게 하기 위해서 일으키는, 사려가 아닌 마음〔非緣慮心〕이다.

300) 이하 여래의 중생교화사업의 양상을 밝힌다.

301) 대내적으로는 자기의 몸과 마음을 제어하여 악덕을 물리치는 일이고, 대외적으로는 적의가 있는 자를 교화해서 악심을 버리게 하며, 장애를 가져오는 일을 쳐부수는 것을 말한다.

302) 화신(化身)은 홀로 일어나지 않고 반드시 법신의 증상연을 받음을 가리킨다.

303) 성문(聲聞)과 독각(獨覺)을 가리킨다.

304) 이하 중생의 신체와 재물로 하여금 원만하게 하는 까닭을 밝힌다.

305) 크샤트리야〔kṣatriya〕 : 찰제리(刹帝利)로 음역한다. 인도의 신분계급제도인 사성제(四姓制) 가운데 바라문족 다음가는 왕족·귀족의 지배계급이다. 석존도 이 계급 출신이었다.

306) 이하 정토와 예토(穢土)에서 얻기 쉬운 것〔易得〕과 얻기 어려운 것〔難得〕에 관해 말한다.

해심밀경 해설


I. 해심밀경의 구성체계와 사상

1. 경의 제목과 번역본

  해심밀경(解深密經)은 유식학의 근본경전〔所依經典〕이다. 유식학(唯識學)은 중관학(中觀學)과 함께 인도 대승불교의 양대산맥을 이룬다. 유식교학은 미륵(彌勒, Maitreya)・무착(無着, Asaṅga : 395~470년경)・세친(世親, Vasubandhu : 400~480년경)에 의해서 교의체계가 조직 대성되었다. 유식교의는 크게 다음과 같은 세 가지 부문, 즉 심식설(心識說 : 識轉變說・四分說・阿賴耶識說・種子說・末那識說・六識說・心所說), 삼성・삼무성의 중도설(三性 三無性說 : 변계소집성・의타기성・원성실성의 삼성과 삼무성의 非空非有中道說), 유식관(唯識觀 : 止觀行法・五位說・轉識得智說)으로 구성된다.
  이 경전은 중기 대승경전에 속하며, 편찬연대는 기원

3세기 전후로 추정된다. 이 경의 제목은 산스크리트어로 '산디니르모챠나수트라(Saṃdhinirmocanasūtra, 删地涅謨折那素恒纜)'이다. '산디(saṃdhi)'에는 ①깊고 비밀함〔深密〕②굳은 매듭〔堅節〕③상속(相續)의 세 가지 의미가 있다. '니르모챠나(nirmocana)'는 ①해탈 ②해석의 두 가지 뜻이 있다. 이처럼 이 경전은 ①깊고 비밀하며 상속하는 진리를 해석함 ②굳은 매듭 같은 미혹에서 해탈하게 함의 뜻이 있다. 이와 같은 몇 가지 뜻이 있기 때문에 한역본으로서 해심밀경·상속해탈경·심밀해탈경·해절경 등의 제목이 있게 되었다.

이 경의 한역본은 다음과 같다.
①상속해탈지바라밀요의경(相續解脫地波羅密了義經) 1권 : 송(宋) 구나발타라(求那跋陀羅) 번역
②상속해탈여래소작수순처요의경(相續解脫如來所作隨順處了義經) 1권 : 상동
③심밀해탈경(深密解脫經) 5권 : 북위(北魏) 보리유지(菩提流支) 번역
④불설해절경(佛說解節經) 1권 : 진(陳) 진제(眞諦) 번역
⑤해심밀경(解深密經) 5권 : 당(唐) 현장(玄奘) 번역

이 중에서 ③⑤는 완역이고 ①②④는 부분역이며, 구나발타라가 번역한 ①②를 합쳐서 상속해탈경이라고

부른다. 이 가운데 일반적으로 유통되는 것은 현장이 번역한 해심밀경이다.

이 경의 범본(梵本)은 전하지 않으며, 티베트본(Dgoṅs-pa ṅespar-ḥgrol-pa)이 현존한다. 참고로 말하면 프랑스의 라모뜨(Lamotte)가 이 경의 티베트본을 출판하면서 이것에 프랑스역을 첨부하기도 하였다.

## 2. 구성체계와 중심사상

현장의 번역본인 해심밀경에 의해 이 경의 구성체계와 내용을 간략히 살펴보기로 한다. 이 경은 아래와 같이 5권 8품으로 구성되어 있다.

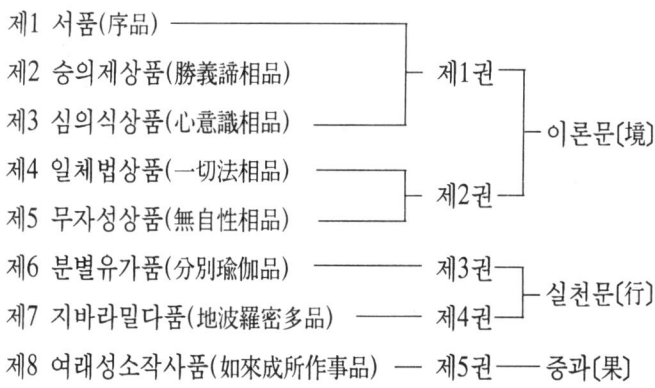

일반적으로 경전은 서분(序分)·정종분(正宗分)·유

통분(流通分)으로 구성된다. 그런데 해심밀경은 정종분 뒤에 별도로 유통분이 있는 것이 아니라, 제5 무자성상품부터 이하 각 품의 말미에 유통분 형식으로 품의 명칭, 받들어 지닐 것, 법회 대중이 중득한 바를 서술하는 형식으로 되어 있다. 정종분의 7품 중에서 처음의 4품은 이론문〔所觀境·敎〕이고, 제6 분별유가품과 제7 지바라밀다품은 실천문〔能觀行〕이며, 제8 여래성소작사품은 불과의 중과〔果〕에 대해 말한다.

참고로 말하면 서품을 제외한 나머지 7품이 유가사지론(瑜伽師地論) 제75권-78권에 전문(全文)이 인용되어 있다.

각 품의 내용의 개요와 중심사상은 다음과 같다.

제1 서품에서는, 세존께서 마가다국 왕사성 교외의 기사굴산에 계시면서 삼매 가운데 18원만의 타수용 정토를 현현하신다. 정토의 18가지 원만상은 세존께서 과거 보살로서 오랜 세월동안 이타행을 닦은 선근에 의해 이루어진 것이고, 또한 번뇌의 속박에서 벗어난 청정무구식(無垢識)에 의해 변현된 양상이다. 경의 설주(說主)인 여래의 경계가 어떠한가에 대해서 21가지 공덕을 성취하신 타수용 보신여래(他受用報身如來)임을 밝힌다. 법회에 모인 성문중(聲聞衆)은 13가지 덕을 갖추었으며, 보살중(菩薩衆)은 10가지 큰 공덕을 성취한 분들이다.

제2 승의제상품은 일체법의 참다운 성품인 승의제(勝

義諦)의 양상을 밝힌 진제문(眞諦門)이다. 여리청문보살·해심심의밀의보살·법용보살·선청정혜보살·선현장로 등이 등장하여 세존과 숭의제의 양상에 관하여 문답을 나눈다.

승의제, 즉 진여는 유위법이니 무위법이니 하는 두 가지 차별된 모습이 아니고, 일체의 언어를 떠나며, 사려분별이 작용하는 경계를 초월한 것이고, 모든 것에 두루하고 한맛으로 평등한 양상이다. 또한 본체계와 현상계의 관계에 대해서, 승의제의 양상이 진여의 본체〔理〕와 유위법의 현상계〔事〕가 하나 또는 별개라는 집착에서 멀리 초월한 것〔理事不一不二〕임을 밝힌다.

제3 심의식상품은 현상계의 존재 양상을 밝힌 속제문(俗諦門)이다. 광혜보살이 등장하여 세존께 심의식의 비밀한 뜻을 묻는다. 이에 전변의 주체〔能變〕이며 인식의 주체〔能緣〕인 심식(心識)의 존재 양상을 밝힘으로써, 생사의 근원을 깨닫고 유식(唯識)의 이치를 알게 한다.

아함경 등에 설해진 심의식설에서 심(心)이 곧 아뢰야식이고, 의(意)는 말나식이며, 식(識)은 안식부터 의식까지의 여섯 가지 식을 가리킨다. 그런데 해심밀경에서는 심의식의 비밀한 뜻을 밝히면서도 말나식에 대해서는 구체적으로 언급하지 않는다.

아뢰야식이 모든 잡염법의 저장소 역할을 하고, 윤회의 주체이며 현상계 생성의 근본임을 밝히고, 아득한 옛적부터 해탈에 이르기까지 그 흐름이 결코 단절되지 않음을 폭포의 비유로 말한다.

근본식과 현행식은 마치 파도와 물의 관계와 같고, 팔식은 상호인과관계 속에서 역동적으로 작용함을 밝힌다. 즉 오식은 대면하는 대상에 따라 하나 또는 여러 가지가 함께 일어나는 데 비하여, 의식·아뢰야식은 항상 함께 일어난다.

제4 일체법상품은 현상계와 본체계를 총체적으로 밝힌다. 덕본보살에게 일체법은 변계소집성·의타기성·원성실성의 세 가지 성품이 있음을 말한다.

변계소집성(遍計所執性)은 두루 계탁하여 집착되는 속성을 지니는 법의 양상이다. 두루 분별하여 착각하며 집착하는 것을 주체면에서 능변계(能遍計), 대상면에서 소변계(所遍計 : 신체를 포함한 모든 존재물)로 나눈다. 우리는 자아나 외부대상이 실재성이 있는 것으로 착각하고 집착하지만, 사실은 허망분별에 의해 가상(假想)된 변계소집성으로서 허공의 꽃처럼 실재성이 없다.

의타기성(依他起性)은 의타기, 즉 인연으로 생겨난 법으로서 곧 팔식이다.

원성실성(圓成實性)은 궁극적인 진실, 곧 완성된 진여이다. 그것은 존재면에서 진여이고 인식적으로는 무분별지혜이다.

끝으로 잡염법을 단멸하고 청정법을 증득함을 잘 통

달하는 것에 관해서, 의타기성에서 변계소집성을 멀리 여의면 잡염된 의타기성이 청정한 의타기성으로 전환되며, 그 청정한 의타기성이 그대로 원성실성임을 밝힌다.

  제5 무자성상품에서는 능전(能詮)의 교설의 의의에 대해서 삼무자성과 삼시교설(三時敎說)로서 밝힌다. 숭의생보살에게 상무자성·생무자성·숭의무자성의 삼무자성에 대해 설명한다.

  상무자성(相無自性)은 변계소집성의 존재성 부정이다. 경험세계의 사물은 허공의 꽃처럼 실재성이 없는데도, 우리의 식(識)에 의해 실재하는 것처럼 보이며, 개념이나 언어로써 파악되고 집착되어진다. 이러한 변계소집성에는 자성이 없으므로 상무자성이다.

  생무자성(生無自性)은 의타기성의 존재성 부정이다. 현재의 심식은 자연발생적으로 생겨나는 것이 아니라, 과거의 습기(習氣)와 현재의 여러 가지 연(緣)의 세력에 의해서 이루어지기 때문에 생무자성이다.

  승의무자성(勝義無自性)은 '승의이고 자성없는 성품'의 의미로서, 원성실성이 모든 존재 가운데 최고의 가치를 갖는 승의(勝義)이며 자성없는 성품이 나타난 바이므로 그렇게 부른다.

  유식학에서는 석존의 중도설을 거듭 천명함에 있어서, 삼자성의 유(有)와 삼무자성의 무(無)의 두 가지 측면을 지닌 유무중도설로서 주장한다.

끝으로 석존 일대의 가르침에 삼시(三時)의 교설이 있음을 밝히는데, 이에 근거하여 후대 법상종에서 삼시교관(三時敎判 : 有敎・空敎・中道敎)을 세웠다.

제6 분별유가품에서는 자씨보살이 등장하여 세존께 미혹을 단멸하고 승의제인 진여를 중득하는 지관행법(止觀行法)에 대해 묻는다. 이에 세존께서 원만 청정하고 승묘한 유가행에 관해서 열여덟 가지 부문에 걸쳐서 설명한다.

우선 지관 수행을 실천함에 있어서 두 가지 전제조건(의지처・머물 곳)으로서 교설〔法假安立〕과 무상정등각을 얻고자 하는 서원을 든다. 지관행에서 영상의 문제에 대해서는, 우선 네 가지 인식대상(유분별영상・무분별영상・사물의 궁극적인 것인 인식대상・할 바를 마친 것인 인식대상)을 지관에 배대한다. 마음과 영상과의 관계에 대해서 지관을 행할 때의 영상은 오직 식(識)이 현현된 것임을 밝힌다. 사마타〔止〕와 위빠사나〔觀〕를 동시에 닦아야 함을 강조한다. 사마타의 상태(心一境性과 心身의 輕安) 위에 나타난 영상이 위빠사나의 인식대상이어야 한다.

지관에서 알아야 하는 법과 그 의미에 대한 영상이 현현해야 할 필요성을 강조한다. 선정에 의한 영상이 현전하는 것이 이지명합(理智冥合)의 조건이기 때문이다. 그러나 궁극적으로 그 영상을 없애지 않으면 무루의 무분별지혜가 생겨날 수 없기 때문에, 아는 데서 집착을 일으키는 열 가지 모습을 끊기 위한 열일곱 가지 공관(空觀)을 말한다.

지관의 공능(功能)으로는 청정한 계율, 청정한 문혜(聞慧)·사혜(思慧)로 지관을 수행함으로써 형상에 의한 속박[相縛]과 유루종자에 의한 속박[麤重縛]에서 해탈케 함을 든다. 오장(五障)·오개(五蓋) 중에서 지관의 장애를 밝히고 수행 가운데 그것의 다스려짐을 말하고, 십지에서 다스려지는 장애들을 열거함으로써 지침으로 삼게 한다. 지관행이 이끌어내는 여덟 가지 광대한 위덕을 들고, 궁극적으로 모든 감수작용이 소멸되면서 무여의열반에 들어감을 밝힌다.

제7 지바라밀다품(地波羅密多品)에서는 관자재보살이 등장하여 세존께 보살의 바라밀 수행과 증과의 과정을 묻는다. 이에 보살이 처음 보리심을 일으켜서 복덕과 지혜의 행을 닦아 익히는 자량위(資糧位)부터 불과(佛果)에 이르기까지 지관수행의 단계를 11지(地)로 설명한다.

먼저 보살의 십지와 불지(佛地)가 네 가지 청정함과 열한 가지 갈래에 포섭됨을 밝히고, 열한 가지 지위의 명칭의 인연과, 여러 지위에서 다스려져야 할 번뇌와 종자에 대해 설명한다.

보살의 수행단계 중에서 특히 십지의 행법을 십바라 밀다에 배대하여 설명한다. 이어서 육바라밀다·삼학 (三學)·지혜와 복덕의 자량(資糧)과의 관계, 육바라밀 다를 실천함에 있어서 다섯 가지 마음가짐, 육바라밀다 가 온갖 수행의 중심이 되는 행인 까닭, 육바라밀다 각 각의 종류, 육바라밀다 각각의 명칭의 인연, 육바라밀다 수행의 과보를 밝힌다. 육바라밀다에 일곱 가지 청정한 양상이 있음, 보살이 육바라밀다를 행하는 까닭과 그 위덕, 육바라밀다를 닦아 익히는 연수(年數)에 대해 말 한다.

　제8 여래성소작사품(如來成所作事品)에서는 만수실리 보살이 등장하여 불신(佛身)의 원만한 공덕과 교화사업 에 대해 묻는다. 이에 불신(佛身)의 원만한 공덕과 작 용, 여래의 중생교화의 양상, 불보살의 위덕으로 중생의 신체와 재물로 하여금 원만하게 하는 까닭을 밝히고, 정토와 예토(穢土)에서 얻기 쉬운 것〔易得〕과 얻기 어려 운 것〔難得〕에 대해 말한다.

### 3. 경전의 연구서

　이 경전에 대한 주석서로는 원측(圓測, 613~696)의 해심밀경소(解深密經疏) 10권, 영인(令因)의 소(疏) 11 권, 현범(玄範)의 소(疏) 10권, 원효(元曉)의 소(疏) 3권,

경흥(璟興)의 소(疏) 등이 있었으나, 현존하여 널리 유통되는 것은 원측의 해심밀경소뿐이다. 이 주석서는 제10권이 산실되었으나 이것의 티베트본이 전부 현존한다. 일본의 이네바 쇼오쥬(稻葉正就)씨가 티베트본으로부터 제10권을 한문으로 복역(復譯)하였다. 이처럼 복원된 완본이 한국불교전서(동국대 출판부) 제1책에 수록되어 있다.

티베트의 주석서로는 현존 티베트대장경에 다음과 같은 세 종류가 수록되어 있다.

① Saṃdhinirmocana-sūtra-bhāṣya(無着의 疏, 北 104-1)
② Saṃdhinirmocana-sūtre Ārya-Maitreya-kevala-parvartha-bhāṣyam, Jñāna-garbha(慈氏章에 대한 智藏의 疏, 北 109-19)
③ Saṃdhinirmocana-sūtra-vyākhyāna, Byaṅ-chub rdsuḥphrul(覺通의 疏, 北 144-191)

## Ⅱ. 해심밀경에 나타난 지관행법의 체계

유식교학은 유가사(瑜伽師)가 지관(止觀)을 수행하는 과정에서 체험한 직관을 바탕으로 이론화되었다. 인도에서의 유가행파(瑜伽行派, Yogācārin)라는 명칭에서도 알 수 있듯이, 유식경론에는 지관의 수행법에 대해 비교적 자세하게 설명되고 있다.

해심밀경은 5권 8품으로 되어 있는데, 크게 이론문(서품~제5 무자성상품)과 실천문(제6 분별유가품~제8 여래성소작사품)으로 나뉘어 논리정연한 체계로 구성된다. 지관수행에 대해서는 분별유가품에서 상세하게 설해져 있다. 분별유가품은 세존(他受用報身佛)과 자씨보살과의 문답형식으로 18가지 부문에 걸쳐서 승묘한 지관행이 설해져 있다. 분별유가란 지혜로써 유가행을 판별 해설하는 것을 말한다.

유가사지론(瑜伽師地論)은 유가관행자(瑜伽觀行者)의 관찰대상(境)·수행(行)·증과(果)를 성문지·독각지·보살지로 나누어 상세하게 설명하고 있는데, 이 논서의 제77권 섭결택분(攝決擇分)에 이 경전의 본품의 내용이 그대로 인용되어 있다.

1. 분별유가품에 설해진 지관행법의 체계

(*각 항의 〔 〕 안의 명칭은 원측의 해심밀경소에서 인용함)
① 지관의 의지처와 머물 곳 〔分別止觀依住門〕
② 지관의 인식대상의 경계 〔止觀所緣差別門〕
③ 사마타(止)를 구하고 위빠사나(觀)를 잘 행하는 방법 〔分別能求止觀門〕

④지관에 수순하는 작의(作意)〔隨順止觀作意門〕
⑤사마타와 위빠사나는 다르지도 않고 다르지 않은 것도 아님〔止觀二道同異門〕
⑥지관을 행할 때의 영상은 오직 식(識)이 현현된 것〔分別止觀唯識門〕
⑦사마타와 위빠사나를 함께 닦아야 함〔修習止觀單複門〕
⑧지관의 종류〔止觀種數差別門〕
⑨수행자의 근기에 따라 법에 의지하거나 의지하지 않는 지관행을 닦음〔依不依法止觀門〕
⑩심구(尋求)와 사찰(伺察)의 있고 없음에 따른 삼매의 종류〔有尋伺等差別門〕
⑪그치는 양상〔止相〕·일으키는 양상〔擧相〕·평정의 양상〔捨相〕〔止擧捨相差別門〕
⑫알아야 할 법과 그 의미에 대한 영상의 현현과 제거의 필요성〔知法知義差別門〕
⑬지관이 포섭하는 선정의 종류〔止觀能攝諸定門〕
⑭지관의 인과와 작용〔止觀因果作業門〕
⑮지관의 모든 장애와 그것을 없애는 방법〔止觀治障差別門〕
⑯지관에 의해 십지(十地)에서의 장애를 다스리는 과정〔止觀能證菩提門〕
⑰지관행이 이끌어내는 여섯 가지 광대한 위덕〔引發

廣大威德門〕
⑱ 모든 감수작용이 소멸되면서 무여의열반에 들어감
〔於無餘依滅受門〕

## 2. 지관행법의 체계와 내용

### 1) 지관 수행의 전제조건
(1) 지관의 의지처와 머물 곳〔分別止觀依住門〕
지관수행에서의 두 가지 전제조건을 명시한다.
① 연기(緣起)·무아(無我)·중도(中道)의 근본명제 위에 시설된 세존의 교설(法假安立)
② 무상정등각(無上正等覺)을 얻고자 하는 서원 발보리심(發菩提心)이야말로 지관행(止觀行)을 일으키는 원동력이 되고, 그 실천에는 부처님의 자내증(自內證)을 말씀하신 갖가지 교설이 지침이 되기 때문이다.

### 2) 영상의 문제
(1) 지관의 인식대상의 경계〔止觀所緣差別門〕
지관을 행함에 있어서 지전(地前)·지상(地上)·여래지에서의 인식대상의 경계를 밝힌다.
① 분별이 없는 영상인 인식대상의 경계〔無分別影像所緣境事〕—사마타〔止〕의 인식대상으로서, 지전(地

前)의 선정에 의해 반연되는 무분별선정심(無分別定心)의 영상경계이다.
② 분별이 있는 영상인 인식대상의 경계〔有分別影像所緣境事〕— 위빠사나〔觀〕의 인식대상으로서 지전의 관찰에 의해 분별 추구해서 반연되는 차별의 영상경계이다.
③ 사물의 궁극적인 것(眞如의 理法)인 인식대상의 경계〔事邊際所緣境事〕— 진여의 이법(理法)으로서, 십지에서의 사마타·위빠사나 모두의 인식대상의 경계이다.
④ 할 바를 성취한 것(佛의 경계)인 인식대상의 경계〔所作成辦所緣境事〕— 불지(佛地)에서의 사마타·위빠사나 모두의 관조〔所照〕의 경계이다.

(2) 지관을 행할 때의 영상은 오직 식(識)이 현현된 것임을 밝힘〔分別止觀唯識門〕

　마음과 영상의 관계에 대해서 설명한다. 지관을 행하는 마음 속에 나타나는 갖가지 영상은 식(識)과 다르지 않다. 그 영상은 오직 식으로서, 식(見分)의 인식대상(相分)이고 다만 식(자체분)이 현현된 것(見相二分)이기 때문이다. 마음의 자체분 위에 능연(能緣)의 작용(見分)과 소연(所緣)의 영상(相分)이 현현하고, 전자가 후자를 반연하여 인식한다.

이 부분은 후대 유식교학에서 중요시되었다. 외부의 존재는 마음에서 독립적으로 실재하는 것이 아니고 오직 식이 전변된 것〔心外無別法 唯識所變〕인데, 범부는 외부대상이 마음에서 독립적으로 실재하는 것〔心外實有〕이라고 허망되게 집착한다.

### 3) 지관의 구체적인 수행에 들어감

(1) 사마타를 구하고 위빠사나를 잘 행하는 방법〔分別能求止觀門〕

① 사마타를 구하는 방법—고요한 곳에 홀로 앉아서 잡념을 버리고, 십이분교(十二分敎)로 이루어지는 부처님의 교설을 잘 작의(作意) 사유한다. 전환해서 사유의 주체인 마음을 지속적으로 작의 사유하면 정신이 한 곳에 집중된 상태에서 몸과 마음의 편안함〔輕安〕을 이룬다.

② 위빠사나를 잘 행하는 방법—몸과 마음의 평안〔輕安〕 위에서 사유되는 법의 영상이 삼마지(三摩地 : 止)에 의해 명료해지고, 그 영상을 잘 관찰하고 뛰어나게 이해하며〔勝解〕 두루 살펴서〔尋〕 관찰〔伺〕하는 곳에서 인지〔忍〕· 즐거움〔樂〕· 결택〔慧〕· 견해〔見〕· 관찰 등 지혜의 활동이 있게 된다.

③ 사마타와 위빠사나는 동시에 행해져야 하고, 그 영상은 궁극적으로 버려져야 한다.

＊지전(地前)에서는 영상이 현현될 정도로 사마타의 전주(專注)가 필요하다. 알아야 할 교법에 대한 영상은 지상(地上)에 이르러 자세히 관찰되고 뛰어나게 이해되며 궁극적으로 버려짐으로써 이지명합(理智冥合)하여 참다운 해탈을 이룰 수 있다.

(2) 지관에 수순하는 작의를 밝힘〔隨順止觀作意門〕
 아직 몸과 마음의 평안함〔輕安〕을 얻지 못한 상태에서의 작의(作意 : 마음을 대상에 주의케 하는 작용)는 지관에서의 작의가 아니라 지관에 수순하는 승해상응(勝解相應)의 작의이다. 몸과 마음의 평안함을 얻은 상태에서의 지관의 작의가 되어야 한다.
① 오로지 사마타에 수순하는 승해상응의 작의 — 본래부터 있는 것(依他起相)을 있는 그대로 보는 영상이 나타나 있지만 그 영상을 분별 집착하는 일은 전혀 없다.
② 오로지 위빠사나에 수순하는 승해상응의 작의 — 상분(相分)과 견분(見分)으로 분화된 분별에 의한 영상을 나타낸다. 이때 그 영상이 마음 밖에 실재한다고 집착할 우려가 있다.

4) 지관쌍수(止觀雙修)의 강조
(1) 사마타와 위빠사나가 다르지도 않고 다르지 않은

것도 아님을 밝힘〔止觀二道同異門〕
① 다르지 않은 이유—사마타와 위빠사나는 둘 다 경안(輕安)을 의지처로 하고, 본래부터 있는 것(依他起相) 위에서 작용하는 마음의 작용이기 때문이다.
② 다른 이유—사마타는 무분별영상을, 위빠사나는 유분별영상을 인식대상으로 하기 때문이다.

(2) 사마타와 위빠사나를 함께 닦아야 함을 강조함〔修習止觀單複門〕

오로지 사마타만을 닦으면 식이 중단됨이 없는 상속심(相續心)인 것으로 오인하기 쉽고, 오로지 위빠사나만을 닦으면 심외실유(心外實有)의 망집에 빠질 우려가 있다. 사마타와 위빠사나를 함께 행할 때는 선정의 마음에 나타난 영상이 오직 식(識)임을 통달하고 진여성을 사유할 수 있다. 지관을 함께 행하여 사마타의 상태 위에 나타난 영상이 위빠사나의 인식대상이어야 한다.

**5) 지관의 종류**
(1) 지관의 종류를 판별함〔止觀種數差別門〕
지관을 닦을 때 조악(粗惡)함과 미세함에 따라 구분한다.
ⓐ 유상관(有相觀)—선정의 마음 위에 현현된 유분별영상을 사유함

ⓑ심구관(尋求觀) — 조악(粗惡)한 혜(慧)로써 사리(事理)를 살핌
　　ⓒ사찰관(伺察觀) — 정밀한 혜로써 사리를 관찰함
②사마타의 종류 — ⓐ유상(有相)의 사마타 ⓑ심구(尋求)의 사마타 ⓒ사찰(伺察)의 사마타 ⓓ색계의 네 가지 정려[四靜慮]와 무색계의 네 가지 선정[四定] ⓔ사무량심정(四無量心定)
③위빠사나의 종류 — ⓐ유상의 위빠사나 ⓑ심구의 위빠사나 ⓒ사찰의 위빠사나

(2) 수행자의 근기에 따라 법에 의지하거나 의지하지 않는 지관행을 닦음〔依不依法止觀門〕

　이근(利根)의 수행자는 법에 의한 지관을 행하는 수법행인(隨法行人)이다.

　둔근(鈍根)의 수행자는 남의 가르침에 의지해야 하는 수신행인(隨信行人)이다. 수식관(數息觀)·부정관(不淨觀)·자비관(慈悲觀) 등의 구체적인 지도가 행해지고, 무상·고·무아·열반적정 등과 같은 진리를 스승의 가르침에 의해 닦는다.

　• 이근(利根)의 수법행(隨法行)에도 지혜의 뛰어나고 열등함, 관(觀)의 성숙과 미숙 등에 따라 총(總)·별(別)의 지관이 있음을 밝힌다.

①별법(別法 : 一經의 교설·佛敎各論)을 반연하는 지관

②총법(總法 : 일체경의 교설·진여)을 반연하는 지관 — ⓐ소총법(小總法 : 佛敎槪論)을 반연하는 지관 ⓑ대총법(大總法 : 佛敎要論)을 반연하는 지관 ⓒ무량총법(無量總法 : 불교본질론)을 반연하는 지관

• 총법(總法)을 반연하여 지관함으로써 얻어지는 5가지 공덕

① 찰나마다 모든 유루종자〔麤重〕의 의지처(心識)가 밝아지고 유연해진다.
② 희론에 의해 시설된 명칭·문구·글자를 멀리 떠나 무분별지혜를 증득해서 생기는 희열을 얻어서 논쟁을 멀리 떠난다.
③ 시방의 차별없는 모습을 비추는 한량없는 법의 광명을 안다.
④ 불과(佛果)에 상응하는 청정 무분별상이 항상 현전하여 부처님과 같은 상호를 나타낸다.
⑤ 불지(佛地)의 뛰어난 선근을 섭수하여 정정취불퇴인(正定聚不退人)이 된다.

  *극희지(極喜地)에서 비로소 진여에 통달하고, 제3 발광지(發光地)에서 선정의 자재를 얻어 무량한 지혜의 광명을 낸다.

(3) 심구(尋求)와 사찰(伺察)의 유무에 따라 삼마지의 종류를 밝힘〔有尋伺等差別門〕

①유심유사(有尋有伺)의 삼마지 ②무심유사(無尋唯伺)의 삼마지 ③무심무사(無尋無伺)의 삼마지
* 총법을 반연하는 것은 무심무사(無尋無伺)의 삼마지에서의 지관이다.

**6) 알아야 할 법과 의미에 관한 영상의 현현과 제거의 필요성**
(1) 법과 의미(義)를 알고 영상을 없애는 17가지 공관(空觀)을 설함〔知法知義差別門〕
① 알아야 하는〔所知〕법에 대해 안다―경전 등의 교설을 바르게 이해하기 위해서는 명칭〔名〕·문구〔句〕·글자〔文〕의 다섯 가지 양상, 즉 그것들이 가립되는 근거와, 그것들을 개별적으로 총괄적으로 반연 사유하여 사물 자체의 성질을 알아야 한다.
② 알아야 하는 의미에 대해 안다―모든 법에 대해 십의〔十義: 盡所有性·如所有性(七眞如)·能取·所取·건립·수용·顚倒·無顚倒·잡염·청정(37道品)〕를 알아야 한다.
* ⓐ7진여 중에서 유전진여(流轉眞如: 迷界流轉의 있는 그대로의 양상)·안립진여(현실 고통의 있는 그대로의 양상. 苦聖諦)·사행진여(邪行眞如: 集聖諦)를 앎으로써 모든 유정들이 평등함을 안다.
ⓑ 상진여(相眞如: 일체법의 無我의 진리 그대로의 모습)·요별진여(만법유식의 도리)를 앎으로써 일체법

이 평등함을 안다.

ⓒ 청정진여(淸聖諦)를 앎으로써 성문·독각의 보리(菩提)와 부처님의 아뇩다라삼먁삼보리가 평등함을 안다.

③ 능지(能知 : 三慧)의 차이를 밝힌다 ─ 문혜(聞慧)·사혜(思慧)·수혜(修慧) 중에서 수혜만이 알아야 하는 법과 동일한 영상이 현전하므로 그 참다운 모습을 인식할 수 있고, 해탈에 잘 수순하고 성취하여 이지명합(理智冥合)의 풍광을 나타낸다.

④ 지(智)와 견(見)의 차이를 밝힌다

ⓐ 지(智) ─ 총법을 반연하여 지관에 의해 얻어진 묘혜(妙慧)

ⓑ 견(見) ─ 별법을 반연하여 지관에 의해 얻어진 묘혜

⑤ 영상은 궁극적으로 제거되어야 한다.

지관행 중에 현현된 법의(法義)의 영상을 없애지 않으면 무루(無漏)의 무분별지혜가 생겨날 수 없다. 무분별지혜에 상응하는 작의에 의해 능전(能詮)과 소전(所詮)의 의미의 모습〔義相〕을 없애서 이지명합해야 한다. 삼마지에 안주해서 세 가지 지혜에 의해 진여 무상(無相)을 증득해야 한다.

⑥ 영상을 없애고 진여성을 증득〔遺相證性〕하기 위한 17가지 공관(空觀)을 말한다.

법과 그 의미를 알기 때문에 일으키는 10가지 집

착의 모습을 17가지 공관을 닦음으로써 버린다. ⓐ일체법공관(一切法空觀) ⓑ사상공관(四相空觀) ⓒ상속상공관(相續相空觀) ⓓ내공관(內空觀) ⓔ무소득공관(無所得空觀) ⓕ외공관(外空觀) ⓖ내외공관(內外空觀) ⓗ본성공관(本性空觀) ⓘ대공관(大空觀) ⓙ유위공관(有爲空觀) ⓚ필경공관(畢竟空觀) ⓛ무성공관(無性空觀) ⓜ무성자성공관(無性自性空觀) ⓝ승의공관(勝義空觀) ⓞ무위공관(無爲空觀) ⓟ무변이공관(無變異空觀) ⓠ공공관(空空觀)

(2) 지관이 포섭하는 선정의 종류를 밝힘〔止觀能攝諸定門〕

모든 성문·보살·여래에게 있는 많은 종류의 뛰어난 삼마지가 모두 지관에 포섭된다. 즉 모든 삼매문은 지관에 포섭된다.

### 7) 지관의 장애를 다스리는 방법

(1) 그치는 양상〔止相〕·드는 양상〔擧相〕·평정의 양상〔捨相〕을 설명함〔止擧捨相差別門〕—지관의 장애와 그것을 없애는 방법에 대해 말한다.

①그치는 양상〔止相〕—마음이 들뜨거나 흥분할 때 싫어할 만한 법에 대한 작의를 일으켜서 사유하면 들뜸〔掉擧〕이 저절로 가라앉아 고요해짐

②드는 양상〔擧相〕— 마음이 침체·혼침될 때 기뻐할 만한 법에 대한 작의를 일으켜서 사유하면 혼침에서 벗어남

③평정의 양상〔捨相〕— ⓐ한결같이 사마타나 위빠사나만을 닦을 때나 혹은 지관을 함께 행할 때에 들뜸과 혼침의 수번뇌에 오염되지 않은 작의 ⓑ마음에 아무런 조작도 가해지지 않고 자연히 자유롭게 움직이는 가운데 있는 작의

(2) 지관의 모든 장애와 그것을 없애는 방법을 밝힘〔止觀治障差別門〕

①오장(五障) 중에서 지관의 장애

ⓐ사마타의 장애 — 신체와 재물에 집착함으로써 지관을 닦을 수 없음

ⓑ위빠사나의 장애 — 성교(聖敎)에 대해 교의를 판별할 수 없기 때문에 가행(加行)이 구경에 이를 수 없음

ⓒ지관의 장애 — 모습에 잡염되게 머무는 것을 좋아하고 작은 선근에 만족하고 기뻐하는 것

②오개(五蓋) 중에서 지관의 장애

ⓐ사마타의 장애 — 들뜸〔掉擧〕·후회〔惡作〕

ⓑ위빠사나의 장애 — 혼침·수면(睡眠)·의심

ⓒ사마타·위빠사나의 장애 — 탐욕·성냄

③지관의 장애를 없애기 위한 정진노력
ⓐ혼침·수면을 없앰→사마타도〔止道〕의 원만청정함을 얻음
ⓑ들뜸과 후회를 없앰→위빠사나도〔觀道〕의 원만청정함을 얻음

(3) 지관에 의해 십지(十地)에서의 장애를 다스리는 과정을 밝힘〔止觀能證菩提門〕
①대상에 마음이 산란케 되는 5가지 정신작용 — 작의산동(作意散動)·외심산동(外心散動)·내심산동(內心散動)·상산동(相散動)·추중산동(麤重散動)
②지관에 의해 십지에서의 장애를 다스림
ⓐ初地(極喜地) — 악취(惡趣)의 번뇌·업·태어남의 잡염의 장애를 다스림
ⓑ제2지(離垢地) — 미세하고 그릇되게 계율을 범하는 것이 현행하는 장애를 다스림
ⓒ제3지(發光地) — 탐욕의 장애를 다스림
ⓓ제4지(焰慧地) — 선정과 법에 대한 애착의 장애를 다스림
ⓔ제5지(極難勝地) — 생사와 열반에 대해 한결같이 등지거나 나아가는 장애를 다스림
ⓕ제6지(現前地) — 모습이 많이 현행하는 장애를 다스림

ⓖ 제7지(遠行地) — 미세한 모습이 현행하는 장애를 다스림
ⓗ 제8지(不動地) — 모습없음에서 공용(功用)을 짓거나 모습있음에서 자재를 얻지 못하는 장애를 다스림
ⓘ 제9지(善慧地) — 모든 종류의 뛰어난 언어에 자재함을 얻지 못하는 장애를 다스림
ⓙ 제10지(法雲地) — 원만한 법신을 증득하지 못하는 장애를 다스림
ⓚ 여래지 — 가장 미세한 번뇌장과 소지장(所知障)을 다스림·아공(我空)과 법공(法空)의 지견(智見)을 증득하고, 할 바를 원만히 성취함의 인식대상에 의지해서 가장 청정한 법신을 건립함
③ 7가지 진여를 바르게 사유함으로써 마음이 모든 미세한 모습(22가지 모습이 열거됨)이 현행함을 다스림으로써 찰나마다 모든 계박·오개(五蓋)·산동(散動)으로부터 마음을 다스린다.
④ 견도(見道)에서 사물의 궁극적인 것인 인식대상[事邊際所緣相]을 작의 사유 → 수도(修道)에서 할 바를 성취한 것인 인식대상[所作成辨所緣相]을 작의 사유 → 무상정등각을 증득

8) 지관의 기능[功能]
(1) 지관의 인과와 작용[業用]을 밝힘 [止觀因果作業

門〕
① 원인 ― 청정한 계율과 청정한 문혜(聞慧)·사혜(思慧)
② 결과 ― 청정한 계율·청정한 마음(止)과 청정한 지혜(觀)·세간과 출세간의 모든 선법(善法)
③ 작용 ― 형상에 의한 속박〔相縛〕과 유루종자에 의한 속박〔麤重縛〕으로부터 해탈케 함

(2) 지관행이 이끌어내는 여섯 가지 광대한 위덕〔引發廣大威德門〕
① 마음이 일어나는 것(마음의 작용)을 앎 ― 열여덟 가지 행(行)의 마음이 일어나는 차이를 여실히 앎
 * (아타나식·제6식·욕계에 계박된 제8식·색계에 계박된 제8식·무색계의 공무변처정와 식무변처정에서의 제8식·무색계의 무소유처정에서의 제8식·비상비비상처정에서의 제8식·열반의 理法을 반연하는 식·지옥의 고통을 불러들이는 식·욕계에 계박된 雜受俱行의 식·색계의 초정려와 제2정려에서의 喜受俱行의 식·제3정려에서의 樂受俱行의 식·제4정려에서 비상비비상처정에서의 不苦不樂受俱行의 식·모든 번뇌와 隨煩惱가 상응하는 染汚俱行의 식·11가지 善心所가 상응하는 善俱行의 식·無記俱行의 식)
② 마음이 머무는 것(心自體)을 앎 ― 요별진여(了別眞

如 : 萬法唯識의 理法)를 여실히 앎
③ 마음이 벗어나는 것(心解脫)을 앎 — 형상에 의한 속박과 유루종자에 의한 속박에서 벗어남을 앎
④ 마음이 증장함을 앎 — 형상에 의한 속박과 유루종자에 의한 속박을 다스리는 마음이 증장함을 앎
⑤ 마음이 감소함을 앎 — 형상에 의한 속박과 유루종자에 의한 속박에 잡염된 마음이 다스려질 때 그것이 감소함을 앎
⑥ 방편(마음작용의 범주)을 앎 — 해탈·여덟 가지 선정(색계 4·무색계 4)을 알고, 십변처(十遍處 : 지·수·화·풍·청·황·적·백·空·識)의 닦거나 버림을 여실히 앎.

(3) 모든 감수작용이 소멸되면서 무여의열반에 들어감〔於無餘依滅受門〕

무여의열반에서 영원히 소멸되는 감수작용〔受〕들을 밝힌다.

① 소의추중수(所依麤重受) : 육근(六根)을 의지처로 해서 생겨나는 감수작용 — 염오의 번뇌에 상응하는 감수작용의 종자

ⓐ 유색소의수(有色所依受) : 오근(五根)을 의지처로 해서 생겨나는 오식상응(五識相應)의 감수작용

ⓑ 무색소의수(無色所依受) : 심법(心法)을 의지처로

해서 생겨나는 의식상응(意識相應)의 감수작용
ⓒ과이성만추중수(果已成滿麤重受) : 과거의 혹업(惑業)에 의해 생겨난 현재의 감수작용의 종자
ⓓ과미성만추중수(果未成滿麤重受) : 현재의 혹업에 의한 미래의 감수작용의 종자
②과경계수(果境界受) : 증상과(增上果)인 육경(六境)을 반연하여 현행하는 감수작용
ⓐ의지수(依持受) : 유정을 의지하는 기세간(器世間)을 반연하는 감수작용
ⓑ자구수(資具受) : 옷·약 등 자생(資生)의 도구를 반연하는 감수작용
ⓒ수용수(受用受) : 기세간과 자구(資具)를 직접 수용하는 감수작용
ⓓ고연수(顧戀受) : 재물을 돌아보고 연연해하는 감수작용
\* 유여의열반(有餘依涅槃)에서는 과이성만수(果已成滿受)는 존속한다.

이상과 같이 해심밀경의 분별유가품에 나타난 지관행법의 체계를 살펴보았다. 유식학의 지관행법을 구체적으로 연구 체험하며, 현대생활에 알맞게 재구성하여 보급해야 하겠다.

# 解深密經

大唐 三藏法師 玄奘 奉詔 譯

## 序品 第一

　如是我聞하사오니　一時에　薄伽梵께서　住最勝光曜七寶莊嚴이 放大光明하여　普照一切無邊世界하고　無量方所를　妙飾間列하며 周圓無際하여　其量難測하고　超過三界所行之處하며　勝出世間善 根所起하고　最極自在淨識爲相하며　如來所都이며　諸大菩薩衆所 雲集하고　無量한　天과　龍과　藥叉와　健達縛과　阿素洛과　揭路茶와 緊捺洛과　牟呼洛伽과　人非人等이　常所翼從하며　廣大法味로　喜 樂所持하고　作諸衆生一切義利하며　滅諸煩惱災橫纏垢하고　遠離 衆魔하며　過諸莊嚴如來莊嚴之所依處이고　大念慧行으로　以爲遊 路하며　大止妙觀으로　以爲所乘하고　大空과　無相과　無願解脫로 爲所入門하는등　無量功德衆所莊嚴하고　大寶花王衆으로　所建立

大宮殿中이니라.

　是薄伽梵께서는　最淸淨覺이시라　不二現行하고　趣無相法하며　住於佛住이니라　逮得一切佛平等性하고　到無障處니라　不可轉法하고　所行無得하며　其所成立不可思議하니라　遊於三世平等法性하고　其身流布一切世界하며　於一切法에　智無疑滯하고　於一切行에　成就大覺하니라　於諸法智에　無有疑惑하고　凡所現身은　不可分別이며　一切菩薩이　正所求智이니라　得佛無二하여　住勝彼岸하고　不相間雜한　如來解脫妙智究竟하며　證無中邊佛地平等하고　極於法界하며　盡虛空性하고　窮未來際하니라

　與無量大聲聞衆俱하시니　一切調順하고　皆是佛子라　心善解脫하고　慧善解脫하며　戒善淸淨하고　趣求法樂하며　多聞聞持하니라　其聞積集하여　善思所思하고　善說所說하며　善作所作하고　捷慧와　速慧와　利慧와　出慧와　勝決擇慧와　大慧와　廣慧及無等慧등　慧寶成就하니라　具足三明하고　逮得第一現法樂住하여　大淨福田이고　威儀寂靜하며　無不圓滿하고　大忍柔和成就하고　無減하여　已善奉行如來聖敎하니라

　復有無量菩薩摩訶薩하니　從種種佛土而來集會라　皆住大乘하고　遊大乘法하며　於諸衆生에　其心平等하고　離諸分別及不分別種種分別하며　摧伏一切衆魔怨敵하고　遠離一切聲聞獨覺所有作意하며　廣大法味로　喜樂所持이고　超五怖畏하여　一向趣入不退轉地하니라　息一切衆生의　一切苦惱所逼迫地하고　而現在前이니라　其名曰　解甚深義密意菩薩摩訶薩과　如理請問菩薩摩訶薩과　法

涌菩薩摩訶薩과 善淸淨慧菩薩摩訶薩과 廣慧菩薩摩訶薩과 德本菩薩摩訶薩과 勝義生菩薩摩訶薩과 觀自在菩薩摩訶薩과 慈氏菩薩摩訶薩과 曼殊室利菩薩摩訶薩等을 而爲上首하니라

## 勝義諦相品 第二

爾時에 如理請問菩薩摩訶薩이 卽於佛前에서 問解甚深義密意菩薩言하기를 最勝子여 言一切法無二이니다 一切法無二者란 何等一切法이고 云何爲無二니까 解甚深義密意菩薩이 告如理請問菩薩曰하되 善男子여 一切法者는 略有二種이니 一者는 有爲이고 二者는 無爲이니다 是中에 有爲는 非有爲이고 非無爲이며 無爲는 亦非無爲이고 非有爲이니다

如理請問菩薩이 復問解甚深義密意菩薩言하기를 最勝子여 如何有爲가 非有爲이고 非無爲이며 無爲가 亦非無爲이고 非有爲이니까 解甚深義密意菩薩이 謂如理請問菩薩曰하되 善男子여 言有爲者는 乃是本師께서 假施設句이고 若是本師께서 假施設句라면 卽是遍計所執言辭所說이며 若是遍計所執言辭所說이라면 卽是究竟種種遍計言辭所說은 不成實故로 非是有爲이니다

善男子여 言無爲者도 亦墮言辭이오 設1)離有爲無爲라도 少有所說이면 其相亦爾니다 然非無事而有所說이오 何等爲事인가 謂

---

1) 고려장(高麗藏)·대정장(大正藏)에는 '시설(施設)'로 되어 있다.

諸聖者께서 以聖智聖見으로 離名言故로 現等正覺하고 卽於如是 離言法性에서 爲欲令他現等覺故로 假立名想하여 謂之有爲이니 다 善男子여 言無爲者는 亦是本師께서 假施設句이오 若是本師 께서 假施設句이라면 卽是遍計所執言辭所說이고 若是遍計所執 言辭所說라면 卽是究竟種種遍計言辭所說은 不成實故로 非是 無爲이니다

善男子여 言有爲者는 亦墮言辭이오 設離無爲有爲라도 少有 所說이면 其相亦爾니다 然非無事而有所說이니 何等爲事인가 謂 諸聖者께서 以聖智聖見으로 離名言故로 現等正覺하고 卽於如是 離言法性에서 爲欲令他現等覺故로 假立名想하여 謂之無爲이니 다

爾時에 如理請問菩薩摩訶薩이 復問解甚深義密意菩薩摩訶 薩言하기를 最勝子여 如何此事가 彼諸聖者께서 以聖智聖見으로 離名言故로 現等正覺하고 卽於如是離言法性에서 爲欲令他現等 覺故로 假立名想하여 或謂有爲하고 或謂無爲하니까

解甚深義密意菩薩이 謂如理請問菩薩曰하되 善男子여 如善 幻師나 或彼弟子가 住四衢道하여 積集瓦礫草葉木等으로 現作 種種幻化事業하니 所謂象身과 馬身과 車身과 步身과 末尼와 眞 珠와 琉璃와 螺貝와 璧玉과 珊瑚와 種種財穀庫藏等身이라 若諸 衆生이 愚癡頑鈍하고 惡慧種類로서 無所曉知하여 於瓦礫草葉木 等上의 諸幻化事를 見已聞已하고서 作如是念하되 此所見者는 實有의 象身이고 實有의 馬身과 車身과 步身과 末尼와 眞珠와

琉璃와 螺貝와 璧玉과 珊瑚와 種種財穀庫藏等身이라 如其所見하고 如其所聞하여 堅固執着하여 隨起言說하기를 唯此諦實이고 餘皆愚妄이라하니다 彼於後時에 應更觀察해야하오

若有衆生이 非愚非鈍이고 善慧種類로서 有所曉知하여 於瓦礫草葉木等上의 諸幻化事를 見已聞已하고서 作如是念하되 此所見者는 無實의 象身이고 無實의 馬身과 車身과 步身과 末尼와 眞珠와 琉璃와 螺貝와 璧玉과 珊瑚와 種種財穀庫藏等身이라 然有幻狀하여 迷惑眼事라 於中發起大象身想하고 或大象身差別之想하며 乃至하여 發起種種財穀庫藏等想하고 或彼種類差別之想하여 不如所見하고 不如所聞하며 堅固執着하여 隨起言說하되 唯此諦實이고 餘皆愚妄이라하여 爲欲表知如是義故로 亦於此中에 隨起言說하니다 彼於後時에 不須觀察이니다

如是하니 若有衆生이 是愚夫類이든 是異生類이든 未得諸聖出世間慧하여 於一切法離言法性을 不能了知하고 彼於一切有爲無爲를 見已聞已하고서 作如是念하되 此所得者는 決定實有의 有爲無爲라하니다 如其所見하고 如其所聞하며 堅固執着하여 隨起言說하되 唯此諦實이고 餘皆癡妄이라하니다 彼於後時에 應更觀察해야하오

若有衆生이 非愚夫類로서 已見聖諦하고 已得諸聖出世間慧하여 於一切法離言法性을 如實了知하오 彼於一切有爲無爲를 見已聞已하고서 作如是念하되 此所得者는 決定無實의 有爲無爲인데 然有分別所起行相이라 猶如幻事가 迷惑覺慧라 於中發起하여

해심밀경
245

爲無爲想하고 或爲無爲差別之想이라 不如所見하고 不如所聞하며 堅固執着하여 隨起言說하되 唯此諦實이고 餘皆癡妄이라하고서 爲欲表知如是義故로 亦於此中에 隨起言說하니다 彼於後時에 不須觀察이요 如是하니 善男子여 彼諸聖者께서 於此事中에 以聖智聖見으로 離名言故로 現等正覺하고 即於如是離言法性을 爲欲令他現等覺故로 假立名想하여 謂之有爲하고 謂之無爲하니다

爾時에 解甚深義密意菩薩이 欲重宣此義하여 而說頌曰하니라

佛說離言無二義는　　甚深非愚之所行이로다
愚夫於此癡所惑하여　　樂着二依言戲論하네

彼或不定或邪定으로서　　流轉極長生死苦하네
復違如是正智論하면　　當生牛羊等類中하리라

爾時에 法涌菩薩이 白佛言하되 世尊이시여 從此東方하여 過七十二殑伽河沙等世界하여 有世界하니 名具大名稱이고 是中如來이며 號廣大名稱이니다 我於先日에 從彼佛土로 發來至此하였나이다 我於彼佛土에서 曾見一處有七萬七千外道하니 幷其師首하고 同一會座하여 爲思諸法勝義諦相하였나이다 彼共思議하고 稱量觀察하여 遍推求時에 於一切法勝義諦相을 竟不能得하고 唯除種種意解와 別異意解와 變異意解하여 互相違背하고 共興諍論하여 口出矛䂎하고 更相䂎已하며 刺已하고 惱已하며 壞已하고서 各

해심밀경
246

各離散하였나이다 世尊이시여 我於爾時에 竊作是念하기를 如來出世는 甚奇希有하도다 由出世故로 乃於如是超過一切尋思所行한 勝義諦相에 亦有通達하고 作證可得하셨도다 說是語已하니

爾時에 世尊께서 告法涌菩薩曰하시되 善男子여 如是如是라 如汝所說하도다 我於超過一切尋思한 勝義諦相에 現等正覺하고 現等覺已하고는 爲他宣說하여 顯現開解하고 施設照了하니라 何以故오 我說勝義는 是諸聖者가 內自所證이니라 尋思所行은 是諸異生이 展轉所證이니라 是故로 法涌이여 由此道理하여 當知하라 勝義는 超過一切尋思境相하니라 復次에 法涌이여 我說勝義는 無相所行이고 尋思는 但行有相境界하니라 是故로 法涌이여 由此道理하여 當知하라 勝義는 超過一切尋思境相하니라

復次에 法涌이여 我說勝義는 不可言說이고 尋思는 但行言說境界하니라 是故로 法涌이여 由此道理하여 當知하라 勝義는 超過一切尋思境相하니라 復次에 法涌이여 我說勝義는 絶諸表示하고 尋思는 但行表示境界하니라 是故로 法涌이여 由此道理하여 當知하라 勝義는 超過一切尋思境相하니라 復次에 法涌이여 我說勝義는 絶諸諍論하고 尋思는 但行諍論境界하니라 是故로 法涌이여 由此道理하여 當知하라 勝義는 超過一切尋思境相하니라

法涌이여 當知하라 譬如有人이 盡其壽量토록 習辛苦味하다가 於蜜石蜜上妙美味를 不能尋思하고 不能比度하며 不能信解이니라 或於長夜에 由欲貪勝解로 諸欲熾火에 所燒然故로 於內除滅一切色聲香味觸相한 妙遠離樂을 不能尋思하고 不能比度하며

不能信解이니라 或於長夜에 由言說勝解하여 樂着世間綺言說故로 於內寂靜한 聖默然樂을 不能尋思하고 不能比度하며 不能信解이니라 或於長夜에 由見聞覺知한 表示勝解하여 樂着世間諸表示故로 於永除斷一切表示하고 薩迦耶滅한 究竟涅槃을 不能尋思하고 不能比度하며 不能信解이니라

法涌이여 當知하라 譬如有人이 於其長夜에 由有種種我所와 攝受와 諍論勝解하여 樂着世間諸諍論故로 於北拘盧洲의 無我所하고 無攝受하며 離諍論을 不能尋思하고 不能比度하며 不能信解이니라 如是하니 法涌이여 諸尋思者는 於超一切尋思所行한 勝義諦相에 不能尋思하고 不能比度하며 不能信解하니라

爾時에 世尊께서 欲重宣此義하시어 而說頌曰하시니라

內證無相之所行이고 　　不可言說絶表示이며
息諸諍論勝義諦는 　　超過一切尋思相이로다

爾時에 善淸淨慧菩薩이 白佛言하되 世尊이시여 甚奇하다 乃至하여 世尊善說하나이다 如世尊言하듯이 勝義諦相은 微細甚深하여 超過諸法一異性相하여 難可通達하나이다 世尊이시여 我卽於此하여 曾見一處하니 有衆菩薩이 等正修行勝解行地하다가 同一會座하여 皆共思義勝義諦相과 與諸行相一異性相했나이다 於此會中에 一類菩薩하여 作如是言하기를 勝義諦相은 與諸行相과 都無有異이다 一類菩薩이 復作是言하기를 非勝義諦相與諸行相

과 都無有異이다 然勝義諦相은 異諸行相이다 有餘菩薩은 疑惑猶豫하고 復作是言하기를 是諸菩薩은 誰言諦實하고 誰言虛妄하며 誰如理行하고 誰不如理하는가 或唱是言하기를 勝義諦相은 與諸行相과 都無有異다 或唱是言하기를 勝義諦相은 異諸行相이라 했나이다 世尊이시여 我見彼已하고서 竊作是念하기를 此諸善男子는 愚癡頑鈍하고 不明不善하며 不如理行하여 於勝義諦의 微細甚深하고 超過諸行一異性相을 不能解了했나이다 說是語已하였다

爾時에 世尊께서 告善淸淨慧菩薩曰하시되 善男子여 如是如是로다 如汝所說하니라 彼諸善男子는 愚癡頑鈍하고 不明不善하며 不如理行하여 於勝義諦의 微細甚深하고 超過諸行一異性相을 不能解了하니라 何以故오 善淸淨慧여 非於諸行에 如是行時를 名能通達勝義諦相하거나 或於勝義諦而得作證이니라 何以故오 善淸淨慧여 若勝義諦相이 與諸行相과 都無異者라면 應於今時에 一切異生이 皆已見諦이니라 又諸異生이 皆應已得無上方便安隱涅槃이고 或應已證阿耨多羅三藐三菩提하니라

若勝義諦相이 與諸行相과 一向異者라면 已見諦者가 於諸行相을 應不除遣이니라 若不除遣諸行相者면 應於相縛에서 不得解脫이니라 此見諦者가 於諸相縛에서 不解脫故로 於麤重縛에서 亦應不脫이니라 由於二縛에서 不解脫故로 已見諦者가 應不能得無上方便安隱涅槃하고 或不應證阿耨多羅三藐三菩提하니라

善淸淨慧여 由於今時에 非諸異生이 皆已見諦이고 非諸異生이 已能獲得 無上方便安隱涅槃이며 亦非已證阿耨多羅三藐三

菩提이니라 是故로 勝義諦相이 與諸行相과 都無異相은 不應道理이니라

若於此中에서 作如是言하기를 勝義諦相이 與諸行相과 都無異者라면 由此道理하여 當知하라 一切가 非如理行이고 不如正理이니라 善清淨慧여 由於今時에 非見諦者가 於諸行相을 不能除遣이고 然能除遣이며 非見諦者가 於諸相縛에서 不能解脫이고 然能解脫이며 非見諦者가 於麤重縛에서 不能解脫이고 然能解脫이니라 以於二障에서 能解脫故로 亦能獲得無上方便安隱涅槃이고 或有能證阿耨多羅三藐三菩提이니라 是故로 勝義諦相이 與諸行相과 一向異相은 不應道理이니라

若於此中에서 作如是言하기를 勝義諦相이 與諸行相과 一向異者라면 由此道理하여 當知하라 一切가 非如理行이고 不如正理이니라 復次 善清淨慧여 若勝義諦相이 與諸行相과 都無異者라면 如諸行相이 墮雜染相하듯이 此勝義諦相도 亦應如是하야 墮雜染相이니라 善清淨慧여 若勝義諦相이 與諸行相과 一向異者라면 應非一切行相共相을 名勝義諦相이니라 善清淨慧여 由於今時에 勝義諦相이 非墮雜染相이며 諸行共相을 名勝義諦相이니라 是故로 勝義諦相이 與諸行相과 都無異相은 不應道理이니라

勝義諦相이 與諸行相과 一向異相이라함도 不應道理이니라 若於此中에서 作如是言하기를 勝義諦相이 與諸行相과 都無有異라거나 或勝義諦相이 與諸行相과 一向異者라면 由此道理하여 當知하라 一切가 非如理行이고 不如正理니라

復次에 善淸淨慧여 若勝義諦相이 與諸行相과 都無異者라면 如勝義諦相이 於諸行相과 無有差別이듯이 一切行相도 亦應如是하야 無有差別이니라 修觀行者가 於諸行中에서 如其所見이고 如其所聞이며 如其所覺이고 如其所知하야 不應後時에 更求勝義이니라

若勝義諦相이 與諸行相과 一向異者라면 應非諸行의 唯無我性과 唯無自性之所顯現이 是勝義相이니라 又應俱時에 別相이 成立하니 謂雜染相과 及淸淨相이니라

善淸淨慧여 由於今時에 一切行相이 皆有差別이고 非無差別이므로 修觀行者가 於諸行中에서 如其所見이고 如其所聞이며 如其所覺이고 如其所知이니라 復於後時에 更求勝義하고 又卽諸行의 唯無我性과 唯無自性之所顯現을 名勝義相이며 又非俱時에 染淨二相의 別相이 成立이니라 是故로 勝義諦相이 與諸行相과 都無有異라거나 或一向異이라함은 不應道理이니라 若於此中에서 作如是言하기를 勝義諦相이 與諸行相과 都無有異라거나 或一向異者라면 由此道理하여 當知하라 一切가 非如理行이고 不如正理이니라

善淸淨慧여 如螺貝上의 鮮白色性은 不易施設與彼螺貝一相異相이니라 如螺貝上의 鮮白色性하야 金上黃色도 亦復如是이니라 如箜篌聲上의 美妙曲性은 不易施設與箜篌聲一相異相이니라 如黑沈上의 有妙香性은 不易施設與彼黑沈一相異相이니라 如胡椒上의 辛猛利性은 不易施設與彼胡椒 一相異相이니라 如胡椒

上의 辛猛利性하야 訶梨淡性도 亦復如是이니라 如氎羅綿上의 有柔軟性은 不易施設與氎羅綿一相異相이니라 如熟酥上의 所有醍醐는 不易施設與彼熟酥一相異相이니라

又如一切行相의 無常性과 一切有漏法上의 苦性과 一切法上의 補特伽羅 無我性은 不易施設與彼行等一相異相이니라 又如貪上의 不寂靜相及雜染相은 不易施設此與彼貪一相異相이니라 如於貪上하야 於瞋癡上도 當知亦爾니라 如是하야 善淸淨慧여 勝義諦相은 不可施設與諸行相一相異相이니라

善淸淨慧여 我於如是微細極微細하고 甚深極甚深하며 難通達하고 極難通達하며 超過諸法一異性相인 勝義諦相에 現正等覺하고 現等覺已하고는 爲他宣說하고 顯示開解하며 施設照了하나라

爾時에 世尊께서 欲重宣此義하시어 而說頌曰하시니라

行界勝義相은　　離一異性相하네
若分別一異면　　彼非如理行이니라

衆生爲相縛하고　　及彼麤重縛하네
要勤修止觀하라　　爾乃得解脫하리라

爾時에 世尊께서 告長老善現曰하시되 善現이여 汝於有情界中에서 知幾有情이 懷增上慢하고 爲增上慢所執持故로 記別所解하는가 汝於有情界中에서 知幾有情이 離增上慢하고서 記別所解하

는가 長老善現이 白佛言하되 世尊이시여 我知로는 有情界中에서 少分有情이 離增上慢하고서 記別所解이니다 世尊이시여 我知로는 有情界中에서 有無量無數不可說有情이 懷增上慢하고 爲增上慢 所執持故로 記別所解이니다

世尊이시여 我於一時에 住阿練若의 大樹林中하였는데 時有衆 多苾蒭도 亦於此林에서 依近我住하였나이다 我見하니 彼諸苾蒭가 於日後分에 展轉聚集하여 依有所得現觀하여 各說種種相法하고 記別所解하더이다 於中에 一類가 由得蘊故이고 得蘊相故이며 得 蘊起故이고 得蘊盡故이며 得蘊滅故이고 得蘊滅作證故로 記別所 解하더이다 如此一類가 由得蘊故이듯이 復有一類하여 由得處故이 고 復有一類하여 得緣起故로 當知亦爾했나이다

復有一類하여 由得食故이고 得食相故이며 得食起故이고 得食 盡故이며 得食滅故이고 得食滅作證故로 記別所解하더이다 復有 一類하여 由得諦故이고 得諦相故이며 得諦遍知故이고 得諦永斷 故이며 得諦作證故이고 得諦修習故로 記別所解하더이다 復有一 類하여 由得界故이고 得界相故이며 得界種種性故이고 得界非一 性故이며 得界滅故이고 得界滅作證故로 記別所解하더이다

復有一類하여 由得念住故이고 得念住相故이며 得念住能治所 治故이고 得念住修故이며 得念住未生令生故이고 得念住生已하 고는 堅住不忘하고 倍修增廣故로 記別所解하더이다 如有一類하여 得念住故이듯이 復有一類하여 得正斷故이고 得神足故이며 得諸 根故이고 得諸力故이며 得覺支故로 當知亦爾이었나이다 復有一

類하여 得八支聖道故이고 得八支聖道相故이며 得八支聖道能治所治故이고 得八支聖道修故이며 得八支聖道未生令生故이고 得八支聖道生已하고는 堅住不忘하여 倍修增廣故로 記別所解하더이다

　世尊이시여 我見彼已하고서 竊作是念하기를 此諸長老는 依有所得現觀하여 各說種種相法하고 記別所解하는구나 當知하니 彼諸長老는 一切皆懷增上慢하고 爲增上慢所執持故로 於勝義諦의 遍一切一味相을 不能解了하였나이다 是故로 世尊께서는 甚奇하시고 乃至하여 世尊께서는 善說하셨나이다 如世尊言하듯이 勝義諦相은 微細最微細하고 甚深最甚深하며 難通達이고 最難通達이며 遍一切一味相이니다 世尊이시여 此聖敎中에서 修行하는 苾芻조차도 於勝義諦의 遍一切一味相을 尙難通達이거늘 況諸外道이리까

　爾時에 世尊께서 告長老善現曰하시되 如是如是로다 善現이여 我於微細最微細하고 甚深最甚深하며 難通達이고 最難通達이며 遍一切一味相인 勝義諦에 現正等覺하고 現等覺已하고는 爲他宣說하여 顯示開解하고 施設照了하니라 何以故오 善現이여 我已顯示하기를 於一切蘊中의 淸淨所緣이 是勝義諦이니라 我已顯示하기를 於一切處와 緣起와 食과 諦와 界와 念住와 正斷과 神足과 根과 力과 覺支와 道支中의 淸淨所緣이 是勝義諦이니라 此淸淨所緣은 於一切蘊中의 是一味相으로서 無別異相이니라 如於蘊中하여 如是於一切處中과 乃至하여 一切道支中에서도 是一味相으로서 無別異相이니라 是故로 善現이여 由此道理하여 當知하라 勝

義諦는 是遍一切一味相이니라

　復次에 善現이여 修觀行苾芻는 通達一蘊의 眞如와 勝義法과 無我性已하고서 更不尋求各別餘蘊과 諸處와 緣起와 食과 諦와 界와 念住와 正斷과 神足과 根과 力과 覺支와 道支의 眞如와 勝義法과 無我性이니라 唯卽隨此眞如勝義하여 無二智를 爲依止故로 於遍一切一味相인 勝義諦를 審察趣證하느니라 是故로 善現이여 由此道理하여 當知하라 勝義諦는 是遍一切一味相이니라

　復次에 善現이여 如彼諸蘊이 展轉異相이듯이 如彼諸處와 緣起와 食과 諦와 界와 念住와 正斷과 神足과 根과 力과 覺支와 道支가 展轉異相이듯이 若一切法의 眞如와 勝義法과 無我性도 亦異相者라면 是卽眞如와 勝義法과 無我性도 亦應有因하여 從因所生이니라 若從因生이라면 應是有爲이고 若是有爲라면 應非勝義이며 若非勝義라면 應更尋求餘勝義諦이니라

　善現이여 由此하여 眞如와 勝義法과 無我性은 不名有因이고 非因所生이며 亦非有爲이고 是勝義諦이니라 得此勝義하면 更不尋求餘勝義諦이니라 唯有常常時하고 恒恒時하여 如來出世이든 若不出世이든 諸法法性은 安立되어 法界安住하니라 是故로 善現이여 由此道理하여 當知하라 勝義諦는 是遍一切一味相이니라

　善現이여 譬如種種非一品類의 異相色中에서 虛空은 無相하고 無分別하며 無變異하고 遍一切一味相이듯이 如是하여 異性異相의 一切法中에서 勝義諦가 遍一切一味相함도 當知亦然이니라

　爾時에 世尊께서 欲重宣此義하시어 而說頌曰하시니라

此遍一切一味相인　　勝義諸佛說無異로다
若有於中異分別하면　　彼定愚癡依上慢이니라

## 心意識相品 第三

爾時에 廣慧菩薩摩訶薩이 白佛言하되 世尊이시여 如世尊說於心意識秘密善巧菩薩하듯이 於心意識秘密에 善巧한 菩薩者란 齊何하여 名爲於心意識秘密에 善巧한 菩薩이니까 如來께서는 齊何하여 施設해서 彼爲於心意識秘密에 善巧한 菩薩이니까 說是語已하니

爾時에 世尊께서 告廣慧菩薩摩訶薩曰하시되 善哉善哉로다 廣慧여 汝今에 乃能請問如來如是深義로구나 汝今에 爲欲利益安樂無量衆生하고 哀愍世間及諸天人과 阿素洛等하여 爲令獲得義利安樂故로 發斯問이로다 汝應諦聽하라 吾當爲汝하여 說心意識秘密之義하리라

廣慧여 當知하라 於六趣生死에서 彼彼有情이 墮彼彼有情衆中하여 或在卵生하고 或在胎生하며 或在濕生하고 或在化生하며 身分生起하느니라 於中最初에 一切種子心識이 成熟하고 展轉和合하면서 增長廣大해져서 依二執受하나니 一者는 有色諸根及所依의 執受이고 二者는 相과 名과 分別의 言說과 戲論의 習氣의 執受이니라 有色界中에서는 具二執受하고 無色界中에서는 不具二種이니라

廣慧여 此識을 亦名阿陀2)那識하나니 何以故오 由此識이 於身에 隨逐하고 執持故니라 亦名阿賴耶識하나니 何以故오 由此識이 於身에서 攝受하고 藏隱하며 同安危義故이니라 亦名爲心이니 何以故오 由此識이 色聲香味觸等을 積集滋長故이니라

廣慧여 阿陀那識을 爲依止하고 爲建立故로 六識身이 轉하나니 謂眼識과 耳鼻舌身意識이니라 此中有識하여 眼及色을 爲緣하여 生眼識하느니라 與眼識과 俱隨行하고 同時同境인 有分別意識이 轉하느니라 有識하여 耳鼻舌身과 及聲香味觸을 爲緣하여 生耳鼻舌身識하느니라 與耳鼻舌身識하여 俱隨行同時同境하는 有分別意識轉하느니라

廣慧여 若於爾時에 一眼識轉하면 卽於此時에 唯有一分別意識하여 與眼識과 同所行轉하느니라 若於爾時에 二三四五의 諸識身轉하면 卽於此時에 唯有一分別意識하여 與五識身과 同所行轉하느니라 廣慧여 譬如하기를 大瀑水流가 若有一浪生緣現前하면 唯一浪轉하고 若二若多浪生緣現前하면 有多浪轉하느니라 然此瀑水의 自類는 恒流하여 無斷無盡하느니라 又如善淨鏡面하니 若有一影生緣現前하면 唯一影起하고 若二若多影生緣現前하면 有多影起하느니라 非此鏡面轉變爲影이며 亦無受用滅盡可得이니라 如是하니 廣慧여 由似瀑流한 阿陀那識을 爲依止하고 爲建立故로 若於爾時에 有一眼識生緣現前하면 卽於此時에 一眼識轉하고

---

2) 고려장(高麗藏)에는 '타(陁)'로 되어 있다.

若於爾時에 乃至하여 有五識身生緣現前하면 卽於此時에 五識身轉하느니라

廣慧여 如是하여 菩薩이 雖由法住智를 爲依止하고 爲建立故로 於心意識秘密에 善巧하더라도 然諸如來는 不齊於此施設하여 彼爲於心意識一切秘密善巧菩薩하느니라 廣慧여 若諸菩薩이 於內各別하게 如實히 不見阿陀那하고 不見阿陀那識하며 不見阿賴耶하고 不見阿賴耶識하며 不見積集하고 不見心하며 不見眼色及眼識하고 不見耳聲及耳識하며 不見鼻香及鼻識하고 不見舌味及舌識하며 不見身觸及身識하고 不見意法及意識해야 是名勝義善巧菩薩하느니라 如來施設하여 彼爲勝義善巧菩薩하느니라 廣慧여 齊此하여 名爲於心意識一切秘密善巧菩薩하느니라 如來는 齊此施設하여 彼爲於心意識一切秘密善巧菩薩하느니라

爾時에 世尊께서 欲重宣此義하시어 而說頌曰하시니라

阿陀那識甚深細하며　　一切種子如瀑流하네
我於凡愚不開演하나니　恐彼分別執爲我이로다

## 一切法相品 第四

爾時에 德本菩薩摩訶薩이 白佛言하되 世尊이시여 如世尊說於諸法相善巧菩薩하듯이 於諸法相에 善巧한 菩薩者란 齊何하여 名爲於諸法相善巧菩薩이니까 如來께서는 齊何施設하여 彼爲於

諸法相善巧菩薩이니까 說是語已하였다

爾時에 世尊께서 告德本菩薩曰하시되 善哉로다 德本이여 汝今에 乃能請問如來如是深義로다 汝今에 爲欲利益安樂無量衆生하고 哀愍世間과 及諸天人과 阿素洛等하여 爲令獲得義利安樂故로 發斯問하는구나 汝應諦聽하라 吾當爲汝하여 說諸法相하리라 謂諸法相은 略有三種하니 何等爲三인가 一者는 遍計所執相이고 二者는 依他起相이며 三者는 圓成實相이니라

云何가 諸法遍計所執相인가 謂一切法의 名假安立한 自性差別이고 乃至하여 爲令隨起言說이니라 云何가 諸法依他起相인가 謂一切法의 緣生自性이니라 則此有故로 彼有하고 此生故로 彼生하며 謂無明緣行하고 乃至하여 招集純大苦蘊이니라 云何가 諸法圓成實性인가 謂一切法의 平等眞如이니라 於此眞如에 諸菩薩衆이 勇猛精進함을 爲因緣故로 如理作意하고 無倒思惟함을 爲因緣故로 乃能通達하고 於此通達에 漸漸修集하고 乃至하여 無上正等菩提를 方證圓滿하니라

善男子여 如眩瞖人의 眼中所有의 眩瞖過患처럼 遍計所執相도 當知亦爾하니라 如眩瞖人의 眩瞖衆相과 或髮毛輪과 蜂과 蠅과 苣蕂과 或復靑黃赤白等相의 差別現前하듯이 依他起相도 當知亦爾하니라 如淨眼人이 遠離眼中眩瞖過患하고 卽此淨眼의 本性所行에 無亂境界하듯이 圓成實相도 當知亦爾하니라

善男子여 譬如하여 淸淨頗胝迦寶가 若與靑染色合하면 則似帝靑大靑末尼寶像인데 由邪執取帝靑大靑末尼寶故로 惑亂有情이

니라 若與赤染色合하면 則似琥珀末尼寶像인데 由邪執取琥珀末尼寶故로 惑亂有情이니라 若與綠染色合하면 則似末羅羯多末尼寶像인데 由似執取末羅羯多末尼寶故로 惑亂有情이니라 若與黃染色合하면 則似金像인데 由似執取眞金像故로 惑亂有情이니라

如是하니 德本이여 如彼淸淨頗胝迦上의 所有染色相應하듯이 依他起相上의 遍計所執相의 言說習氣도 當知亦爾니라 如彼淸淨頗胝迦上所有의 帝靑과 大靑과 琥珀과 末羅羯多와 金等의 邪執처럼 依他起相上의 遍計所執相執도 當知亦爾니라 如彼淸淨頗胝迦寶처럼 依他起相도 當知亦爾니라 如彼淸淨頗胝迦上所有의 帝靑과 大靑과 琥珀과 末羅羯多와 眞金等相이 於常常時에 於恒恒時에 無有眞實하고 無自性性이듯이 卽依他起相上에 由遍計所執相하여 於常常時에 於恒恒時에 無有眞實하고 無自性性인 圓成實相도 當知亦爾니라

復次에 德本이여 相名이 相應하여 以爲緣故로 遍計所執相을 而可了知니라 依他起相上에 遍計所執相執을 以爲緣故로 依他起相을 而可了知니라 依他起相上에 遍計所執相無執을 以爲緣故로 圓成實相을 而可了知니라 善男子여 若諸菩薩이 能於諸法 依他起相上에서 如實了知遍計所執相하면 卽能如實了知一切無相之法이니라 若諸菩薩이 如實了知依他起相하면 卽能如實了知一切雜染相法이니라 若諸菩薩이 如實了知圓成實相하면 卽能如實了知一切淸淨相法이니라 善男子여 若諸菩薩이 能於依他起相上에서 如實了知無相之法하면 卽能斷滅雜染相法이니라 若能斷

滅雜染相法하면 卽能證得淸淨相法이니라

　如是하니 德本이여 由諸菩薩이 如實了知遍計所執相과 依他起相과 圓成實相故로 如實了知諸無相法과 雜染相法과 淸淨相法이니라 如實了知無相法故로 斷滅一切雜染相法하며 斷滅一切染相法故로 證得一切淸淨相法이니라 齊此하여 名爲於諸法相善巧菩薩이니라 如來는 齊此施設하여 彼爲於諸法相善巧菩薩이니라

　爾時에 世尊께서 欲重宣此義하시어 而說頌曰하시니라

若不了知無相法하면　　雜染相法不能斷하네
不斷雜染相法故로　　　壞證微妙淨相法하네

不觀諸行衆過失하면　　放逸過失害衆生이리라
懈怠住法動法中에　　　無有失壞可憐愍하도다

## 無自性相品 第五

　爾時에 勝義生菩薩摩訶薩이 白佛言하되 世尊이시여 我曾獨在靜處하여 心生如是尋思하였나이다 世尊께서는 以無量門으로 曾說諸蘊所有의 自相과 生相과 滅相과 永斷과 遍知하셨다 如說諸蘊하듯이 諸處와 緣起와 諸食도 亦爾하도다 以無量門으로 曾說諸諦所有의 自相과 遍知와 永斷과 作證과 修習하셨다 以無量門으로 曾說諸界所有의 自相과 種種界性과 非一界性과 永斷과 遍知하

셨다 以無量門으로 曾說念住所有의 自相과 能治所治와 及以修習未生令生하고 生已堅住하여 不忘倍修하고 增長廣大하셨다 如說念住하듯이 正斷과 神足과 根과 力과 覺支도 亦復如是하셨다 以無量門으로 曾說八支聖道所有의 自相과 能治所治와 及以修習未生令生하고 生已堅住하여 不忘倍修하고 增長廣大하셨다

世尊께서 復說一切法이 皆無自性이고 無生無滅이며 本來寂靜하고 自性涅槃하셨건만 未審커라 世尊께서는 依何密意하여 作如是說一切諸法이 皆無自性이고 無生無滅이며 本來寂靜하고 自性涅槃인가 我今請問如來斯義하나이다 惟願如來께서는 哀愍하시어 解釋說一切法이 皆無自性이고 無生無滅이며 本來寂靜하고 自性涅槃의 所有密意하소서

爾時에 世尊께서 告勝義生菩薩曰하시되 善哉善哉라 勝義生이여 汝所尋思는 甚爲如理하도다 善哉善哉라 善男子여 汝今에 乃能請問如來如是深義로다 汝今에 爲欲利益安樂無量衆生하고 哀愍世間과 及諸天人과 阿素洛等하여 爲令獲得義利安樂故로 發斯問하도다 汝應諦聽하라 吾當爲汝하여 解釋所說一切諸法이 皆無自性이고 無生無滅이며 本來寂靜하고 自性涅槃의 所有密意하리라

勝義生이여 當知하라 我依三種無自性性하여 密意로 說言一切諸法이 皆無自性이니라 所謂相無自性性과 生無自性性과 勝義無自性性이니라 善男子여 云何가 諸法相無自性性인가 謂諸法遍計所執相이니 何以故오 此由假名하여 安立爲相이지 非由自相으

로 安立爲相이니라 是故로 說名相無自性性이니라 云何가 諸法生無自性性인가 謂諸法依他起相이니 何以故오 此由依他緣力故有이지 非自然有이니라 是故로 說名生無自性性이니라 云何가 諸法勝義無自性性인가 謂諸法이 由生無自性性故로 說名無自性性이니 卽緣生法도 亦名勝義無自性性이니라 何以故오 於諸法中에 若是淸淨所緣境界이면 我顯示彼하여 以爲勝義無自性性이니라 依他起相은 非是淸淨所緣境界이니 是故로 亦說名爲勝義無自性性이니라

復有諸法圓成實相이니니 亦名勝義無自性性이니라 何以故오 一切諸法의 法無我性을 名爲勝義니라 亦得名爲無自性性이니 是一切法勝義諦故이고 無自性性之所顯故이니라 由此因緣하여 名爲勝義無自性性이니라 善男子여 譬如空花하니 相無自性性도 當知亦爾니라 譬如幻像하니 生無自性性도 當知亦爾하고 一分勝義無自性性도 當知亦爾니라 譬如虛空이 惟是衆色의 無性所顯으로서 遍一切處하듯이 一分勝義無自性性도 當知亦爾니라 法無我性之所顯故이고 遍一切故이니라 善男子여 我依如是三種無自性性하여 密意說言하기를 一切諸法이 皆無自性이니라

勝義生이여 當知할지니 我依相無自性性하여 密意說言하기를 一切諸法이 無生無滅이고 本來寂靜하며 自性涅槃이니라 何以故오 若法自相이 都無所有이면 則無有生이고 若無有生이면 則無有滅이며 若無生無滅이면 則本來寂靜하고 若本來寂靜하면 則自性涅槃이니라 於中에 都無少分所有 更可令其般涅槃故니라 是

故로 我依相無自性性하여 密意說言하기를 一切諸法이 無生無滅이고 本來寂靜하며 自性涅槃이니라

善男子여 我亦依法無我性所顯勝義無自性性하여 密意說言하기를 一切諸法이 無生無滅이고 本來寂靜하며 自性涅槃이니라 何以故오 法無我性所顯인 勝義無自性性은 於常常時에 於恒恒時에 諸法法性에 安住하여 無爲이니 一切雜染과 不相應故이고 於常常時에 於恒恒時에 諸法法性에 安住故로 無爲이니라 由無爲故로 無生無滅이고 一切雜染과 不相應故로 本來寂靜하고 自性涅槃이니라 是故로 我依法無我性所顯勝義無自性性하여 密意說言하기를 一切諸法이 無生無滅이고 本來寂靜하며 自性涅槃이니라

復次에 勝義生이여 非由有情界中의 諸有情類가 別觀遍計所執自性하여 爲自性故로 亦非由彼別觀依他起自性과 及圓成實自性하여 爲自性故로 我立三種無自性性이니라

然由有情이 於依他起自性과 及圓成實自性上에 增益遍計所執自性故로 我立三種無自性性이니라 由遍計所執自性相故로 彼諸有情이 於依他起自性과 及圓成實自性中에 隨起言說하고 如如하게 隨起言說하며 如是如是하게 由言說薰習心故이고 由言說隨覺故이며 由言說隨眠故로 於依他起自性과 及圓成實自性中에 執着遍計所執自性相이니라 如如하게 執着하고 如是如是하게 於依他起自性과 及圓成實自性上에 執着遍計所執自性이니라 由是因緣하여 生當來世依他起自性이니라 由此因緣하여 或爲煩惱雜染所染하고 或爲業雜染所染하며 或爲生雜染所染하여 於生死中

에 長時馳騁하고 長時流轉하여 無有休息이니라 或在那落迦하고 或在傍生하며 或在餓鬼하고 或在天上하며 或在阿素洛하고 或在人中하여 受諸苦惱이니라

復次에 勝義生이여 若諸有情이 從本已來로 未種善根하고 未淸淨障하며 未成熟相續하고 未多修勝解하며 未能積集福德智慧二種資糧하면 我爲彼故로 依生無自性性하여 宣說諸法하니 彼聞是已하고서 能於一切緣生行中에 隨分解了하기를 無常無恒하고 是不安隱하며 變壞法已하고서 於一切行에 心生怖畏하고 深起厭患하느니라 心生怖畏하고 心厭患已하고서 遮止諸惡하고 於諸惡法에 能不造作하느니라 於諸善法에 能勤修習하고 習善因故로 未種善根은 能種善根하고 未淸淨障은 能令淸淨하며 未熟相續은 能令成熟이니라

由此因緣하여 多修勝解하고 亦多積集福德智慧二種資糧하느니라 彼雖如是種諸善根하고 乃至하여 積集福德智慧二種資糧이나 然於生無自性性中에 未能如實了知相無自性性과 及二種勝義無自性性이니라 於一切行에 未能正厭하고 未正離欲하며 未正解脫하고 未遍解脫煩惱雜染하고 未遍解脫諸業雜染하며 未遍解脫諸生雜染이니라

如來가 爲彼更說法要하나니 謂相無自性性과 及勝義無自性性이니라 爲欲令其하여 於一切行에 能正厭故이고 正離欲故이며 正解脫故이고 超過一切煩惱雜染故이며 超過一切業雜染故이고 超過一切生雜染故이니라 彼聞如是所說法已하고서 於生無自性性

中에 能正信解하기를 相無自性性과 及勝義無自性性하고 簡擇하며 思惟하고 如實通達하여 於依他起自性中에 能不執着遍計所執自性相이니라 由言說不薰習智故이고 由言說不隨覺智故이며 由言說離隨眠智故로 能滅依他起相하고 於現法中에 智力所持로 能永斷滅當來世因이니라 由此因緣하여 於一切行에 能正厭患하고 能正離欲하며 能正解脫하고 能遍解脫煩惱業生三種雜染이니라

復次에 勝義生이여 諸聲聞乘種性有情이 亦由此道此行迹故로 證得無上安隱涅槃하느니라 諸獨覺乘種性有情과 諸如來乘種性有情도 亦由此道此行迹故로 證得無上安隱涅槃이니라 一切聲聞과 獨覺과 菩薩이 皆共此一妙淸淨道하고 皆同此一究竟淸淨하여 更無第二니라 我依此故로 密意說言하기를 唯有一乘이니라

非於一切有情界中에 無有種種有情種性이니 或鈍根性이고 或中根性이며 或利根性하여 有情差別이니라 善男子여 若一向趣寂聲聞種性補特伽羅라면 雖蒙諸佛施設種種勇猛加行方便化導라도 終不能令當座道場하여 證得阿耨多羅三藐三菩提니라 何以故오 由彼本來로 唯有下劣種性故이고 一向慈悲薄弱故이며 一向怖畏衆苦故이니라 由彼一向慈悲薄弱하니 是故로 一向棄背利益諸衆生事이니라 由彼一向怖畏衆苦이니 是故로 一向棄背發起諸行所作이니라

我終不說하기를 一向棄背利益衆生事者와 一向棄背發起諸行所作者가 當座道場하여 能得阿耨多羅三藐三菩提니라 是故로 說彼하여 名爲一向趣寂聲聞이니라 若廻向菩提의 聲聞種性補特

伽羅라면 我亦異門說하여 爲菩薩이니 何以故오 彼旣解脫煩惱障 已하였나니 若蒙諸佛等覺悟時에는 於所知障에 其心亦可當得解脫이니라 由彼最初에 爲自利益하여 修行加行하여 脫煩惱障하나니 是故로 如來가 施設하여 彼爲聲聞種性이니라

復次에 勝義生이여 如是하여 於我善說과 善制法과 毘奈耶인 最極淸淨한 意樂所說인 善巧法中에 諸有情類가 意解로 種種差別可得이니라

善男子여 如來는 但依如是三種無自性性하여 由深密意하여 於所宣說不了義經에 以隱密相으로 說諸法要이니라 謂一切法이 皆無自性이고 無生無滅이며 本來寂靜하고 自性涅槃이니라 於是經中에 若諸有情이 已種上品善根하고 已淸淨諸障하며 已成熟相續하고 已多修勝解하며 已能積集 上品福德智慧資糧이라면 彼若聽聞如是法已하고서 於我甚深密意言說에 如實解了하고 於如是法에 深生信解하며 於如是義에 以無倒慧로써 如實通達하고 依此通達하여 善修習故로 速疾能證最極究竟하고 亦於我所에 深生淨信하느니라 知是如來應正等覺으로서 於一切法에 現正等覺하니라

若諸有情이 已種上品善根하고 已淸淨諸障하며 已成熟相續하고 已多修勝解하나 未能積集上品福德智慧資糧하더라도 其性質直하면 是質直類로서 雖無力能思擇廢立하더라도 而不安住自見取中하니라 彼若聽聞如是法已하면 於我甚深秘密言說에 雖無力能如實解了하더라도 然於此法에 能生勝解하고 發淸淨信하여 信

해심밀경
267

하기를 此經典은 是如來說이고 是其甚深顯現이며 甚深空性相應하여 難見難悟하고 不可尋思하며 非諸尋思所行境界이고 微細詳審聰明智者之所解了하느니라 於此經典所說義中에 自輕而住하여 作如是言하되 諸佛菩提는 爲最甚深이고 諸法法性은 亦最甚深하여 唯佛如來께서 能善了達하고 非是我等所能解了라 諸佛如來는 爲彼種種勝解有情하여 轉正法敎하고 諸佛如來는 無邊智見하며 我等智見은 猶如牛跡이로다 於此經典에 雖能恭敬하고 爲他宣說하며 書寫護持하고 披閱流布하며 殷3)重供養하고 受誦溫習하나 然猶未能히 以其修相으로는 發起加行하니라 是故로 於我甚深密意所說言辭를 不能通達하니라

由此因緣하여 彼諸有情은 亦能增長福德智慧二種資糧하고 於彼相續에 未成熟者는 亦能成熟하니라 若諸有情이 廣說하고 乃至하여 未能積集上品福德智慧資糧하고 性非質直하고 非質直類이면 雖有力能思擇廢立이라도 而復安住自見取中하면 彼若聽聞如是法已해도 於我甚深密意言說에 不能如實解了니라 於如是法에 雖生信解하더라도 然於其義에 隨言執着하여 謂一切法이 決定皆無自性이고 決定不生不滅이며 決定本來寂靜하고 決定自性涅槃하니라

由此因緣하여 於一切法에 獲得無見及無相見하니라 由得無見無相見故로 撥一切相皆是無相하고 誹撥諸法의 遍計所執相과

---

3) 송명원본(宋明元本)에는 '은(慇)'으로 되어 있다.

依他起相과 圓成實相이니라 何以故오 由有依他起相과 及圓成實相故로 遍計所執相이 方可施設이니라 若於依他起相과 及圓成實相에 見爲無相하면 彼亦誹撥遍計所執相하니라 是故로 說彼誹撥三相이니라 雖於我法에 起於法想이나 而非義中에 起於義想하니라 由於我法에 起法想故이고 及非義中에 起義想故로 於是法中에 持爲是法하고 於非義中에 持爲是義하니라 彼雖於法에 起信解故로 福德增長하더라도 然於非義에 起執着故로 退失智慧하고 智慧退故로 退失廣大無量善法하니라

復有有情이 從他聽聞하기를 謂法爲法하고 非義爲義하고서 若隨其見하면 彼卽於法에 起於法想하고 於非義中에 起於義想하여 執法爲法하고 非義爲義하니라 由此因緣하여 當知할지니 同彼退失善法하니라 若有有情이 不隨其見하고 從彼欻聞하기를 一切諸法이 皆無自性이고 無生無滅이며 本來寂靜하고 自性涅槃이라하면 便生恐怖하고 生恐怖已하고는 作如是言하기를 此非佛語이고 是魔所說이라 作此解已하고는 於是經典에 誹謗毀罵하니라 由此因緣하여 獲大衰損하고 觸大業障하니라 由是緣故로 我說하기를 若有於一切相에 起無相見하고 於非義中에 宣說爲義하면 是起廣大業障方便이니라 由彼陷墜無量衆生하고 令其獲得大業障故니라

善男子여 若諸有情이 未種善根하고 未淸淨障하며 未熟相續하고 無多勝解하며 未集福德智慧資糧하고 性非質直하며 非質直類이고 雖有力能思擇廢立이나 而常安住自見取中이라하자 彼若聽

聞如是法已하고서 不能如實解我甚深密意言說하며 亦於此法에 不生信解하고 於是法中에 起非法想하며 於是義中에 起非義想하고 於是法中에 執爲非法하며 於是義中에 執爲非義하고 唱如是言하기를 此非佛語이고 是魔所說이라 作此解已하고서 於是經典에 誹謗毁罵하고 撥爲虛僞하며 以無量門으로 毁滅摧伏如是經典하고 於諸信解此經典者에 起怨家想하나라

彼先爲諸業障所障하고 由此因緣하여 復爲如是業障所障이니라 如是業障은 初易施設이나 乃至하여 齊於百千俱胝那庾多劫이라도 無有出期이니라 善男子여 如是하여 於我善說과 善制法과 毗奈耶와 最極淸淨한 意樂所說인 善巧法中에 有如是等諸有情類의 意解가 種種差別可得이니라

爾時에 世尊께서 欲重宣此義하시어 而說頌曰하시니라

一切諸法皆無性하고　無生無滅本來寂이네
諸法自性恒涅槃이니　誰有智言無密意하리

相生勝義無自性을　如是我皆已顯示하였나니
若不知佛此密意하면　失壞正道不能往하리라

依諸淨道淸淨者는　惟依此一無第二이네
故於其中立一乘하니　非有情性無差別이로다

衆生界中無量生은　　惟度一身趣寂滅하니
大悲勇猛證涅槃하여　不捨衆生甚難得이로다

微妙難思無漏界이니　於中解脫等無差이네
一切義成離惑苦하고　二種異說謂常樂하니라

爾時에 勝義生菩薩이 復白佛言하되 世尊이시여 諸佛如來의 密意語言은 甚奇希有하고 乃至하여 微妙最微妙하고 甚深最甚深하며 難通達하고 最難通達하나이다 如是하여 我今領解世尊所說義者하나이다 若於分別所行遍計所執相이 所依行相中이라면 假名安立하여 以爲色蘊或自性相이나 或差別相하며 假名安立하여 爲色蘊生하고 爲色蘊滅하며 及爲色蘊永斷遍知의 或自性相이나 或差別相하나이다 是名遍計所執相하나니 世尊께서 依此하여 施設諸法相無自性性하셨나이다 若卽分別所行인 遍計所執相이 所依行相이라면 是名依他起相하나이다 世尊께서 依此하여 施設諸法生無自性性과 及一分勝義無自性性하셨나이다

如是하여 我今領解世尊所說義者하나이다 若卽於此分別所行遍計所執相이 所依行相中이라면 由遍計所執相이 不成實故로 卽此自性의 無自性性이고 法無我이며 眞如인 淸淨所緣을 是名圓成實相하나이다 世尊께서 依此하여 施設一分勝義無自性性하셨나이다 如於色蘊이듯이 如是하여 於餘蘊에서도 皆應廣說하나이다 如於諸蘊이듯이 如是하여 於十二處의 一一處中에서도 皆應廣說하나이

해심밀경
271

다 於十二有支의 一一支中에서도 皆應廣說하나이다 於四種食의 一一食中에서도 皆應廣說하나이다 於六界와 十八界의 一一界中에서도 皆應廣說하나이다

如是하여 我今領解世尊所說義者하나이다 若於分別所行遍計所執相이 所依行相中에서 假名安立하여 以爲苦諦와 苦諦遍知의 或自性相이나 或差別相이면 是名遍計所執相하나이다 世尊께서 依此하여 施設諸法相無自性性하셨나이다 若卽分別所行遍計所執相이 所依行相이라면 是名依他起相하나이다 世尊께서 依此하여 施設諸法生無自性性과 及一分勝義無自性性하셨나이다

如是하여 我今領解世尊所說義者하나이다 若卽於此分別所行遍計所執相이 所依行相中이라면 由遍計所執相이 不成實故로 卽此自性의 無自性性과 法無我와 眞如인 淸淨所緣을 是名圓成實相하나이다 世尊께서 依此하여 施設一分勝義無自性性하셨나이다 如於苦諦이듯이 如是하여 於餘諦에서도 皆應廣說하나이다 如於聖諦이듯이 如是하여 於諸念住와 正斷과 神足과 根과 力과 覺支와 道支中에서도 一一皆應廣說하나이다

如是하여 我今領解世尊所說義者하나이다 若於分別所行遍計所執相이 所依行相中이라면 假名安立하여 以爲正定하고 及爲正定能治所治하며 若正修가 未生令生하고 生已堅住하며 不忘倍修하고 增長廣大하며 或自性相이나 或差別相하고 是名遍計所執相하나이다 世尊께서 依此하여 施設諸法相無自性性하셨나이다 若卽分別所行遍計所執相이 所依行相이라면 是名依他起相하나이다 世尊

께서 依此하여 施設諸法生無自性性과 及一分勝義無自性性하셨나이다

如是하여 我今領解世尊所說義者하니다 若卽於此分別所行遍計所執相이 所依行相中이라면 由遍計所執相이 不成實故로 卽此自性의 無自性性과 法無我와 眞如인 淸淨所緣을 是名圓成實相하니다 世尊께서 依此하여 施設諸法一分勝義無自性性하셨나이다 世尊이시여 譬如하건대 毘濕縛藥을 一切散藥과 仙藥方中에 皆應安處하니다 如是하여 世尊께서 依此諸法이 皆無自性이고 無生無滅이며 本來寂靜하고 自性涅槃인 無自性性인 了義言敎는 遍於一切不了義經에 皆應安處하나이다

世尊이시여 如彩畵地가 遍於一切彩畵事業에 皆同一味하여 或靑이나 或黃이나 或赤이나 或白이나 復能顯發彩畵事業하니다 如是하여 世尊께서 依此諸法이 皆無自性이고 廣說하고 乃至하여 自性涅槃인 無自性性인 了義言敎는 遍於一切不了義經에 皆同一味하여 復能顯發彼諸經中所不了義이니다

世尊이시여 譬如하건대 一切成熟珍羞諸餠果內에 投之熟酥하면 更生勝味하니다 如是하여 世尊께서 依此諸法이 皆無自性이고 廣說하고 乃至하여 自性涅槃인 無自性性인 了義言敎는 置於一切不了義經하면 生勝歡喜하니다 世尊이시여 譬如하건대 虛空이 遍一切處하여 皆同一味하고 不障一切所作事業이니다 如是하여 世尊께서 依此諸法이 皆無自性이고 廣說하고 乃至하여 自性涅槃인 無自性性인 了義言敎는 遍於一切不了義經에 皆同一味하여

不障一切聲聞과 獨覺과 及諸大乘이 所修事業하나이다 說是語已 하였다

爾時에 世尊께서 歎勝義生菩薩日하시되 善哉善哉라 善男子여 汝今에 乃能善解如來所說甚深密意言義하고 復於此義에 善作 譬喻하나니 所謂世間의 毘濕縛藥과 雜彩畵地와 熟酥와 虛空이도 다 勝義生이여 如是如是하니 更無有異로다 如是如是하니 汝應受 持하니라

爾時에 勝義生菩薩이 復白佛言하되 世尊이시여 初於一時에 在婆羅痆斯仙人墮處施鹿林中하셔서 惟爲發趣聲聞乘者하여 以 四諦相으로 轉正法輪하셨나이다 雖是甚奇하고 甚爲希有하여 一切 世間과 諸天人等에서 先無有能如法轉者이지만 而於彼時에 所轉 法輪은 有上有容하여 是未了義이고 是諸諍論이 安足處所이니다 世尊께서 在昔第二時中하셔서 惟爲發趣修大乘者하여 依一切法 皆無自性하고 無生無滅하며 本來寂靜하고 自性涅槃하여 以隱密 相으로 轉正法輪하셨나이다 雖更甚奇하고 甚爲希有하지만 而於彼 時에 所轉法輪은 亦是有上이고 有所容受이며 猶未了義이어서 是 諸諍論이 安足處所이니다 世尊께서 於今第三時中에 普爲發趣一 切乘者하여 依一切法皆無自性하고 無生無滅하며 本來寂靜하고 自性涅槃인 無自性性하여 以顯了相으로 轉正法輪하셨나이다 第 一甚奇하고 最爲希有하니다 于今에 世尊께서 所轉法輪은 無上無 容이고 是眞了義이어서 非諸諍論安足處所이니다

世尊이시여 若善男子나 或善女人이 於此如來가 依一切法皆

無自性하고 無生無滅하며 本來寂靜하고 自性涅槃하여 所說甚深 了義言敎를 聞已信解하고 書寫護持하며 供養流布하고 受誦修習하며 如理思惟하고 以其修相으로 發起加行하면 生幾所福하니까 說是語已하였다

爾時에 世尊께서 告勝義生菩薩曰하시되 勝義生이여 是善男子나 或善女人에게 其所生福은 無量無數이고 難可喩知하니라 吾今爲汝하여 略說少分하리라 如爪上土를 比大地土하면 百分不及一이고 千分不及一이며 百千分不及一이고 數算計喩와 鄔波尼殺曇分의 亦不及一이니라 或如牛跡中水를 比四大海水하면 百分不及一이며 廣說하고 乃至하여 鄔波尼殺曇分의 亦不及一이니라 如是하여 於諸不了義經을 聞已信解하며 廣說하고 乃至하여 以其修相으로 發起加行하여 所獲功德을 比此所說了義經敎를 聞已信解하여 所集功德과 廣說하고 乃至하여 以其修相으로 發起加行하여 所集功德하면 百分不及一이고 廣說하고 乃至하여 鄔波尼殺曇分의 亦不及一이니라 說是語已하셨다

爾時에 勝義生菩薩이 復白佛言하되 世尊이시여 於是解深密法門中에 當何名此敎하오며 我當云何奉持하리까 佛告勝義生菩薩曰하시되 善男子여 此名勝義了義之敎하나니 於此勝義了義之敎를 汝當奉持하라 說此勝義了義敎時에 於大會中에 有六百千衆生이 發阿耨多羅三藐三菩提하고 三百千聲聞이 遠塵離垢하고 於諸法中에 得法眼淨하며 一百五十千聲聞이 永盡諸漏하고 心得解脫하며 七十五千菩薩이 得無生法忍하였다

## 分別瑜伽品 第六

爾時에 慈氏菩薩摩訶薩이 白佛言하되 世尊이시여 菩薩은 何依何住하여 於大乘中에서 修奢摩他毘鉢舍那하니까 佛告慈氏菩薩曰하시되 善男子여 當知할지니 菩薩은 法假安立及不捨阿耨多羅三藐三菩提願을 爲依爲住하여 於大乘中에서 修奢摩他毘鉢舍那하오

慈氏菩薩이 復白佛言하되 如世尊說하듯이 四種所緣境事이니 一者는 有分別影像所緣境事이고 二者는 無分別影像所緣境事이며 三者는 事邊際所緣境事이고 四者는 所作成辦所緣境事이다 於此四中에서 幾是奢摩他所緣境事이고 幾是毘鉢舍那所緣境事이며 幾是俱所緣境事이니까 佛告慈氏菩薩曰하시되 善男子여 一은 是奢摩他所緣境事이니 謂無分別影像이고 一은 是毘鉢舍那所緣境事이니 謂有分別影像이오 二는 是俱所緣境事이니 謂事邊際와 所作成辦이오

慈氏菩薩이 復白佛言하되 世尊이시여 云何하여 菩薩이 依是四種奢摩他毘鉢舍那所緣境事하여 能求奢摩他하고 能善毘鉢舍那하니까 佛告慈氏菩薩曰하시되 善男子여 如我爲諸菩薩所說하듯이 法假安立은 所謂 契經과 應誦과 記別과 諷誦과 自說과 因緣과 譬喩와 本事와 本生과 方廣과 希法과 論議이오 菩薩은 於此에 善聽善受하고 言善通利하며 意善尋思하고 見善通達하며 卽於如

所善思惟法에 獨處空閑하여 作意思惟하오 復卽於此에 能思惟心하고 內心相續하며 作意思惟하고 如是正行하며 多安住故로 起身輕安及心輕安하나니 是名奢摩他이오 如是하여 菩薩이 能求奢摩他이오 彼由獲得身心輕安하여 爲所依故로 卽於如所善思惟法에 內三摩地所行影像을 觀察勝解하고 捨離心相하오 卽於如是三摩地影像의 所知義中에 能正思擇하고 最極思擇하며 周遍尋思하고 周遍伺察하나니 若忍이나 若樂이나 若慧이나 若見이나 若觀을 是名毘鉢舍那이오 如是하여 菩薩은 能善毘鉢舍那하오

慈氏菩薩이 復白佛言하되 世尊이시여 若諸菩薩이 緣心爲境하여 內思惟心과 乃至 未得身心輕安의 所有作意를 當名何等하니까 佛告慈氏菩薩曰하시되 善男子여 非奢摩他作意하고 是隨順奢摩他勝解相應作意이오 世尊이시여 若諸菩薩이 乃至하여 未得身心輕安까지 於如所思하는 所有諸法內의 三摩地所緣影像에 作意思惟하면 如是作意를 當名何等이니까 善男子여 非毘鉢舍那作意하고 是隨順毘鉢舍那勝解相應作意이오

慈氏菩薩이 復白佛言하되 世尊이시여 奢摩他道와 與毘鉢舍那道는 當言有異니까 當言無異니까 佛告慈氏菩薩曰하시되 善男子여 當言非有異하고 非無異하오 何故로 非有異인가 以毘鉢舍那所緣境心으로써 爲所緣故이오 何故로 非無異인가 有分別影像은 非所緣故이오

慈氏菩薩이 復白佛言하되 世尊이시여 諸毘鉢舍那三摩地에서 所行影像은 彼與此心과 當言有異이니까 當言無異이니까 佛告慈

氏菩薩曰하시되 善男子여 當言無異이오 何以故오 由彼影像은 唯是識故이오 善男子여 我說하니 識所緣은 唯識所現故이오 世尊이시여 若彼所行影像이 卽與此心과 無有異者라면 云何此心이 還見此心이니까 善男子여 此中에 無有少法도 能見少法이오 然卽此心이 如是生時에 卽有如是影像顯現이오 善男子여 如依善瑩淸淨鏡面하니 以質爲緣하여 還見本質하고 而謂我今見於影像하고 及謂離質別有所行影像顯現이오 如是하여 此心이 生時에 相似有異한 三摩地所行影像顯現이오

世尊이시여 若諸有情이 自性而住하여 緣色等心하여 所行影像은 彼與此心과 亦無異耶니까 善男子여 亦無有異인데 而諸愚夫가 由顚倒覺으로 於諸影像에 不能如實知唯是識하여 作顚倒解하오

慈氏菩薩이 復白佛言하되 世尊이시여 齊何當言하여 菩薩이 一向히 修毘鉢舍那이니까 佛告慈氏菩薩曰하되 善男子여 若相續作意하여 唯思惟心相이오 世尊이시여 齊何當言하여 菩薩이 一向히 修奢摩他니까 善男子여 若相續作意하여 唯思惟無間心이오 世尊이시여 齊何當言하여 菩薩이 奢摩他毘鉢舍那가 和合俱轉이니까 善男子여 若正思惟하는 心一境性이오 世尊이시여 云何가 心相이니까 善男子여 謂三摩地所行의 有分別影像이니 毘鉢舍那所緣이오 世尊이시여 云何가 無間心이니까 善男子여 謂緣彼影像心이니 奢摩他所緣이오 世尊이시여 云何가 心一境性이니까 善男子여 謂通達三摩地所行影像은 唯是其識하고 或通達此已하고서 復思惟如性이오

慈氏菩薩이 復白佛言하되 世尊이시여 毘鉢舍那에 凡有幾種이니까 佛告慈氏菩薩曰하되 善男子여 略有三種하니 一者는 有相毘鉢舍那이고 二者는 尋求毘鉢舍那이며 三者는 伺察毘鉢舍那이오 云何가 有相毘鉢舍那인가 謂純思惟三摩地所行有分別影像하는 毘鉢舍那이오 云何가 尋求毘鉢舍那인가 謂由慧故로 遍於彼彼의 未善解了한 一切法中에 爲善解了하여 作意思惟하는 毘鉢舍那이오 云何가 伺察毘鉢舍那인가 謂由慧故로 遍於彼彼의 已善解了한 一切法中에 爲善證得極解脫故로 作意思惟하는 毘鉢舍那이오

慈氏菩薩이 復白佛言하되 世尊이시여 是奢摩他에 凡有幾種이니까 佛告慈氏菩薩曰하되 善男子여 卽由隨彼無間心故로 當知할지니 此中에도 亦有三種이고 復有八種이오 謂初靜慮와 乃至 非想非非想處에 各有一種奢摩他故이오 復有四種이니 謂慈悲喜捨의 四無量中에 各有一種奢摩他故이오

慈氏菩薩이 復白佛言하되 世尊如說하듯이 依法奢摩他毘鉢舍那하고 復說不依法奢摩他毘鉢舍那이니다 云何가 名依法奢摩他毘鉢舍那이고 云何가 復名不依法奢摩他毘鉢舍那이니까 佛告慈氏菩薩曰하되 善男子여 若諸菩薩이 隨先所受所思法相하고 而於其義에 得奢摩他毘鉢舍那하면 名依法奢摩他毘鉢舍那이오 若諸菩薩이 不待所受所思法相하고 但依於他敎誡敎授하면서 而於其義에 得奢摩他毘鉢舍那하나니 謂觀靑瘀及膿爛等하고 或一切行이 皆是無常이고 或諸行이 苦이며 或一切法이 皆無有我이고

或復涅槃이 畢竟寂靜이라하면 如是等類의 奢摩他毘鉢舍那를 名不依法奢摩他毘鉢舍那이오 由依止法하여 得奢摩他毘鉢舍那故로 我施設隨法行菩薩하나니 是利根性이오 由不依法奢摩他毘鉢舍那故로 我施設隨信行菩薩하나니 是鈍根性이오

慈氏菩薩이 復白佛言하되 世尊如說하듯이 緣別法奢摩他毘鉢舍那이고 復說緣總法奢摩他毘鉢舍那이니다 云何가 名爲緣別法奢摩他毘鉢舍那이고 云何가 復名緣總法奢摩他毘鉢舍那이니까 佛告慈氏菩薩曰하되 善男子여 若諸菩薩이 緣於各別契經等法하여 於如所受所思惟法에 修奢摩他毘鉢舍那하면 是名緣別法奢摩他毘鉢舍那이오 若諸菩薩이 卽緣一切契經等法하여 集爲一團과 一積과 一分과 一聚하여 作意思惟하는데 此一切法이 隨順眞如하고 趣向眞如하며 臨入眞如하고 隨順菩提하며 隨順涅槃하고 隨順轉依하며 及趣向彼하고 若臨入彼하면 此一切法은 宣說無量無數善法하오 如是思惟하여 修奢摩他毘鉢舍那하면 是名緣總法奢摩他毘鉢舍那이오

慈氏菩薩이 復白佛言하되 世尊如說하듯이 緣小總法奢摩他毘鉢舍那이고 復說緣大總法奢摩他毘鉢舍那이며 又說緣無量總法奢摩他毘鉢舍那이니다 云何가 名緣小總法奢摩他毘鉢舍那이고 云何가 名緣大總法奢摩他毘鉢舍那이며 云何가 復名緣無量總法奢摩他毘鉢舍那이니까 佛告慈氏菩薩曰하시되 善男子여 若緣各別契經과 乃至 各別論議하여 爲一團等하여 作意思惟하면 當知할지니 是名緣小總法奢摩他毘鉢舍那이니다 若緣乃至所受所

思契經等法하여 爲一團等하고 作意思惟하여 非緣各別이라면 當知할지니 是名緣大總法奢摩他毘鉢舍那이오 若緣無量如來法敎와 無量法句文字와 無量後後慧所照了하여 爲一團等하고 作意思惟하여 非緣乃至所受所思하면 當知할지니 是名緣無量總法奢摩他毘鉢舍那이오

慈氏菩薩이 復白佛言하되 世尊이시여 菩薩은 齊何하여 名得緣總法奢摩他毘鉢舍那이니까 佛告慈氏菩薩曰하시되 善男子여 由五緣故로 當知名得이오 一者는 於思惟時에 刹那刹那에 融銷一切麤重所依이오 二者는 離種種想하여 得樂法樂이오 三者는 解了十方無差別相과 無量法光이오 四者는 所作成滿하고 相應淨分하는 無分別相이 恒現在前이오 五者는 爲令法身得成滿故로 攝受後後轉勝妙因이오

慈氏菩薩이 復白佛言하되 世尊이시여 此緣總法奢摩他毘鉢舍那는 當知從何하여 名爲通達하고 從何名得이니까 佛告慈氏菩薩曰하되 善男子여 從初極喜地로부터 名爲通達하고 從第三發光地로부터 乃名爲得이오 善男子여 初業菩薩은 亦於是中에 隨學作意하오 雖未可歎이나 不應懈廢이오

慈氏菩薩이 復白佛言하되 世尊이시여 是奢摩他毘鉢舍那는 云何를 名有尋有伺三摩地하고 云何를 名無尋有伺三摩地하며 云何를 名無尋無伺三摩地이니까 佛告慈氏菩薩曰하시되 善男子여 於如所取尋伺法相에 若有麤顯 領受觀察하는 諸奢摩他毘鉢舍那라면 是名有尋有伺三摩地이오 若於彼相에 雖無麤顯領受觀

察이나 而有微細彼光明念의 領受觀察하는 諸奢摩他毘鉢舍那라면 是名無尋有伺三摩地이오 若卽於彼一切法相에 都無作意와 領受觀察하는 諸奢摩他毘鉢舍那라면 是名無尋無伺三摩地이오 復次에 善男子여 若有尋求의 奢摩他毘鉢舍那라면 是名有尋有伺三摩地이고 若有伺察의 奢摩他毘鉢舍那라면 是名無尋有伺三摩地이며 若緣總法의 奢摩他毘鉢舍那라면 是名無尋無伺三摩地이오

慈氏菩薩이 復白佛言하되 世尊이시여 云何가 止相이고 云何가 擧相이며 云何가 捨相이니까 佛告慈氏菩薩曰하되 善男子여 若心이 掉擧커나 或恐掉擧時에 諸可厭法의 作意와 及彼無間心의 作意라면 是名止相이오 若心이 沈沒커나 或恐沈沒時에 諸可欣法의 作意와 及彼心相의 作意라면 是名擧相이오 若於一向止道에서나 或於一向觀道에서나 或於雙運轉道에서나 二隨煩惱로 所染汚時의 諸無功用作意와 及心任運轉中의 所有作意라면 是名捨相이오

慈氏菩薩이 復白佛言하되 世尊이시여 修奢摩他毘鉢舍那하는 諸菩薩衆이 知法知義라하는데 云何가 知法이고 云何가 知義니까 佛告慈氏菩薩曰하시되 善男子여 彼諸菩薩은 由五種相하여 了知於法이오 一者는 知名이고 二者는 知句이며 三者는 知文이고 四者는 知別이며 五者는 知總이오 云何가 爲名인가 謂於一切染淨法中의 所立自性에 想假施設이오 云何가 爲句인가 謂卽於彼 名聚集中의 能隨宣說諸染淨義하는 依持를 建立함이오 云何가 爲文인가 謂卽彼二가 所依止字이오 云何가 於彼各別了知인가

爲文인가 謂卽彼二가 所依止字이오 云何가 於彼各別了知인가 謂由各別所緣을 作意함이오 云何가 於彼總合了知인가 謂由總合所緣을 作意함이오 如是一切를 總略하여 爲一하여 名爲知法하고 如是를 名爲菩薩知法이오

善男子여 彼諸菩薩은 由十種相하여 了知於義하오 一者는 知盡所有性이고 二者는 知如所有性이며 三者는 知能取義이고 四者는 知所取義이며 五者는 知建立義이고 六者는 知受用義이며 七者는 知顚倒義이고 八者는 知無倒義이며 九者는 知雜染義이고 十者는 知染淨義이오 善男子여 盡所有性者는 謂諸雜染淸淨法中에 所有一切品別의 邊際이니 是名此中盡所有性이오 如五數蘊과 六數內處와 六數外處의 如是一切이오

如所有性者는 謂卽一切染淨法中에 所有眞如이니 是名此中如所有性이오 此復七種이니 一者는 流轉眞如이니 謂一切行의 無先後性이고 二者는 相眞如이니 謂一切法의 補特伽羅無我性과 及法無我性이며 三者는 了別眞如이니 謂一切行이 唯是識性이고 四者는 安立眞如이니 謂我所說의 諸苦聖諦이며 五者는 邪行眞如이니 謂我所說의 諸集聖諦이고 六者는 淸淨眞如이니 謂我所說의 諸滅聖諦이며 七者는 正行眞如이니 謂我所說의 諸道聖諦이오 當知할지니 此中에서 由流轉眞如와 安立眞如와 邪行眞如故로 一切有情이 平等平等하오 由相眞如와 了別眞如故로 一切諸法이 平等平等하오 由淸淨眞如故로 一切聲聞의 菩提와 獨覺의 菩提와 阿耨多羅三藐三菩提가 平等平等하오 由正行眞如故로

聽聞正法하고 緣總境界하는 勝奢摩他毘鉢舍那에 所攝受慧가 平等平等하오

能取義者는 謂內五色處와 若心意識과 及諸心法이고 所取義者는 謂外六處이오 又能取義도 亦所取義이오 建立義者는 謂器世界이오 於中에 可得 建立一切諸有情界이오 謂一村田이거나 若百村田이거나 若千村田이거나 若百千村田이오 或一大地의 至海邊際이고 此百此千이거나 若此百千이오 或一贍部洲이며 此百此千이거나 若此百千이오 或一四大洲이고 此百이거나 此千이거나 若此百千이오 或一小千世界이며 此百이거나 此千이거나 若此百千이오 或一中千世界이고 此百이거나 此千이거나 若此百千이오 或一三千大千世界이며 此百이거나 此千이거나 若此百千이오 或此拘胝이고 此百拘胝이거나 此千拘胝이거나 此百千拘胝이오 或此無數이며 此百無數이거나 此千無數이거나 此百千無數이거나 或三千大千世界無數이거나 百千微塵量等이며 於十方面에 無量無數의 諸器世界이오

受用義者는 謂我所說한 諸有情類가 爲受用故로 攝受資具이오 顚倒義者는 謂卽於彼能取等義에서 無常을 計常하는 想倒와 心倒와 見倒와 苦計하여 爲樂하고 不淨을 計淨하며 無我를 計我하는 想倒와 心倒와 見倒이오 無倒義者는 與上과 相違하고 能對治彼하니 應知其相하오 雜染義者는 謂三界中의 三種雜染이니 一者는 煩惱雜染이고 二者는 業雜染이며 三者는 生雜染이오 淸淨義者는 謂卽如是三種雜染에 所有離繫의 菩提分法이오 善男

子여 如是十種은 當知할지니 普攝一切諸義하오

　復次에 善男子여 彼諸菩薩은 由能了知五種義故로 名爲知義이오 何等이 五義인가 一者는 遍知事이고 二者는 遍知義이며 三者는 遍知因이고 四者는 得遍知果이며 五者는 於此覺了이오

　善男子여 此中에 遍知事者는 當知할지니 卽是一切所知이오 謂或諸蘊과 或諸內處와 或諸外處이니 如是一切이오 遍知義者는 乃至하여 所有品類差別로서 所應知境이오 謂世俗故이고 或勝義故이며 或功德故이고 或過失故이며 緣故이고 世故이며 或生이고 或住이며 或壞相故이고 或如病等故이며 或苦集等故이고 或眞如와 實際와 法界等故이며 或廣略故이고 或一向記故이며 或分別記故이고 或反問記故이며 或置記故이고 或隱密故이며 或顯了故이니 如是等類을 當知할지니 一切를 名遍知義이오 言遍知因者는 當知할지니 卽是能取前二하는 菩提分法이니 所謂念住와 或正斷等이오 得遍知果者는 謂貪恚癡를 永斷하는 毗奈耶와 及貪恚癡의 一切를 永斷하는 諸沙門果와 及我所說한 聲聞과 如來가 若共不共과 世出世間의 所有功德을 於彼證이오 於此覺了者는 謂卽於此作證法中에 諸解脫智로써 廣爲他說하고 宣揚開示함이오 善男子여 如是五義는 當知할지니 普攝一切諸義하오

　復次에 善男子여 彼諸菩薩은 由能了知四種義故로 名爲知義하오 何等이 四義인가 一者는 心執受義이고 二者는 領納義이며 三者는 了別義이고 四者는 雜染淸淨義이오 善男子여 如是四義는 當知할지니 普攝一切諸義하오

復次에 善男子여 彼諸菩薩은 由能了知三種義故로 名爲知義하오 何等이 三義인가 一者는 文義이고 二者는 義義이며 三者는 界義이오 善男子여 言文義者는 謂名身等이고 義義는 當知할지니 復有十種이오 一者는 眞實相이고 二者는 遍知相이며 三者는 永斷相이고 四者는 作證相이며 五者는 修習相이고 六者는 卽彼眞實相等의 品差別相이며 七者는 所依能依의 相續相이고 八者는 卽遍知等의 障碍法相이며 九者는 卽彼隨順法相이고 十者는 不遍知等과 及遍知等의 過患과 功德相이오 言界義者는 謂五種界이니 一者는 器世界이고 二者는 有情界이며 三者는 法界이고 四者는 所調伏界이며 五者는 調伏方便界이오 善男子여 如是五義는 當知할지니 普攝一切諸義하오

慈氏菩薩이 復白佛言하되 世尊이시여 若聞所成慧로 了知其義하고 若思所成慧로 了知其義하며 若奢摩他毘鉢舍那修所成慧로 了知其義함은 此何差別이니까 佛告慈氏菩薩曰하시되 善男子여 聞所成慧는 依止於文하여 但如其說하고 未善意趣하며 未現在前하고 隨順解脫하더라도 未能領受 成解脫義하오 思所成慧도 亦依於文하되 不唯如說이고 能善意趣하지만 未現在前이고 轉順解脫이나 未能領受成解脫義하오 若諸菩薩이 修所成慧는 亦依於文이나 亦不依文이고 亦如其說이나 亦不如說이고 能善意趣하고 所知事同分의 三摩地所行의 影像現前하며 極順解脫하고 已能領受成解脫義이오 善男子여 是名三種知義差別이오

慈氏菩薩이 復白佛言하되 世尊이시여 修奢摩他毘鉢舍那하는

諸菩薩衆이 知法知義함에 云何가 爲智이고 云何가 爲見이니까 佛告慈氏菩薩曰하시되 善男子여 我無量門으로 宣說智見二種差別이오 今當爲汝하여 略說其相하리다 若緣總法하여 修奢摩他毘鉢舍那해서 所有妙慧라면 是名爲智이오 若緣別法하여 修奢摩他毘鉢舍那해서 所有妙慧라면 是名爲見이오

慈氏菩薩이 復白佛言하되 世尊이시여 修奢摩他毘鉢舍那하는 諸菩薩衆은 由何作意로 何等云何하여 除遣諸相이니까 佛告慈氏菩薩曰하시되 善男子여 由眞如作意로 除遣法相及與義相이오 若於其名及名自性에서 無所得時에는 亦不觀彼所依之相하나니 如是除遣하오 如於其名하듯이 於句와 於文과 於一切義에서도 當知亦爾하오 乃至하여 於界及界自性에서 無所得時에 亦不觀彼所依之相하나니 如是除遣하오 世尊이시여 諸所了知의 眞如義相인 此眞如相도 亦可遣不니까 善男子여 於所了知의 眞如義中에 都無有相이며 亦無所得인데 當何所遣이겠소 善男子여 我說了知眞如義時에 能伏一切法義之相하오 非此了達은 餘所能伏이오

世尊이시여 如世尊說하듯이 濁水器喩와 不淨鏡喩와 撓泉池喩에서 不任觀察自面影相하고 若堪任者라면 與上相違하고 如是하여 若有不善修心하면 則不堪任如實觀察所有眞如이며 若善修心하면 堪任觀察이니다 此說何等의 能觀察心이며 依何眞如하여 而作是說이니까 善男子여 此說三種能觀察心이니 謂聞所成의 能觀察心과 若思所成의 能觀察心과 若修所成의 能觀察心이니 依了別眞如하여 作如是說하오

해심밀경
287

世尊이시여 如是 了知法義의 菩薩은 爲遣諸相하여 勤修加行하 니다 有幾種相하여 難可除遣이며 誰能除遣이니까 善男子여 有十 種相하여 空能除遣하오 何等이 爲十인가 一者는 了知法義故로 有種種文字相인데 此由一切法空으로 能正除遣하오 二者는 了知 安立眞如義故로 有生滅住異性이 相續隨轉相인데 此由相空及 無先後空으로 能正除遣하오 三者는 了知能取義故로 有顧戀身 相及我慢相인데 此由內空及無所得空으로 能正除遣하오 四者는 了知所取義故로 有顧戀財相인데 此由外空으로 能正除遣하오 五 者는 了知受用義와 男女承事와 資具相應故로 有內安樂相과 外 淨妙相인데 此由內外空及本性空으로 能正除遣하오 六者는 了知 建立故로 有無量相인데 此由大空으로 能正除遣하오 七者는 了 知無色故로 有內寂靜解脫相인데 此由有爲空으로 能正除遣하오 八者는 了知相眞如義故로 有補特伽羅無我相과 法無我相과 若 唯識相及勝義相인데 此由畢竟空과 無性空과 無性自性空及勝 義空으로 能正除遣하오 九者는 由了知淸淨眞如義故로 有無爲 相과 無變異相인데 此由無爲空과 無變異空으로 能正除遣하오 十者는 卽於彼相對治空性에 作意思惟故로 有空性相인데 此由 空空으로 能正除遣하오

世尊이시여 除遣如是十種相時에 除遣何等하고 從何等相하여 而得解脫이니까 善男子여 除遣三摩地所行影像相하고 從雜染縛 相하여 而得解脫하며 彼亦除遣이오 善男子여 當知할지니 就勝하 여 說如是空治如是相이오 非不一一이 治一切相이오 譬如無明이

非不能生하고 乃至하여 老死의 諸雜染法이나 就勝하여 但說能生於行이오 由是는 諸行과 親近緣故요 此中道理도 當知亦爾하오

爾時에 慈氏菩薩이 復白佛言하되 世尊이시여 此中에 何等空이 是總空性相이니까 若諸菩薩이 了知是已하면 無有失壞하여 於空性相에 離增上慢이니까 爾時에 世尊께서 歎慈氏菩薩曰하시되 善哉善哉라 善男子여 汝今에 乃能請問如來如是深義로다 令諸菩薩로 於空性相에 無有失壞하는도다 何以故오 善男子여 若諸菩薩이 於空性相에 有失壞者하면 便爲失壞一切大乘이오 是故로 汝應諦聽諦聽하오 當爲汝說總空性相하리다 善男子여 若於依他起相과 及圓成實相中에 一切品類의 雜染淸淨의 遍計所執相을 畢竟遠離性과 及於此中에 都無所得이면 如是함을 名爲於大乘中總空性相이오

慈氏菩薩이 復白佛言하되 世尊이시여 此奢摩他毘鉢舍那는 能攝幾種勝三摩地니까 佛告慈氏菩薩曰하시되 善男子여 如我所說하듯이 無量한 聲聞과 菩薩과 如來에게는 有無量種勝三摩地이오 當知할지니 一切가 皆此所攝이오

世尊이시여 此奢摩他毘鉢舍那는 以何爲因이니까 善男子여 淸淨한 尸羅와 淸淨한 聞思所成의 正見으로 以爲其因이오 世尊이시여 此奢摩他毘鉢舍那는 以何爲果니까 善男子여 善淸淨戒와 淸淨心과 善淸淨慧로 以爲其果이오 復次에 善男子여 一切聲聞 及如來等이 所有世間及出世間의 一切善法은 當知할지니 皆是 此奢摩他毘鉢舍那의 所得之果이오 世尊이시여 此奢摩他毘鉢舍

那는 能作何業이니까 善男子여 此能解脫二縛爲業이니 所謂 相縛及麤重縛이오

世尊이시여 如佛所說하듯이 五種繫中에 幾是奢摩他障이고 幾是毘鉢舍那障이며 幾是俱障이니까 善男子여 顧戀身財함이 是奢摩他障이고 於諸聖敎에 不得隨欲함이 是毘鉢舍那障이오 樂相雜住하고 於少에 喜足함이 當知할지니 俱障이오 由第一故로 不能造修하고 由第二故로 所修加行이 不到究竟이오

世尊이시여 於五蓋中에 幾是奢摩他障이고 幾是毘鉢舍那障이며 幾是俱障이니까 善男子여 掉擧와 惡作은 是奢摩他障이고 惛沈과 睡眠과 疑는 是毘鉢舍那障이며 貪慾과 瞋恚는 當知俱障이오

世尊이시여 齊何하여 名得奢摩他道의 圓滿淸淨이니까 善男子여 乃至하여 所有의 惛沈과 睡眠을 正善除遣함이니 齊是하여 名得奢摩他道의 圓滿淸淨이라하오 世尊이시여 齊何하여 名得毘鉢舍那道의 圓滿淸淨이니까 善男子여 乃至하여 所有의 掉擧와 惡作을 正善除遣함이니 齊是하여 名得毘鉢舍那道의 圓滿淸淨이라하오 世尊이시여 若諸菩薩이 於奢摩他毘鉢舍那가 現在前時에 應知幾種의 心散動法이니까 善男子여 應知五種이니 一者는 作意散動이고 二者는 外心散動이며 三者는 內心散動이고 四者는 相散動이며 五者는 麤重散動이오

善男子여 若諸菩薩이 捨於大乘相應作意하고 墮在聲聞獨覺에 相應諸作意中하면 當知할지니 是名作意散動이오 若於其外五種妙欲의 諸雜亂相에 所有尋思의 隨煩惱中과 及於其外所緣境

中에 縱心流散하면 當知할지니 是名外心散動이오 若由惛沈及以睡眠하여 或由沈沒하거나 或由愛味의 三摩鉢底하거나 或由隨一三摩鉢底의 諸隨煩惱之所染汚하면 當知할지니 是名內心散動이오 若依外相하여 於內等持所行諸相에 作意思惟하면 名相散動이오 若內作意를 爲緣하여 生起所有諸受하고 由麤重身하여 計我起慢하면 當知할지니 是名麤重散動이오

世尊이시여 此奢摩他毘鉢舍那는 從初菩薩地로부터 乃至하여 如來地까지 能對治何障이니까 善男子여 此奢摩他毘鉢舍那는 於初地中에서 對治惡趣煩惱業生雜染障하오 第二地中에서 對治微細誤犯現行障하오 第三地中에서 對治欲貪障하오 第四地中에서 對治定愛及法愛障하오 第五地中에서 對治生死涅槃一向背趣障하오 第六地中에서 對治相多現行障하오 第七地中에서 對治細相現行障하오 第八地中에서 對治於無相作功用과 及於有相不得自在障하오 第九地中에서 對治於一切種善巧言辭의 不得自在障하오 第十地中에서 對治不得圓滿法身證得障하오 善男子여 此奢摩他毘鉢舍那는 於如來地에서 對治極微細하고 最極微細한 煩惱障及所知障하오 由能永害如是障故로 究竟證得無着無碍一切智見하고 依於所作成滿所緣하여 建立最極淸淨法身이오

慈氏菩薩이 復白佛言하되 世尊이시여 云何히 菩薩이 依奢摩他毘鉢舍那하여 勤修行故로 證得阿耨多羅三藐三菩提이니까 佛告慈氏菩薩曰하시되 善男子여 若諸菩薩이 已得奢摩他毘鉢舍那하고서 依七眞如하여 於如所聞所思法中에 由勝定心하여 於善審

定하고 於善思量하며 於善安立眞如性中에 內正思惟하면 彼於眞如에 正思惟故로 心於一切細相現行도 尙能棄捨커늘 何況麤相이리오

善男子여 言細相者란 謂心所執受相이나 或領納相과 或了別相과 或雜染淸淨相과 或內相과 或外相과 或內外相과 或謂我當修行一切利有情相과 或正智相과 或眞如相과 或苦集滅道相과 或有爲相과 或無爲相과 或有常相과 或無常相과 或苦有變異性相과 或苦無變異性相과 或有爲異相相과 或有爲同相相과 或知一切是一切已의 有一切相과 或補特伽羅無我相과 或法無我相이니 於彼現行에서 心能棄捨하오 彼旣多住如是行故로 於時時間에 從其一切繫蓋散動으로부터 善修治心하오

從是已後로 於七眞如에서 有七各別의 自內所證한 通達智生하니 名爲見道이오 由得此故로 名入菩薩正性離生하고 生如來家하여 證得初地이오 又能受用此地勝德하오 彼於先時에 由得奢摩他毘鉢舍那故로 已得二種所緣하니 謂有分別影像所緣과 及無分別影像所緣이오 彼於今時에 得見道故로 更證得事邊際所緣하고 復於後後一切地中에서 進修修道하오 卽於如是三種所緣에 作意思惟하오 譬如有人이 以其細楔로 出於麤楔이오 如是菩薩이 依此以楔出楔方便하여 遣內相故로 一切隨順雜染分相을 皆悉除遣하오 相除遣故로 麤重亦遣故로 永害一切相麤重故로 漸次로 於彼後後地中에 如煉金法하듯이 陶煉其心하여 乃至 證得阿耨多羅三藐三菩提하오 又得所作成滿所緣하오 善男子여 如是菩薩

해심밀경
292

은 於內止觀에 正修行故로 證得阿耨多羅三藐三菩提하오

慈氏菩薩이 復白佛言하되 世尊이시여 云何히 修行하여 引發菩薩廣大威德이니까 善男子여 若諸菩薩이 善知六處하면 便能引發菩薩所有廣大威德이니 一者는 善知心生이고 二者는 善知心住이며 三者는 善知心出이고 四者는 善知心增이며 五者는 善知心減이고 六者는 善知方便이오

云何가 善知心生인가 謂如實知十六行心生起差別이니 是名善知心生이오

十六行心生起差別者란 一者는 不可覺知하고 堅住하는 器識이 生함이니 謂阿陀那識이오 二者는 種種行相을 所緣하는 識이 生함이니 謂頓取一切色等境界하는 分別意識과 及頓取內外境界의 覺受이오 或頓於一念에서 瞬息須臾에 現入多定하여 見多佛土하고 見多如來하는 分別意識이오 三者는 小相을 所緣하는 識이 生함이니 謂欲界繫識이오 四者는 大相을 所緣하는 識이 生함이니 謂色界繫識이오 五者는 無量相을 所緣하는 識이 生함이니 謂空識無邊處繫識이오 六者는 微細相을 所緣하는 識이 生함이니 謂無所有處繫識이오 七者는 邊際相을 所緣하는 識이 生함이니 謂非想非非想處繫識이오 八者는 無相識이 生함이니 謂出世識과 及緣滅識이오 九者는 苦俱行識이 生함이니 謂地獄識이오 十者는 雜受俱行識이 生함이니 謂欲行識이오 十一은 喜俱行識이 生함이니 謂初二靜慮識이오 十二는 樂俱行識이 生함이니 謂第三靜慮識이오 十三은 不苦不樂俱行識이 生함이니 謂從第四靜慮하여 乃至

非想非非想處識이오 十四는 染汚俱行識이 生함이니 謂諸煩惱及隨煩惱에 相應識이오 十五는 善俱行識이 生함이니 謂信等에 相應識이오 十六은 無記俱行識이 生함이니 謂彼俱에 不相應識이오

云何가 善知心住인가 謂如實知了別眞如이오 云何가 善知心出인가 謂如實知出二種縛이니 所謂 相縛及麤重縛이오 此能善知하기를 應令其心하여 從如是出이오 云何가 善知心增인가 謂如實知하기를 能治相縛麤重縛心과 彼增長時에나 彼積集時에 亦得增長하고 亦得積集함을 名善知增이오 云何가 善知心減인가 謂如實知하기를 彼所對治의 相及麤重所雜染心이 彼衰退時에나 彼損減時에 此亦衰退하고 此亦損減함을 名善知減이오 云何가 善知方便인가 謂如實知하기를 解脫과 勝處及與遍處의 或修或遣함이오 善男子여 如是菩薩은 於諸菩薩廣大威德을 或已引發했거나 或當引發하거나 或現引發하오

慈氏菩薩이 復白佛言하되 世尊이시여 如世尊說하듯이 於無餘依涅槃界中에 一切諸受가 無餘永滅함이니다 何等의 諸受가 於此永滅이니까 善男子여 以要言之하면 有二種受가 無餘永滅이오 何等爲二인가 一者는 所依麤重受이고 二者는 彼果境界受이오 所依麤重受는 當知할지니 有四種이오 一者는 有色所依受이고 二者는 無色所依受이며 三者는 果已成滿麤重受이고 四者는 果未成滿麤重受이오 果已成滿受者는 謂現在受이고 果未成滿受者는 謂未來因受이오 彼果境界受는 亦有四種이니 一者는 依持受이고 二者는 資具受이며 三者는 受用受이고 四者는 顧戀受이오

於有餘依涅槃界中에서 果未成滿受는 一切已滅하고 領彼對治 明觸生受하며 領受共有와 或復彼果已成滿受하오 又二種受가 一切已滅하고 唯現에 領受明觸生受하오 於無餘依涅槃界中에 般涅槃時에는 此亦永滅하오 是故로 說言하기를 於無餘依涅槃界 中에 一切諸受가 無餘永滅이오

爾時에 世尊께서 說是語已하시고 復告慈氏菩薩曰하시되 善哉 善哉라 善男子여 汝今에 善能依止圓滿最極淸淨妙瑜伽道하여 請問如來로다 汝於瑜伽에 已得決定最極善巧하고 吾已爲汝하여 宣說圓滿最極淸淨妙瑜伽道하였소 所有一切의 過去未來正等覺 者가 已說當說함도 皆亦如是하오 諸善男子와 若善女人이 皆應 依此하여 勇猛精進해서 當正修學하오

爾時에 世尊께서 欲重宣此義하시어 而說頌曰하시니라


於法假立瑜伽中에서　　若行放逸失大義하고
依止此法及瑜伽하여　　若正修行得大覺하리라


見有所得求免離하고　　若謂此見爲得法하면
慈氏彼去瑜伽遠함이　　譬如大地與虛空이오


利生堅固而不作하면　　悟已勤修利有情해야하오
智者作此窮劫量하여　　便得最上離染喜하리

若人爲欲而說法하면　　彼名捨欲還取欲하나니
愚癡得法無價寶하고서　　反更遊行而乞匃이로다

於諍誼雜戱論着을　　應捨發起上精進하오
爲度諸天及世間하여　　於此瑜伽汝當學하오

爾時에 慈氏菩薩이 復白佛言하되 世尊이시여 於是解深密法門中에 當何名此敎하고 我當云何奉持하리까 佛告慈氏菩薩曰하시되 善男子여 此名瑜伽了義之敎하고 於此瑜伽了義之敎를 汝當奉持하오 說此瑜伽了義敎時에 於大會中에서 有六百千衆生이 發阿耨多羅三藐三菩提心하고 三百千聲聞이 遠塵離垢하고 於諸法中에 得法眼淨하며 一百五十千聲聞이 諸漏永盡하고 心得解脫하며 七十五千菩薩이 獲得廣大瑜伽作意하였다

## 地波羅密多品 第七

爾時에 觀自在菩薩이 白佛言하되 世尊이시여 如佛所說하듯이 菩薩十地는 所謂極喜地와 離垢地와 發光地와 焰慧地와 極難勝地와 現前地와 遠行地와 不動地와 善慧地와 法雲地이오며 復說佛地하여 爲第十一하셨나이다 如是諸地는 幾種淸淨과 幾分에 所攝이니까

爾時에 世尊告觀自在菩薩曰하시되 善男子여 當知할지니 諸地

는 四種淸淨과 十一分에 攝하오 云何를 名爲四種淸淨이 能攝諸地인가 謂增上意樂淸淨이 攝於初地하고 增上戒淸淨이 攝第二地하며 增上心淸淨이 攝第三地하고 增上慧淸淨이 於後後地에서 轉勝妙故로 當知할지니 能攝從第四地乃至佛地하오

善男子여 當知할지니 如是四種淸淨이 普攝諸地하오 云何를 名爲十一種分이 能攝諸地인가 謂諸菩薩이 先於勝解行地에서 依十法行하여 極善修習勝解忍故로 超過彼地하여 證入菩薩正性離生하오 彼諸菩薩이 由是因緣하여 此分圓滿하오

而未能於微細毀犯誤現行中에서 正知而行이오 由是因緣하여 於此分中에서 猶未圓滿하오 爲令此分得圓滿故로 精勤修習하여 便能證得하오 彼諸菩薩은 由是因緣하여 此分圓滿하오

而未能得世間圓滿의 等持等至와 及圓滿聞持陀羅尼이오 由是因緣하여 於此分中에 猶未圓滿하오 爲令此分得圓滿故로 精勤修習하여 便能證得하오 彼諸菩薩은 由是因緣하여 此分圓滿하오

而未能令隨所獲得菩提分法하여 多修習住하며 心未能捨諸等至愛와 及與法愛하오 由是因緣하여 於此分中에 猶未圓滿하오 爲令此分得圓滿故로 精勤修習하여 便能證得하오 彼諸菩薩은 由是因緣하여 此分圓滿하오

而未能於諸諦道理에 如實觀察하고 又未能於生死涅槃에 棄捨一向背趣作意하며 又未能修方便所攝菩提分法하오 由是因緣하여 於此分中에 猶未圓滿하오 爲令此分得圓滿故로 精勤修習하여 便能證得하오 彼諸菩薩은 由是因緣하여 此分圓滿하오

而未能於生死流轉에 如實觀察하며 又由於彼多生厭故로 未能多住無相作意하오 由是因緣하여 於此分中에 猶未圓滿하오 爲令此分得圓滿故로 精勤修習하여 便能證得하오 彼諸菩薩은 由是因緣하여 此分圓滿하오

而未能令無相作意로 無缺無間하게 多修習住하오 由是因緣하여 於此分中에 猶未圓滿하오 爲令此分得圓滿故로 精勤修習하여 便能證得하오 彼諸菩薩은 由是因緣하여 此分圓滿하오

而未能於無相住中에 捨離功用하며 又未能得於相自在하오 由是因緣하여 於此分中에 猶未圓滿하오 爲令此分得圓滿故로 精勤修習하여 便能證得하오 彼諸菩薩은 由是因緣하여 此分圓滿하오

而未能於異名衆相과 訓詞差別과 一切品類의 宣說法中에 得大自在하오 由是因緣하여 於此分中에 猶未圓滿하오 爲令此分得圓滿故로 精勤修習하여 便能證得하오 彼諸菩薩은 由是因緣하여 此分圓滿하오

而未能得圓滿法身을 現前證受하오 由是因緣하여 於此分中에 猶未圓滿하오 爲令此分得圓滿故로 精勤修習하여 便能證得하오 彼諸菩薩은 由是因緣하여 此分圓滿하오

而未能得遍於一切所知境界에 無着無碍한 妙智妙見이오 由是因緣하여 於此分中에 猶未圓滿하오 爲令此分得圓滿故로 精勤修習하여 便能證得하오 由是因緣하여 此分圓滿하고 此分滿故로 於一切分에 皆得圓滿하오 善男子여 當知할지니 如是十一種分은 普攝諸地하오

觀自在菩薩이 復白佛言하되 世尊이시여 何緣으로 最初를 名極喜地하고 乃至하여 何緣으로 說名佛地이니까 佛告觀自在菩薩曰하시되 善男子여 成就大義하여 得未曾得出世間心하여 生大歡喜하오 是故로 最初를 名極喜地하오 遠離一切微細犯戒하나니 是故로 第二를 名離垢地하오 由彼所得三摩地와 及聞持陀羅尼가 能爲無量智光依止하나니 是故로 第三을 名發光地하오 由彼所得菩提分法이 燒諸煩惱하여 智如火焰하니 是故로 第四를 名焰慧地하오 由即於彼菩提分法에 方便修習함이 最極艱難인데 方得自在하나니 是故로 第五를 名極難勝地하오

現前에 觀察諸行流轉하고 又於無相에 多修作意가 方現在前하나니 是故로 第六을 名現前地하오 能遠하여 證入無缺無間無相作意하여 與淸淨地와 共相隣接하나니 是故로 第七을 名遠行地하오 由於無相에 得無功用하여 於諸相中에 不爲現行煩惱所動하나니 是故로 第八을 名不動地하오 於一切種說法에 自在하며 獲得無碍[4]廣大智慧하나니 是故로 第九를 名善慧地하오 麤重之身廣이 如虛空하고 法身圓滿함이 譬如大雲皆能遍覆하나니 是故로 第十을 名法雲地하오 永斷最極微細煩惱及所知障하고 無着無碍하여 於一切種所知境界에 現正等覺故로 第十一을 說名佛地하오

觀自在菩薩이 復白佛言하되 於此諸地에서 有幾愚癡하고 有幾麤重하여 爲所對治하니까 佛告觀自在菩薩曰하시되 善男子여 此

---

4) 고려장·대정장에는 '죄(罪)'로 되어 있다.

諸地中에 有二十二種愚癡하고 十一種麤重하여 爲所對治하오

謂於初地에 有二愚癡하나니 一者는 執着補特伽羅及法愚癡이고 二者는 惡趣雜染愚癡와 及彼麤重하여 爲所對治하오 於第二地에 有二愚癡하나니 一者는 微細誤犯愚癡이고 二者는 種種業趣愚癡와 及彼麤重하여 爲所對治하오 於第三地에 有二愚癡하나니 一者는 欲貪愚癡이고 二者는 圓滿聞持陀羅尼愚癡와 及彼麤重하여 爲所對治하오 於第四地에 有二愚癡하나니 一者는 等至愛愚癡이고 二者는 法愛愚癡와 及彼麤重하여 爲所對治하오 於第五地에 有二愚癡하나니 一者는 一向作意하여 棄背生死愚癡이고 二者는 一向作意하여 趣向涅槃愚癡와 及彼麤重하여 爲所對治하오 於第六地에 有二愚癡하나니 一者는 現前觀察諸行流轉愚癡이고 二者는 相多現行愚癡와 及彼麤重하여 爲所對治하오 於第七地에 有二愚癡하나니 一者는 微細相現行愚癡이고 二者는 一向無相作意方便愚癡와 及彼麤重하여 爲所對治하오 於第八地에 有二愚癡하나니 一者는 於無相에 作功用愚癡이고 二者는 於相自在愚癡와 及彼麤重하여 爲所對治하오 於第九地에 有二愚癡하나니 一者는 於無量說法과 無量法句文字에 後後慧辯陀羅尼自在愚癡이고 二者는 辯才自在愚癡와 及彼麤重하여 爲所對治하오 於第十地에 有二愚癡하나니 一者는 大神通愚癡이고 二者는 悟入微細秘密愚癡와 及彼麤重하여 爲所對治하오 於如來地에 有二愚癡하나니 一者는 於一切所知境界에 極微細着愚癡이고 二者는 極微細碍愚癡와 及彼麤重하여 爲所對治하오

善男子여 由此二十二種愚癡와 及十一種麤重故로 安立諸地하며 而阿耨多羅三藐三菩提가 離彼繫縛하오

觀自在菩薩이 復白佛言하되 世尊이시여 阿耨多羅三藐三菩提는 甚奇希有하고 乃至하여 成就大利大果하여 令諸菩薩하여 能破如是大愚癡羅網하고 能越如是大麤重稠林하여 現前證得阿耨多羅三藐三菩提이니다

觀自在菩薩이 復白佛言하되 世尊이시여 如是諸地는 幾種殊勝之所安立이니까 佛告觀自在菩薩曰하시되 善男子여 略有八種하나니 一者는 增上意樂淸淨이고 二者는 心淸淨이며 三者는 悲淸淨이고 四者는 到彼岸淸淨이며 五者는 見佛供養承事淸淨이고 六者는 成熟有情淸淨이며 七者는 生淸淨이고 八者는 威德淸淨이오 善男子여 於初地中에 所有增上意樂淸淨과 乃至하여 威德淸淨이오 後後諸地와 乃至하여 佛地에 所有增上意樂淸淨과 乃至하여 威德淸淨이오 當知할지니 彼諸淸淨은 展轉增勝하며 唯於佛地에 除生淸淨하오 又初地中所有功德은 於上諸地에서 平等皆有인데 當知할지니 自地功德殊勝하오 一切菩薩의 十地功德은 皆是有上이나 佛地功德은 當知할지니 無上이오

觀自在菩薩이 復白佛言하되 世尊이시여 何因緣故로 說菩薩生이 於諸有生에서 最爲殊勝이니까 佛告觀自在菩薩曰하시되 善男子여 四因緣故이니 一者는 極淨善根이 所集起故이고 二者는 故意思擇力所取故이며 三者는 悲愍濟度諸衆生故이고 四者는 自能無染하고 除他染故이오

해심밀경

觀自在菩薩이 復白佛言하되 世尊이시여 何因緣故로 說諸菩薩이 行廣大願과 妙願과 勝願이니까 佛告觀自在菩薩曰하시되 善男子여 四因緣故이니 謂諸菩薩은 能善了知涅槃樂住하고 堪能速證하나 而復棄捨速證樂住하고 無緣無待한 發大願心하여 爲欲利益諸有情故로 處多種種長時大苦하오 是故로 我說하기를 彼諸菩薩이 行廣大願과 妙願과 勝願이오

觀自在菩薩이 復白佛言하되 世尊이시여 是諸菩薩은 凡有幾種所應學事이니까 佛告觀自在菩薩曰하시되 善男子여 菩薩學事는 略有六種이니 所謂布施와 持戒와 忍辱과 精進과 靜慮와 慧到彼岸이오

觀自在菩薩이 復白佛言하되 世尊이시여 如是六種所應學事는 幾是增上戒學所攝이고 幾是增上心學所攝이며 幾是增上慧學所攝이니까 佛告觀自在菩薩曰하시되 善男子여 當知할지니 初三은 但是增上戒學所攝이고 靜慮一種은 但是增上心學所攝이며 慧是增上慧學所攝이고 我說하기를 精進은 遍於一切이오

觀自在菩薩이 復白佛言하되 世尊이시여 如是六種所應學事는 幾是福德資糧所攝이고 幾是智慧資糧所攝이니까 佛告觀自在菩薩曰하시되 善男子여 若增上戒學所攝者라면 是名福德資糧所攝하고 若增上慧學所攝者라면 是名智慧資糧所攝하며 我說하기를 精進靜慮二種은 遍於一切이오

觀自在菩薩이 復白佛言하되 世尊이시여 於此六種所學事中에서 菩薩은 云何히 應當修學이니까 佛告觀自在菩薩曰하시되 善男

子여 由五種相하여 應當修學이오 一者는 最初에 於菩薩藏波羅密多와 相應微妙한 正法敎中에 猛利信解하오 二者는 次於十種法行에 以聞思修所成妙智로써 精進修行하오 三者는 隨護菩提之心하고 四者는 親近眞善知識하며 五者는 無間勤修善品이오

觀自在菩薩이 復白佛言하되 世尊이시여 何因緣故로 施設如是所應學事함이 但有六數이니까 佛告觀自在菩薩曰하시되 善男子여 二因緣故이니 一者는 饒益諸有情故이고 二者는 對治諸煩惱故이오 當知할지니 前三은 饒益有情하고 後三은 對治一切煩惱하오 前三이 饒益諸有情者란 謂諸菩薩이 由布施故로 攝受資具하여 饒益有情하고 由持戒故로 不行損害逼迫惱亂하고 饒益有情하며 由忍辱故로 於彼損害逼迫惱亂에 堪能忍受하고 饒益有情하오 後三이 對治諸煩惱者란 謂諸菩薩이 由精進故로 雖未永伏 一切煩惱하고 亦未永害一切隨眠이나 而能勇猛修諸善品하여 彼諸煩惱가 不能傾動善品加行하며 由靜慮故로 永伏煩惱하고 由般若故로 永害隨眠하오

觀自在菩薩이 復白佛言하되 世尊이시여 何因緣故로 施設所餘波羅密多함이 但有四數이니까 佛告觀自在菩薩曰하시되 善男子여 由前六種波羅密多와 爲助伴故이오 謂諸菩薩은 於前三種波羅密多所攝有情에 以諸攝事方便善巧로써 而攝受之하여 安置善品하오 是故로 我說하기를 方便善巧波羅密多가 與前三種而爲助伴이오

若諸菩薩이 於現法中에 煩惱多故로 於修無間에 無有堪能이

고 羸劣意樂故이며 下界勝解故로 於內心住에 無有堪能하고 於菩薩藏에 不能聞緣善修習故로 所有靜慮가 不能引發出世間慧하오 彼便攝受少分狹劣福德資糧하여 爲未來世煩惱輕微하여 心生正願하나니 如是를 名願波羅密多하오 由此願故로 煩惱微薄하여 能修精進하오 是故로 我說하기를 願波羅密多가 與精進波羅密多와 而爲助伴이오

若諸菩薩이 親近善士하여 聽聞正法하고 如理作意함을 爲因緣故로 轉劣意樂하여 成勝意樂하고 亦能獲得上界勝解하나니 如是를 名力波羅密多하오 由此力故로 於內心住에 有所堪能하나니 是故로 我說하기를 力波羅密多가 與靜慮波羅密多와 而爲助伴이오

若諸菩薩이 於菩薩藏에 已能聞緣하여 善修習故로 能發靜慮하나니 如是를 名智波羅密多하오 由此智故로 堪能引發出世間慧하나니 是故로 我說하기를 智波羅密多가 與慧波羅密多와 而爲助伴이오

觀自在菩薩이 復白佛言하되 世尊이시여 何因緣故로 宣說六種波羅密多함에 如是次第이니까 佛告觀自在菩薩曰하시되 善男子여 能爲後後引發依故이오 謂諸菩薩이 若於身財에 無所顧悋하면 便能受持淸淨禁戒하고 爲護禁戒하여 便修忍辱하며 修忍辱已하고는 能發精進하며 發精進已하고는 能辦靜慮하며 具靜慮已하고서 便能獲得出世間慧이오 是故로 我說波羅密多함에 如是次第이오

觀自在菩薩이 復白佛言하되 世尊이시여 如是六種波羅密多는

各有幾種品類差別이니까 佛告觀自在菩薩曰하시되 善男子여 各 有三種이오 施三種者란 一者는 法施이고 二者는 財施이며 三者 는 無畏施이오 戒三種者란 一者는 轉捨不善戒이고 二者는 轉生 善戒이며 三者는 轉生饒益有情戒이오 忍三種者란 一者는 耐怨 害忍이고 二者는 安受苦忍이며 三者는 諦察法忍이오 精進三種 者란 一者는 被甲精進이고 二者는 轉生善法의 加行精進이며 三 者는 饒益有情의 加行精進이오 靜慮三種者란 一者는 無分別寂 靜이고 極寂靜하여 無罪故로 對治煩惱衆苦하여 樂住靜慮이고 二 者는 引發功德靜慮이며 三者는 引發饒益有情靜慮이오 慧三種 者란 一者는 緣世俗諦慧이고 二者는 緣勝義諦慧이며 三者는 緣 饒益有情慧이오

觀自在菩薩이 復白佛言하되 世尊이시여 何因緣故로 波羅密 多를 說名波羅密多이니까 佛告觀自在菩薩曰하시되 善男子여 五 因緣故이니 一者는 無染着故이고 二者는 無顧戀故이며 三者는 無罪過故이고 四者는 無分別故이며 五者는 正廻向故이오 無染 着者란 謂不染着波羅密多諸相違事이오 無顧戀者란 謂於一切 波羅密多의 諸果異熟과 及報恩中에서 心無繫縛이오 無罪過者란 謂於如是波羅密多에 無間雜染法하고 離非方便行이오 無分別者 란 謂於如是波羅密多에 不如言詞執着自相이오 正廻向者란 謂 以如是所作所集波羅密多로써 廻求無上大菩提果이오

世尊이시여 何等을 名爲波羅密多諸相違事이니까 善男子여 當 知할지니 此事은 略有六種이오 一者는 於喜樂欲財富自在諸欲樂

中에서 深見功德及與勝利이고 二者는 於隨所樂縱身語意함이 而現行中에서 深見功德及與勝利이오 三者는 於他輕蔑不堪忍中에서 深見功德及與勝利이고 四者는 於不勤修着欲樂中에서 深見功德及與勝利이오 五者는 於處憒鬧5)世雜亂行에서 深見功德及與勝利이고 六者는 於見聞覺知言說戱論에서 深見功德及與勝利이오

世尊이시여 如是一切波羅密多는 何果異熟이니까 善男子여 當知할지니 此亦略有六種이니 一者는 得大財富이고 二者는 往生善趣이며 三者는 無怨無壞하여 多諸喜樂이고 四者는 爲衆生主이며 五者는 身無惱害이고 六者는 有大宗葉이오

世尊이시여 何等을 名爲波羅密多間雜染法이니까 善男子여 當知할지니 略有四種加行이오 一者는 無悲加行故이고 二者는 不如理加行故이며 三者는 不常加行故이고 四者는 不慇6)重加行故이오 不如理加行者란 謂修行餘波羅密多時에 於餘波羅密多를 遠離失壞이오

世尊이시여 何等을 名爲非方便行이니까 善男子여 若諸菩薩이 以波羅密多로써 饒益衆生時에 但攝財物하여 饒益衆生을 便爲喜足하고 而不令其出不善處安置善處이면 如是를 名爲非方便行이오 何以故오 善男子여 非於衆生에 唯作此事를 名實饒益이오

---

5) 대정장에는 '난(闌)'으로 되어 있고, 궁내성도서요본(舊宋本)에는 '뇨(鬧)'로 되어 있다.
6) 송명원본에는 '은(殷)'으로 되어 있다.

譬如糞穢는 若多若少간에 終無有能令成香潔이오 如是하여 衆生은 由行苦故로 其性是苦이오 無有方便但以財物로 暫7)相饒益이라하여 可令成樂이오 唯有安處妙善法中해야 方可得名第一饒益이오

觀自在菩薩이 復白佛言하되 世尊이시여 如是一切波羅密多는 有幾淸淨이니까 佛告觀自在菩薩曰하시되 善男子여 我終不說하기를 波羅密多가 除上五相하고 有餘淸淨이오 然我卽依如是諸事하여 總別當說波羅密多淸淨之相하리다 總說一切波羅密多淸淨相者하면 當知七種이오 何等爲七인가 一者는 菩薩이 於此諸法에서 不求他知이고 二者는 於此諸法에 見已하고서 不生執着이며 三者는 卽於如是諸法에 不生疑惑謂爲能得大菩提不이오 四者는 終不自讚毁他有所輕蔑이고 五者는 終不憍傲放逸이며 六者는 終不少有所得便生喜足이고 七者는 終不由此諸法하여 於他發起嫉妬慳悋8)이오

別說一切波羅密多淸淨相者하면 亦有七種이니 何等爲七인가 謂諸菩薩이 如我所說七種布施淸淨之相하여 隨順修行이오 一者는 由施物淸淨하여 行淸淨施이고 二者는 由戒淸淨하여 行淸淨施이며 三者는 由見淸淨하여 行淸淨施이고 四者는 由心淸淨하여 行淸淨施이며 五者는 由語淸淨하여 行淸淨施이고 六者는 由智淸淨하여 行淸淨施이며 七者는 由垢淸淨하여 行淸淨施이니 是名

---

7) 고려장에는 '잠(蹔)'으로, 송명원본에는 '계(繫)'로 되어 있다.
8) 고려장에는 '린(悋)'으로 되어 있다.

七種施淸淨相이오

又諸菩薩이 能善了知制立律儀一切學處하고 能善了知出離所犯하며 具常尸羅하고 堅固尸羅하며 常作尸羅하고 常轉尸羅하며 受學一切所有學處하면 是名七種戒淸淨相이오

若諸菩薩이 於自所有業果異熟에 深生依信하여 一切所有不饒益事가 現在前時에도 不生憤發하고 亦不反罵하며 不嗔不打하고 不恐不弄하며 不以種種不饒益事로 反相加害하고 不懷怨結하며 若諫誨時에는 不令悲惱하고 亦復不待他來諫誨하며 不由恐怖有染愛心하여 而行忍辱하고 不以作恩而便放捨하면 是名七種忍淸淨相이오

若諸菩薩이 通達精進平等之性하고 不由勇猛勤精進故로 自擧凌9)他하며 具大勢力하고 具大精進하며 有所堪能하고 堅固勇猛하며 於諸善法에 終不捨軛하면 如是를 名爲七種精進淸淨之相이오

若諸菩薩이 有善通達相三摩地靜慮이고 有圓滿三摩地靜慮이며 有俱分三摩地靜慮이고 有運轉三摩地靜慮이며 有無所依三摩地靜慮이고 有善修治三摩地靜慮이며 有於菩薩藏에 聞緣修習의 無量三摩地靜慮이면 如是를 名爲七種靜慮淸淨之相이오

若諸菩薩이 遠離增益損減二邊하여 行於中道하면 是名爲慧이오 由此慧故로 如實了知解脫門義하나니 謂空과 無願과 無相과

---

9) 고려장·대정장에는 '능(陵)'으로 되어 있다.

三解脫門이오 如實了知有自性義하나니 謂遍計所執과 若依他起와 若圓成實의 三種自性이오 如實了知無自性義하나니 謂相生勝義의 三種無自性性이오 如實了知世俗諦義하나니 謂於五明處이오 如實了知勝義諦義하나니 謂於七眞如이오 又無分別하고 離諸戱論하며 純一理趣에 多所住故이고 無量總法을 爲所緣故이며 及毗鉢舍那故이고 能善成辦法隨法行하나니 是名七種慧淸淨相이오

觀自在菩薩이 復白佛言하되 世尊이시여 如是五相은 各有何業이니까 佛告觀自在菩薩曰하시되 善男子여 當知할지니 彼相은 有五種業이오 謂諸菩薩이 無染着故로 於現法中에 於所修習波羅密多에 恒常殷10)重히 勤修加行하여 無有放逸이오 無顧戀故로 攝受當來不放逸因하고 無罪過故로 能正修習極善圓滿하고 極善淸淨하며 極善鮮白한 波羅密多하오 無分別故로 方便善巧波羅密多가 速得圓滿하오 正廻向故로 一切生處에서 波羅密多와 及彼可愛諸果異熟가 皆得無盡하고 乃至하여 無上正等菩提이오

觀自在菩薩이 復白佛言하되 世尊이시여 如是所說波羅密多에서 何者가 最廣大이고 何者가 無染汚이며 何者가 最明盛이고 何者가 不可動이며 何者가 最淸淨이니까 佛告觀自在菩薩曰하시되 善男子여 無染着性과 無顧戀性과 正廻向性을 最爲廣大이오 無罪過性과 無分別性과 無有染汚思擇所作을 最爲明盛이오 已入

---

10) 송명원본에는 '은(慇)'으로 되어 있다.

無退轉法地者를 名不可動하오 若十地攝이고 佛地攝者는 名最淸淨하오

觀自在菩薩이 復白佛言하되 世尊이시여 何因緣故로 菩薩所得波羅密多의 諸可愛果와 及諸異熟은 常無有盡하고 波羅密多도 亦無有盡이니까 佛告觀自在菩薩曰하시되 善男子여 展轉相依하여 生起修習함이 無間斷故이오

觀自在菩薩이 復白佛言하되 世尊이시여 何因緣故로 是諸菩薩은 深信愛樂波羅密多하되 非於如是波羅密多의 所得可愛의 諸果異熟이니까 佛告觀自在菩薩曰하시되 善男子여 五因緣故이니 一者는 波羅密多가 是最增上喜樂因故이고 二者는 波羅密多가 是其究竟하여 饒益一切自他因故이오 三者는 波羅密多가 是當來世의 彼可愛果의 異熟因故이고 四者는 波羅密多가 非諸雜染所依事故이며 五者는 波羅密多가 非是畢竟變壞法故이오

觀自在菩薩이 復白佛言하되 世尊이시여 一切波羅密多는 各有幾種最勝威德이니까 佛告觀自在菩薩曰하시되 善男子여 當知할지니 一切波羅密多는 各有四種最勝威德이오 一者는 於此波羅密多를 正修行時에 能捨慳悋과 犯戒와 心憤과 懈怠와 散亂과 見趣의 所治하오 二者는 於此正修行時에 能爲無上正等菩提의 眞實資糧이오 三者는 於此正修行時에 於現法中에 能自攝受饒益有情이오 四者는 於此正修行時에 於未來世에 能得廣大無盡可愛諸果異熟이오

觀自在菩薩이 復白佛言하되 世尊이시여 如是一切波羅密多는

何因何果와 有何義利이니까 佛告觀自在菩薩曰하시되 善男子여 如是一切波羅密多는 大悲를 爲因하고 微妙可愛의 諸果異熟과 饒益一切有情을 爲果하며 圓滿無上廣大菩提를 爲大義利하오

觀自在菩薩이 白佛言하되 世尊이시여 若諸菩薩이 具足一切無盡財寶하고 成就大悲하다면 何緣으로 世間에 現有衆生貧窮可得이니까 佛告觀自在菩薩曰하시되 善男子여 是諸衆生이 自業過失이오 若不爾者라면 菩薩이 常懷饒益他心하고 又常具足無盡財寶인데도 若諸衆生이 無自惡業能爲障礙라면 何有世間貧窮可得이리요 譬如餓鬼가 爲大熱渴逼迫其身인데 見大海水悉皆涸竭함은 非大海過이고 是諸餓鬼의 自業果耳이오 如是하여 菩薩이 所施財寶는 猶如大海하여 無有過失이고 是諸衆生의 自業果耳이오 猶如餓鬼의 自惡業力으로 令無有果이오

觀自在菩薩이 復白佛言하되 世尊이시여 菩薩은 以何等波羅密多로써 取一切法無自性性하니까 佛告觀自在菩薩曰하시되 善男子여 以般若波羅密多로써 能取諸法無自性性하오 世尊이시여 若般若波羅密多가 能取諸法無自性性이라면 何故로 不取有自性性이니까 善男子여 我終不說하기를 以無自性性으로써 取無自性性하오 然無自性性은 離諸文字의 自內所證이나 不可捨於言說文字 而能宣說이오 是故로 我說하기를 般若波羅密多가 能取諸法無自性性하오

觀自在菩薩이 復白佛言하되 世尊이시여 如佛所說하듯이 波羅密多와 近波羅密多와 大波羅密多이니다 云何가 波羅密多이고

해심밀경

云何가 近波羅密多이며 云何가 大波羅密多이니까 佛告觀自在菩薩曰하시되 善男子여 若諸菩薩이 經無量時토록 修行施等하여 成就善法이나 而諸煩惱가 猶故現行하여 未能制伏하고 然爲彼伏하나니 謂於勝解行地에서 軟中勝解가 轉時에 是名波羅密多하오 復於無量時에 修行施等하여 漸復增上成就善法이나 而諸煩惱가 猶故現行하지만 然能制伏하여 非彼所伏이오 謂從初地已上을 是名近波羅密多하오 復於無量時에 修行布施等하여 轉復增上成就善法하여 一切煩惱가 皆不現行하나니 謂從八地已上을 是名大波羅密多하오

觀自在菩薩이 復白佛言하되 世尊이시여 此諸地中에 煩惱隨眠이 可有幾種이니까 佛告觀自在菩薩曰하시되 善男子여 略有三種이오 一者는 害伴隨眠이니 謂於前五地이오 何以故오 善男子여 諸不俱生現行煩惱는 是俱生煩惱現行의 助伴인데 彼於爾時에 永無復有이오 是故로 說名害伴隨眠이오 二者는 羸劣隨眠이니 謂於第六第七地中에서 微細現行이오 若修所伏하면 不現行故이오 三者는 微細隨眠이니 謂於第八地已上이오 從此已去에 一切煩惱가 不復現行하고 唯有所知障하여 爲依止故이오

觀自在菩薩이 復白佛言하되 世尊이시여 此諸隨眠은 幾種麁重을 斷所顯示이니까 佛告觀自在菩薩曰하시되 善男子여 但由二種하니 謂由在皮麁重斷故로 顯彼初二하고 復由在膚麁重斷故로 顯彼第三하며 若在於骨에 麁重斷者하면 我說永離一切隨眠하나니 位在佛地이오

觀自在菩薩이 復白佛言하되 世尊이시여 經幾不可數劫해야 能斷如是麤重이니까 佛告觀自在菩薩日하시되 善男子여 經於三大不可數劫과 或無量劫이오 所謂年月과 半月과 晝夜와 一時와 半時와 須臾와 瞬息과 刹那의 量劫은 不可數故이오

觀自在菩薩이 復白佛言하되 世尊이시여 是諸菩薩이 於諸地中에 所生煩惱는 當知何相과 何失과 何德이니까 佛告觀自在菩薩日하시되 善男子여 無染汚相이오 何以故오 是諸菩薩은 於初地中에 定於一切諸法法界에 已善通達이오 由此因緣하여 菩薩은 要知하고서 方起煩惱하지 非爲不知이오 是故로 說名無染汚相이오 於自身中에 不能生苦故로 無過失이오 菩薩은 生起如是煩惱하여 於有情界에 能斷苦因하오 是故로 彼有無量功德이오

觀自在菩薩이 復白佛言하되 甚奇하나이다 世尊이시여 無上菩提는 乃有如是大功德利하여 令諸菩薩生起煩惱하여 尙勝一切有情과 聲聞과 獨覺의 善根이거늘 何況其餘無量功德이니까

觀自在菩薩이 復白佛言하되 世尊이시여 如世尊說하듯이 若聲聞乘이나 若復大乘이나 唯是一乘인댄 此何密意이니까 佛告觀自在菩薩日하시되 善男子여 如我於彼聲聞乘中에서 宣說種種諸法自性이니 所謂五蘊과 或內六處와 或外六處이오 如是等類는 於大乘中에서 卽說彼法은 同一法界이고 同一理趣故로 我不說乘差別性이오 於中에 或有如言於義에 妄起分別하나니 一類는 增益하고 一類는 損減하오 又於諸乘差別道理에 謂互相違하고 如是展轉하여 遞興諍論하오 如是를 名爲此中密意이오

爾時에 世尊께서 欲重宣此義하시어 而說頌曰하시니라

諸地攝想所對治와　　殊勝生願及諸學과
由依佛說是大乘하여　　於此善修成大覺하시오

宣說諸法種種性하고　　復說皆同一理趣는
謂於下乘或上乘이니　　故我說乘無異性하오

如言於義妄分別하여　　或有增益或損減하나니
謂此二種互相違하여　　愚癡意解成乖諍이로다

爾時에 觀自在菩薩摩訶薩이 復白佛言하되 世尊이시여 於是 解深密法門中에 此名何敎하고 我當云何奉持하리까 佛告觀自在菩薩曰하시되 善男子여 此名諸地波羅密多了義之敎하오 於此諸地波羅密多了義之敎에 汝當奉持하오 說此諸地波羅密多了義敎時에 於大會中에 有七十五千菩薩하여 皆得菩薩大乘光明三摩地하였다

## 如來成所作事品 第八

爾時에 曼殊室利菩薩摩訶薩이 請問佛言하되 世尊이시여 如佛所說如來法身하듯이 如來法身은 有何等相이니까 佛告曼殊室利

菩薩曰하시되 善男子여 若於諸地波羅蜜多에서 善修出離하고 轉依成滿하면 是名如來法身之相이오 當知할지니 此相은 二因緣故로 不可思議하고 無戲論故이며 無所爲故이오 而諸衆生은 計着戲論하고 有所爲故이오

世尊이시여 聲聞과 獨覺이 所得轉依를 名法身不니까 善男子여 不名法身이오 世尊이시여 當名何身이니까 善男子여 名解脫身이오 由解脫身故로 說一切聲聞과 獨覺과 與諸如來가 平等平等하오 由法身故로 說有差別이오 如來法身과 有差別故로 無量功德과 最勝差別은 算數譬喩로 所不能及이오

曼殊室利菩薩이 復白佛言하되 世尊이시여 我當云何히 應知如來生起之相하리까 佛告曼殊室利菩薩曰하시되 善男子여 一切如來의 化身作業은 如世界起하듯이 一切種類는 如來功德衆所莊嚴으로서 住持爲相이오 當知할지니 化身相은 有生起하고 法身之相은 無有生起이오

曼殊室利菩薩이 復白佛言하되 世尊이시여 云何히 應知示現化身方便善巧하리까 佛告曼殊室利菩薩曰하시되 善男子여 遍於一切三千大千佛國土中에 或衆推許하는 增上王家나 或衆推許하는 大福田家에 同時入胎하여 誕生하고 長大하며 受欲하고 出家하여 示行苦行하고 捨苦行已하고서 成等正覺하오 次第示現을 是名如來示現化身方便善巧이오

曼殊室利菩薩이 復白佛言하되 世尊이시여 凡有幾種의 一切如來의 身所住持의 言音差別이고 由此言音하여 所化有情이 未成

熟者는 令其成熟하고 已成熟者는 緣此爲境하여 速得解脫이니까 佛告曼殊室利菩薩曰하시되 善男子여 如來言音에 略有三種하나니 一者는 契經이고 二者는 調伏이며 三者는 本母이오

世尊이시여 云何가 契經이고 云何가 調伏이며 云何가 本母이니까 曼殊室利여 若於是處에 我依攝事하여 顯示諸法하면 是名契經이오 謂依四事하고 或依九事하며 或復依於二十九事하오 云何가 四事인가 一者는 聽聞事이고 二者는 歸趣事이며 三者는 修學事이고 四者는 菩提事이오 云何가 九事인가 一者는 施設有情事이고 二者는 彼所受用事이며 三者는 彼生起事이고 四者는 彼生已住事이며 五者는 彼染淨事이고 六者는 彼差別事이며 七者는 能宣說事이고 八者는 所宣說事이며 九者는 諸衆會事이오

云何를 名爲二十九事인가 謂依雜染品하여 有攝諸行事이고 彼次第隨轉事이며 卽於是中에 作補特伽羅想已하고서 於當來世에 流轉因事이고 作是想已하고서 於當來世에 流轉因事이오 依淸淨品하여 有繫念於所緣事이고 卽於是中에 勤精進事이며 心安住事이고 現法樂住事이며 超一切苦緣 方便事이오 彼遍知事인데 此復三種이니 顚倒遍知의 所依處故이고 依有情想하여 外有情中에 邪行遍知의 所依處故이며 內離增上慢遍知의 所依處故이오 修依處事이고 作證事이며 修習事이고 令彼堅固事이며 彼行相事이고 彼所緣事이며 已斷未斷을 觀察善巧事이고 彼散亂事이며 彼不散亂事이고 不散亂依處事이며 不棄修習이고 劬勞加行事이며 修習勝利事이고 彼堅牢事이며 攝聖行事이고 攝聖行眷屬事이며

通達眞實事이고 證得涅槃事이오 於善說法毗奈耶中에 世間正見조차 超昇一切外道所得正見頂事이고 及卽於此에 不修退事이오 於善說法毗奈耶中에 不修習故로 說名爲退이지 非見過失故名爲退이오

曼殊室利여 若於是處에서 我依聲聞及諸菩薩하여 顯示別解脫及別解脫 相應之法하면 是名調伏이오 世尊이시여 菩薩의 別解脫은 幾相所攝이니까 善男子여 當知七相이니 一者는 宣說受軌則事故이고 二者는 宣說隨順他勝事故이며 三者는 宣說隨順毀犯事故이고 四者는 宣說有犯自性故이며 五者는 宣說無犯自性故이고 六者는 宣說出所犯故이며 七者는 宣說捨律儀故이오

曼殊室利여 若於是處에서 我以十一種相으로 決了分別하여 顯示諸法하면 是名本母이오 何等을 名爲十一種相인가 一者는 世俗相이고 二者는 勝義相이며 三者는 菩提分法所緣相이고 四者는 行相이며 五者는 自性相이고 六者는 彼果相이며 七者는 彼領受開示相이고 八者는 彼障碍法相이며 九者는 彼隨順法相이고 十者는 彼過患相이며 十一者는 彼勝利相이오

世俗相者는 當知三種이니 一者는 宣說補特伽羅故이고 二者는 宣說遍計所執自性故이며 三者는 宣說諸法作用事業故이오 勝義相者는 當知할지니 宣說七種眞如故이오 菩提分法所緣相者는 當知할지니 宣說遍一切種所知事故이오 行相者는 當知할지니 宣說八行觀故이오 云何를 名爲八行觀耶인가 一者는 諦實故이고 二者는 安住故이며 三者는 過失故이고 四者는 功德故이며 五者는

理趣故이고 六者는 流轉故이며 七者는 道理故이고 八者는 總別故이오

諦實者는 謂諸法眞如이고 安住者는 謂或安立補特伽羅이거나 或復安立諸法遍計所執自性이거나 或復安立一向分別反問置記이거나 或復安立隱密顯了記別差別이오 過失者는 謂我宣說한 諸雜染法의 有無量門의 差別過患이오 功德者는 謂我宣說한 諸淸淨法의 有無量門의 差別勝利이오

理趣者는 當知六種이니 一者는 眞義理趣이고 二者는 證得理趣이며 三者는 敎導理趣이고 四者는 遠離二邊理趣이며 五者는 不可思議理趣이고 六者는 意趣理趣이오 流轉者는 所謂三世와 三有爲相과 及四種緣이오

道理者는 當知四種이니 一者는 觀待道理이고 二者는 作用道理이며 三者는 證成道理이고 四者는 法爾道理이오 觀待道理者는 謂若因若緣이거나 能生諸行하고 及起隨說하나니 如是를 名爲觀待道理이오 作用道理者는 謂若因若緣이거나 能得諸法하여 或能成辦하고 或復生已하여 作諸業用하나니 如是를 名爲作用道理이오 證成道理者는 謂若因若緣이거나 能令所立과 所說과 所標의 義得成立하고 令正覺悟하나니 如是를 名爲證成道理이오

又此道理에 略有二種이니 一者는 淸淨이고 二者는 不淸淨이오 由五種相하여 名爲淸淨이고 由七種相하여 名不淸淨이오 云何가 由五種相하여 名爲淸淨인가 一者는 現見所得相이고 二者는 依止現見所得相이며 三者는 自類譬喩所引相이고 四者는 圓成實

相이며 五者는 善淸淨言敎相이오 現見所得相者는 謂一切行이 皆無常性이고 一切行이 皆是苦性이며 一切法이 皆無我性으로서 此爲世間現量所得이오 如是等類를 是名現見所得相이오

依止現見所得相者는 謂一切行이 皆刹那性이고 他世有性이며 淨不淨業을 無失壞性이오 由彼能依인 麤無常性이 現可得故이고 由諸有情의 種種差別이 依種種業하여 現可得故이며 由諸有情의 若樂若苦는 淨不淨業을 以爲依止함을 現可得故이오 由此因緣하여 於不現見에도 可爲比度해야하고 如是等類를 是名依止現見所得相이오

自類譬喩所引相者는 謂於內外諸行聚中에서 引諸世間共所了知의 所得生死하여 以爲譬喩하고 引諸世間共所了知의 所得生等의 種種苦相하여 以爲譬喩하며 引諸世間共所了知의 所得不自在相하여 以爲譬喩하고 又復於外에 引諸世間共所了知의 所得衰盛하여 以爲譬喩하오 如是等類를 當知할지니 是名自類譬喩所引相이오

圓成實相者는 謂卽如是現見所得相이거나 若依止現見所得相이거나 若自類譬喩所得相이 於所成立에서 決定能成하오 當知할지니 是名圓成實相이오 善淸淨言敎相者는 謂一切智者之所宣說인 如言涅槃과 究竟寂靜한 如是等類를 當知할지니 是名善淸淨言敎相이오 善男子여 是故로 由此五種相故로 名善觀察淸淨道理이오 由淸淨故로 應可修習해야하오

曼殊室利菩薩이 復白佛言하되 世尊이시여 一切智相者는 當知

有幾種이니까 佛告曼殊室利菩薩曰하시되 善男子여 略有五種이오 一者는 若有出現世間하면 一切智聲이 無不普聞이고 二者는 成就三十二種大丈夫相하오 三者는 具足十力하여 能斷一切衆生一切疑惑하고 四者는 具足四無所畏하여 宣說正法하며 不爲一切他論所伏하고 而能摧伏一切邪論이오 五者는 於善說法毗奈耶中에서 八支聖道와 四沙門等을 皆現可得이오 如是生故이고 相故이며 斷疑網故이고 非他所伏하고 能伏他故이며 聖道沙門을 現可得故로 如是五種을 當知할지니 名爲一切智相이오 善男子여 如是證成道理는 由現量故이고 由比量故이며 由聖敎量故로 由五種相하여 名爲淸淨이오

云何가 由七種相하여 名不淸淨인가 一者는 此餘同類可得相이고 二者는 此餘異類可得相이며 三者는 一切同類可得相이고 四者는 一切異類可得相이며 五者는 異類譬喩所得相이고 六者는 非圓成實相이며 七者는 非善淸淨言敎相이오

若一切法이 意識所識性이라면 是名一切同類可得相이오 若一切法이 相性業法因果가 異相이므로 由隨如是一一異相하여 決定展轉各各異相하면 是名一切異類可得相이오

善男子여 若於此餘同類可得相及譬喩中에서 有一切異類相者일진댄 由此因緣하여 於所成立에 非決定故로 是名非圓成實相이오 又於此餘異類可得相及譬喩中에서 有一切同類相者일진댄 由此因緣하여 於所成立에 不決定故로 亦名非圓成實相이오 非圓成實故로 非善觀察淸淨道理이고 不淸淨故로 不應修習이오 若

異類譬喩所引相이거나 若非善淸淨言敎相은 當知할지니 體性이 皆不淸淨이오

法爾道理者란 謂如來出世하거나 若不出世하거나 法性安住하는 法住法界이니 是名法爾道理라하오

總別者는 謂先總說一句法已하고서 後後諸句를 差別分別하여 究竟顯了하오 自性相者는 謂我所說有行有緣한 所有能取菩提分法이오 謂念住等으로서 如是를 名爲彼自性相이오 彼果相者는 謂若世間이나 若出世間의 諸煩惱斷及所引發한 世出世間의 諸果功德이오 如是를 名爲得彼果相이오 彼領受開示相者란 謂卽於彼에 以解脫智로써 而領受之하고 及廣爲他하여 宣說開示하나니 如是를 名爲彼領受開示相이오

彼障碍法相者는 謂卽於修菩提分法에서 能隨障碍하는 諸染汚法이니 是名彼障碍法相이오 彼隨順法相者는 謂卽於彼多所作法이니 是名彼隨順法相이오 彼過患相者는 當知할지니 卽彼諸障碍法의 所有過失이니 是名彼過患相이오 彼勝利相者는 當知할지니 卽彼諸隨順法의 所有功德이니 是名彼勝利相이오

曼殊室利菩薩이 復白佛言하되 唯願컨대 世尊이시여 爲諸菩薩하여 略說契經과 調伏과 本母로서 不共外道의 陀羅尼義하시고 由此不共陀羅尼義하여 令諸菩薩로 得入如來所說諸法甚深密意하소서 佛告曼殊室利菩薩曰하시되 善男子여 汝今諦聽하오 吾當爲汝하여 略說不共陀羅尼義하여 令諸菩薩로 於我所說密意言詞에 能善悟入케하리다 善男子여 若雜染法이거나 若淸淨法이거나

我說하기를 一切가 皆無作用하고 亦都無有補特伽羅이오 以一切種離所爲故로 非雜染法이 先染後淨이고 非淸淨法이 後淨先染이오

凡夫異生은 於麤重身에 執着諸法補特伽羅自性差別하여 隨眠妄見으로 以爲緣故로 計我我所하오 由此妄見하여 謂我見하고 我聞하며 我齅하고 我嘗하며 我觸하고 我知하며 我食하고 我作하며 我染하고 我淨하나니 如是等類가 邪加行轉하오 若有如實知라면 如是者는 便能永斷麤重之身하고 獲得一切煩惱不住의 最極淸淨한 離諸戲論의 無爲依止하여 無有加行이오 善男子여 當知할지니 是名略說不共陀羅尼義이오

爾時에 世尊께서 欲重宣此義하시어 而說頌曰하셨다

一切雜染淸淨法은　　　皆無作用數取趣하나니
由我宣說離所爲하여　　染汚淸淨非先後이로다

於麤重身隨眠見으로　　爲緣計我及我所하나니
由此妄謂我見等과　　　我食我爲我染淨이라하네

若如實知如是者는　　　乃能永斷麤重身하고
得無染淨無戲論한　　　無爲依止無加行이로다

爾時에 曼殊室利菩薩摩訶薩이 復白佛言하되 世尊이시여 云何

히 應知 諸如來心生起之相하리까 佛告曼殊室利菩薩曰하시되 善男子여 夫如來者는 非心意識生起所顯이오 然諸如來는 有無加行心法生起이오 當知할지니 此事는 猶如變化이외다

曼殊室利菩薩이 復白佛言하되 世尊이시여 若諸如來法身이 遠離一切加行하여 旣無加行이라면 云何而有心法生起이니까 佛告曼殊室利菩薩曰하시되 善男子여 先所修習한 方便般若의 加行力故로 有心生起이오 善男子여 譬如正入無心睡眠하여 非於覺悟而作加行이라도 由先所作加行勢力하여 而復覺悟하오 又如正在滅盡定中하여 非於起定而作加行이라도 由先所作加行勢力하여 還從定起하오 如從睡眠及滅盡定에서 心更生起하듯이 如是하여 如來는 由先修習한 方便般若의 加行力故로 當知할지니 復有心法生起이오

曼殊室利菩薩이 復白佛言하되 世尊이시여 如來化身은 當言有心爲無心耶이니까 佛告曼殊室利菩薩曰하시되 善男子여 非是有心이고 亦非無心이니 何以故오 無自依心故이고 有依他心故이오

曼殊室利菩薩이 復白佛言하되 世尊이시여 如來所行과 如來境界의 此之二種은 有何差別이니까 佛告曼殊室利菩薩曰하시되 善男子여 如來所行은 謂一切種의 如來共有의 不可思議한 無量功德으로 衆所莊嚴한 淸淨佛土이오 如來境界는 謂一切種에 五界差別하나니 何等爲五인가 一者는 有情界이고 二者는 世界이며 三者는 法界이고 四者는 調伏界이며 五者는 調伏方便界이니 如是를 名爲二種差別이오

曼殊室利菩薩이 復白佛言하되 世尊이시여 如來께서 成等正覺하고 轉正法輪하며 入大涅槃하는 如是三種은 當知何相이니까 佛告曼殊室利菩薩曰하시되 善男子여 當知할지니 此三은 皆無二相이오 謂非成等正覺이면서 非不成等正覺이고 非轉正法輪이면서 非不轉正法輪이고 非入大涅槃이면서 非不入大涅槃이오 何以故오 如來法身은 究竟淨故이고 如來化身은 常示現故이오

曼殊室利菩薩이 復白佛言하되 世尊이시여 諸有情類는 但於化身에 見聞奉事하여 生諸功德이니다 如來는 於彼에 有何因緣이니까 佛告曼殊室利菩薩曰하시되 善男子여 如來는 是彼增上所緣之因緣故이고 又彼化身은 是如來力所住持故이오

曼殊室利菩薩이 復白佛言하되 世尊이시여 等無加行이라면 何因緣故로 如來法身은 爲諸有情하여 放大智光하고 及出無量化身影像하는데 聲聞과 獨覺의 解脫之身은 無如是事이니까 佛告曼殊室利菩薩曰하시되 善男子여 譬如컨대 等無加行이라도 從日月輪의 水火의 二種頗胝迦寶에서는 放大光明하나 非餘水火頗胝迦寶이오 謂大威德이 有情에게 所住持故이고 諸有情業의 增上力故이오 又如從彼善工業者之所雕飾한 末尼寶珠에서는 出印文像하나 不從所餘不雕飾者이오 如是緣於無量法界하는 方便般若로 極善修習하고 磨瑩集成한 如來法身은 從是能放大智光明하고 及出種種化身影像하나 非唯從彼解脫之身有如斯事이오

曼殊室利菩薩이 復白佛言하되 世尊이시여 如世尊說하듯이 如來菩薩의 威德住持는 令諸衆生으로 於欲界中에 生刹帝利와 婆

羅門等의 大富貴家人하고 身財寶가 無不圓滿하며 或欲界天이나 色無色界에서 一切身財가 圓滿可得하다 世尊이시여 此中에 有何密意이니까 佛告曼殊室利菩薩曰하시되 善男子여 如來菩薩의 威德住持는 若道이나 若行이나 於一切處에서 能令衆生으로 獲得身財皆圓滿者는 卽隨所應하여 爲彼宣說此道此行이오 若有能於此道此行正修行者는 於一切處에서 所獲身財가 無不圓滿이오 若有衆生이 於此道行에 違背輕毀하고 又於我所에 起損惱心及瞋恚心하면 命終已後에 於一切處에서 所得身財가 無不下劣이오 曼殊室利여 由是因緣하여 當知할지니 如來及諸菩薩의 威德住持는 非但能令身財圓滿이오 如來菩薩의 住持威德은 亦令衆生身財下劣케하오

　曼殊室利菩薩이 復白佛言하되 世尊이시여 諸穢土中에서 何事가 易得이고 何事가 難得이며 諸淨土中에서 何事가 易得이고 何事가 難得이니까 佛告曼殊室利菩薩曰하시되 善男子여 諸穢土中에 八事가 易得이고 二事가 難得이오 何等을 名爲八事易得인가 一者는 外道이고 二者는 有苦衆生이며 三者는 種姓家世의 興衰差別이고 四者는 行諸惡行이며 五者는 毀犯尸羅이고 六者는 惡趣이며 七者는 下乘이고 八者는 下劣意樂로 加行하는 菩薩이오 何等을 名爲二事難得인가 一者는 增上意樂로 加行하는 菩薩之所遊集이고 二者는 如來가 出現于世이오 曼殊室利여 諸淨土中에서는 與上相違하오 當知할지니 八事는 甚爲難得이고 二事는 易得이오

爾時에 曼殊室利菩薩이 復白佛言하되 世尊이시여 於此解深密 法門中에서 此名何敎하고 我當云何奉持하리까 佛告曼殊室利菩 薩曰하시되 善男子여 此名如來成所作事了義之敎라하오 於此如 來成所作事了義之敎를 汝當奉持하오 說是如來成所作事了義敎 時에 於大會中에 有七十五千菩薩摩訶薩이 皆得圓滿法身證覺 하였다

### 역자소개 : 김묘주(金妙住)

1974년에 입산 출가하였고, 1984년 동국대 불교학과 졸업, 1993년에 동국대 일반대학원에서 철학박사 학위를 취득했으며, 유식학 분야의 경전과 논서를 다수 번역하였다.

동국역경원 역경위원, 불교대학원 겸임교수, 불교학술연구원 전임연구원, 제16대 중앙종회의원, 전국비구니회 운영부위원장, 동국대 정각원장을 역임하였고, 전북 익산시 연국사 주지 소임을 맡고 있다.

번역서로는 『해심밀경』, 『해심밀경소』, 『성유식론』, 『섭대승론석』, 『유식이십론』, 『유식철학』(橫山紘一 저, 경서원) 등이 있다. 저서로는 『유식사상』 등이 있고, 주요 논문으로는 「유식경론에 나타난 佛身觀」 등 다수가 있다.

불교경전 ㉒
### 해심밀경

역　자 － 묘　　주
발행인 － 윤 재 승
발행처 － 민 족 사
1996년 12월 25일 초판 1쇄 발행
2022년 12월 15일 초판 7쇄 발행

등록 제1-149호. 1980. 5. 9.
서울 종로구 삼봉로 81 두산위브파빌리온 1131호
전화 (02) 732-2403 ~ 4. 팩스 (02) 739-7565
홈페이지 // www.minjoksa.org
E-mail / minjoksabook@naver.com

값 18,000원
ISBN 978-89-7009-181-5 04220

・경전은 부처님의 말씀입니다.
・경전을 소중히 합시다.